“十二五”普通高等教育本科国家级规划教材

中国旅游业“十三五”高等教育教材
Tourism Management Series

会展项目管理（第二版）

Trade Show Management and Event Planning

主编　刘大可

中国人民大学出版社
·北京·

图书在版编目（CIP）数据

会展项目管理/刘大可主编．—2 版．—北京：中国人民大学出版社，2017.4
中国旅游业“十三五”高等教育教材
ISBN 978-7-300-24229-3

Ⅰ．①会… Ⅱ．①刘… Ⅲ．①展览会-项目管理-高等学校-教材 Ⅳ．①G245

中国版本图书馆 CIP 数据核字（2017）第 039655 号

“十二五”普通高等教育本科国家级规划教材
中国旅游业“十三五”高等教育教材
会展项目管理（第二版）
主编　刘大可
Huizhan Xiangmu Guanli

出版发行	中国人民大学出版社		
社　　址	北京中关村大街 31 号	**邮政编码**	100080
电　　话	010－62511242（总编室）		010－62511770（质管部）
	010－82501766（邮购部）		010－62514148（门市部）
	010－62511173（发行公司）		010－62515275（盗版举报）
网　　址	http://www.crup.com.cn		
	http://www.ttrnet.com(人大教研网)		
经　　销	新华书店		
印　　刷	北京密兴印刷有限公司	**版　　次**	2012 年 9 月第 1 版
规　　格	185 mm×260 mm　16 开本		2017 年 4 月第 2 版
印　　张	16.25 插页 2	**印　　次**	2025 年 7 月第 6 次印刷
字　　数	323 000	**定　　价**	42.00 元

作者简介

刘大可　南开大学经济学博士，北京大学博士后。现任北京第二外国语学院学术委员会委员，经贸与会展学院院长、教授。新世纪百千万人才工程北京市级人选，兼任中国会展经济研究会副会长等社会职务，是我国会展与商务旅游教育的早期开拓者之一。曾主持由北京市哲学社会科学规划办公室、中国国际贸易促进委员会、商务部服务贸易司等机构委托的研究课题30余项，出版专著、译著、教材等10余部，发表学术论文40余篇。曾应邀赴美国、英国、德国、澳大利亚、俄罗斯、葡萄牙、新西兰等多个国家和地区进行学术交流与合作。

前言

感谢读者的厚爱和会展同仁的支持，本书第一版不仅被越来越多的普通高校和高职高专院校选为教材，而且还成为很多会展企业员工培训的重要参考书，同时也成功入选普通高等教育“十二五”国家级规划教材。

与第一版相比，本次修订主要做了如下四点调整：

第一，为更好地适应高校教学需求，将原书名《展览会组织与经营》调整为《会展项目管理》；

第二，根据会展行业最新发展动态，更新了国内外会展业发展数据，使读者能够清晰了解会展业的最新状况和变化趋势；

第三，根据会展项目经营管理中出现的新思路、新方法和新技巧，本书对原有案例进行了较大幅度的更新；

第四，针对新媒体的快速发展和影响力的不断提升，本次修订专门增加了新媒体在会展项目推广与营销中应用的内容。

作为一部定位于会展项目经营管理的教材，本书写作过程中特别重视理论与实践的紧密结合。为此，我们近年来通过实地考察、典型访谈、问卷调研、案例分析等多种途径，对会展企业的实际运作进行了深入调查研究。毋庸置疑，这些工作对提升本书的实用性发挥了重要作用。但是，会展行业市场环境瞬息万变，会展企业经营实践日新月异，本书肯定还会存在许多不足和缺陷，我们真诚地接受来自各方面的批评和建议，力争在下次修订时做得更好。

最后，感谢汪沛漪、柳亚尘、刘珍珠三位研究生为本次修订做的大量基础性工作，特别感谢中国人民大学出版社的编辑，他们耐心细致和富有成效的工作，为本书的顺利再版提供了有力支持。

刘大可

于北京

目录

第1章 展览会基础知识

本章要点

- 展览会的内涵
- 展览会的特征
- 展览会的分类
- 展览会的基本功能
- 展览会的社会经济效应

展览活动的雏形早在千年之前就已出现，以集市交易的形式对人类社会和经济的发展产生了积极的促进作用。1851年在英国伦敦举办的“万国工业博览会”（The Great Exhibition of the Works of Industry of all Nations），被认为是历史上第一次国际规模的展览会。如果从1894年的德国莱比锡样品工业博览会算起，世界展览业已经走过了100多年。如今，展览活动正朝着产业化、国际化、专业化、规模化的方向发展。展览会作为一种新的经济形式，从经济、政治、文化等各方面给城市带来了巨大的收益，受到越来越多国家和地区的关注。与迅速发展的展览业相比，对展览会管理的理论研究却相对落后，甚至到目前为止学术界和实业界对展览会的定义都未能统一。本章将具体阐释展览会的内涵、特点和类型，展览会的基本功能和社会经济效应，使读者对展览会有一个宏观的了解。

第1节 展览会的特点和类型

一、展览会的内涵

“展示”（display）一词源于拉丁语的名词“diplico”和动词“diplicare”，表示思想、信息的交流或实物产品的展览。无论是思想、信息的交流还是实物产品的展览，两者都以一定规模的公众为主体，以促成思想、信息、产品的供求双方达成共识为最终目标。由此看来，展览是一种既有市场性又有展示性的经济交换形式。

关于展览会的内涵，不同文献有不同的表述。《辞海》（上海辞书出版社，2002）将展览会定义为“用固定或巡回的方式，公开展出工农业产品、手工业制品、艺术作品、图书、图片以及各种重要实物、标本、模型等供群众参观、欣赏的一种临时性组织”；《简明不列颠百科全书》将展览会定义为“为鼓舞公众兴趣、促进生产、发展贸易，或者为了说明一种或多种生产活动的进展和成就，将艺术品、科学成果或工业制品进行有组织的展览”；美国的《大百科全书》则将展览会定义为“一种具有一定规模，定期在固定场所里举办的，来自不同地区的有组织的商人聚会”。

有的学者认为，展览是指主办者出于一定的目的，提出一定的主题，按照主题要求选择相应的展品，在展厅或其他场所中，运用恰当的艺术手法，在一定的材料和设备上展示出来，以进行宣传、教育、交流、交易。它既具有认识、教育、审美、娱乐的作用，又有传递信息、沟通产销、指导消费和促进生产等多方面的功能。

还有学者从系统的角度将现代展览定义为由若干相互联系的要素有机构成的一个系统，在这个展览系统中存在五大基本要素：一是展览会的主体，即展览会的服务对象——参展厂商；二是展览会的经营部门或机构，即专业行业协会和展览公司；三是展览会的客体，即展览会的展示场所——展览馆或会展中心；四是展览市场，即参展厂商获取信息和宣传企业形象的渠道；五是参观展览的观众，即最终的用户和消费者。

展览会的不同参与者对展览理解的重点各不相同。对展览主办者来说，展览就是按照社会需求，通过物品（展品）在一定时间、空间条件下的直观展示来传递和交流信息，使参观者做出购销决定、进行投资决策，或者从中学习、受到教育的社会服务活动。对参展商而言，他们主要是通过物品的展示吸引观众，与观众进行交流，以达到交易或教育的目的。对观众来讲，他们主要是通过展览所发布的各种信息，实现了解信息、采购商品或接受教育的目的。但无论从哪个角度定义展览，一个共同点就是：展览是为满足人类多层次、多方面的需要而存在的。

知识链接

英文中展览会的表达方式

英文中关于展览会有多种不同的表达，其中有 4 种比较常见的表达方式。

1. 展销会（fair）：传统形式的展览会，也就是集市和庙会。fair 的特点是“泛”，有商人也有消费者，有农产品也有工业品。集市和庙会发展到近代，衍生出了贸易性质的、专业的展览，称作“exhibition”（展览会）。而继承了“泛”的特点，规模庞大、内容繁杂、综合性质的展览会仍被称为 fair。但是，fair 在传入中国时则被译成了“博览会”。因此，对于外国的“博览会”，要认真予以区别，明确其是现代的大型综合展览会，还是传统的乡村集市。

2. 展览会（exhibition）：从字面上理解，展览会是一种展示和陈列的聚会。在英文中 exhibition 是在集市和庙会基础上发展起来的现代展览形式，也是使用最广泛的展览名称，通常作为各种形式的展览会的总称。在内容上，展览会不再局限于集市的贸易或庙会的贸易和娱乐，而是扩大到科学技术、文化艺术等人类活动的各个领域。在形式上，展览会具有正规的展览场地、现代的管理组织等特点。在现代展览业中，展览会是使用最多、含义最广的展览名称。从广义上讲，它可以包括所有形式的展览会；从狭义上讲，展览会用以指贸易和宣传性质的展览，包括交易会、贸易洽谈会、展览会、看样订货会、成就展览等。展览会的内容一般限于一个或几个相邻的行业，主要目的是宣传、进出口、批发等。

3. 博览会（exposition）：exposition 起源于法国，是法语中的展览会。在近代史上，法国政府第一个举办了以展示和宣传国家工业实力为目的的展览会。由于这种展览会不做贸易，主要是为了宣传，因此，exposition 便有了“宣传性质的展览会”的含义。由于其他国家也纷纷举办宣传性质的展览会，加上当时法语对世界一些地区有较强的影响，以及世界两大展览会组织——国际博览会联盟和国际展览局的总局均在法国，因此，不仅在法语国家，在北美等英语地区，exposition 也被广泛地使用。

4. 展示会（show）：show 的原意是展示，但是在美国、加拿大等国家，show 已替代 exhibition。在这些国家，贸易展览会大多称作 trade show，而宣传性展览会被称作 exhibition。

资料来源：施谊，张义，王真．展览管理实务．北京：化学工业出版社，2008.

二、展览会的特征

虽然不同的文献对展览会的定义有所不同，但是从这些定义中我们依旧能够看出不同文献对展览会共同认可的一些基本特征。这些特征主要包括：

1. 信息高度集中

展览会是在一定的时间和空间内信息高度聚集的载体，这种集中既包括展示的“物的集中”，也包括参展商、专业观众、行业专家等“人的集中”，同时还包括新技术、新思想等“行业信息的集中”。从现代经济学的视角看，展览会之所以能够产生并得以不断发展，关键在于展览会能够在短时间内积聚大量的供求信息和产品信息。这种集中的优点有两个，一是信息量大；二是信息搜寻成本低。就商业性展览而言，由于展览主办者组织了大量的商品，邀请了大量的参展企业和客商，因而参展商

（生产商、经销商）可以在短时间内接触到大量的客商，客商也可以在短时间里接触到大量的商品和参展商，这就最大限度地节省了参展商和客商的时间、精力和成本。如果没有信息集中的展览会，不仅买家需花大量成本进行多次的实地考察才能获得足够的参展商信息，而且参展商同样需要花大量成本才能获得有效的买家信息。美国的一项研究表明，在展览会上接触到的期望顾客达成一笔交易的平均成本是 625 美元，而通过其他途径达成一笔交易的平均成本是 1 117 美元。无论对于参展商还是专业观众来说，从展览会上搜寻和获取信息的成本都远远低于其他方式，这极大地降低了商品供求双方的“交易费用”。

2. 交易选择的空间大

展览会之所以受到专业观众的青睐，除了上面提及的“信息高度集中”使其能够节省搜寻和获取信息的成本之外，还因为展览会能够为专业观众提供广阔的交易选择空间。专业观众通过参加展览会，可以在同一时间和空间内面对众多的产品供应商。从现代经济学的视角来看，大量的供应商在展览会中展示和推广自己的产品和技术，使得展览会成为一个竞争激烈的市场。作为企业产品的消费者，专业观众能够在展览会现场对更多同类或者可替代的产品进行比较，无论在产品成本、质量还是价格方面均可以获取更加全面的信息，从而使得生产者和消费者之间的信息不对称程度大幅下降。消费者能够尽量避免在价格和质量等方面“上当受骗”，从而开展更优的交易行为。

3. 反映行业前沿

展览会的另外一个重要的特点是“新”。展览会通常聚集行业的最新信息，或者反映行业的未来发展方向。在现实中，许多企业都选择展览会作为发布最新产品和技术的平台，因此展览会通常被称为世界经济和技术的“风向标”和“晴雨表”。从历史上看，许多划时代的发明创造（如电话机、留声机、电视机等）都是首先在展览会上亮相，然后引起关注并得以推广的。即使是资讯和信息技术高度发达的现代，展览会仍然凭借其直观性和体验性强、媒体关注度高等优势，成为企业发布最新产品的首选，比如：在每年一度的瑞士日内瓦车展中，汽车生产商会发布最新型号的车型或者代表未来发展方向的概念车型；在被誉为“定义明日科技”的美国拉斯维加斯国际消费电子展（CES）上，参展商会展览出具有革新性的科技产品，引领未来的电子消费潮流。不管是哪个行业的展览会，如果不能展示最新的产品，汇聚最新的思维，呈现最先进的技术，反映最前沿的发展趋势，就很可能会失去持续发展的生命力。可以说，“新”是展览会永恒的主题。但是，并不是所有展览都强调新的产品和技术。对于文物展览而言，往往更强调展品年代的久远。这类展览的重点在于“旧”。不过，文物展的“旧”反映的是此领域内最新的发现。对于观看者而言，它依旧有“新”的含义。因此，展览会所体现的“新”是一个相对的概念。

4. 通过一定的艺术形式展示产品和技术

展示产品和技术是展览会的重要功能。在大型的展览会中，参展企业少则几百家，多则上千家。一家企业若想在现场众多的参展企业中脱颖而出，首先必须在感官上吸引专业观众的注意，使展位或者展品在视觉、听觉等方面对观众形成区别于其他参展商的印象。因此，在展览会中，参展商往往会综合运用声、光、电等技术手段，将展馆、展位、展品表现得极其生动。身处高新技术的展览会，参观者会处处感受到各种新技术的展示方式，如高交会中的机器人展示，电子展中的超薄屏幕等；身处家居家具的展览会，参观者会看到不同家居情境的展场布置，进入展位之中会有一种亲身体验家居生活的感觉。同时，为了迎合参展商的展示需要，突出展览会自身的特色，越来越多的主办机构对展览场馆进行主题设计。观众置身于展览馆内，能够亲身感受各种最新的艺术表现方式，加上音乐、色彩等其他手段的辅助，观众往往会对展览会留下极其深刻的印象。

5. 是展览、会议以及各种特殊活动的融合

随着展览会的不断发展，它已经超越了单纯的展示和贸易功能，逐渐成为一个综合性的行业盛会，一个探讨行业未来发展的平台。同时，为了提升展览会对参展商和观众的吸引力，在展示和贸易之外为他们提供更多的附加值，展览会的主办方往往会在展览期间组织与展览活动相匹配的专业会议或特殊活动，以强化展览会的整体效果。展览、会议以及特殊活动的结合已经成为近年来展览会发展的明显趋势。以家具展览会为例，知名家具展览会在举办时一般都会同时举办“家具设计大赛”“展品评选活动”“家具流行趋势研讨会”“家具品牌发布会”等各式各样的附加活动。为了加强企业参展效果，一些展览会还会举办促进参展商与专业观众之间交流的活动，如鸡尾酒会等娱乐活动。展览、会议以及各种特殊活动的融合，一方面是展览与会议以及节庆活动的内在联系使然；另一方面，会议、特殊活动等各种各样的活动能够在很大程度上丰富展览会的内容，提升展览会的档次，增加社会公众和媒体对展览会的关注度。

三、展览会的分类

随着社会分工的深入和展览市场的细分，展览会的类型及举办形式在不断演变。按照展览的内容、目的、规模、时间、场地和形式等方面的不同，可以将展览会进行以下分类。

1. 根据展览内容的差异，可以分为综合性展览会和专业性展览会

综合性展览会又称水平型展览会或横向型博览会，通常情况下它展示的内容可能跨越多个行业，涉及工业制造、自然地理、人文历史等方面，也可能是包括全行业或数个行业的展览会，如工业展、轻工业展等。目前世界上规模最大、影响力最强的综合性展览会是世界博览会（World Expo）。在现实生活中，一般综合性展览会主要指包括多个行业的贸易性展览会，其典型代表是每年在我国广州举办两届的中国进出口商品交易会（简称广交会）。

专业性展览会又称垂直型或纵向型展览会，具有鲜明的主题，是指展出内容被严格限制在某一特定领域的展览会。它主要展出某一行业或者相近行业的同类型产品，通常属于以贸易为主要目的的贸易性展览会，具有较强的行业特征，如家具展、礼品展、机床展等。

综合性展览会和专业性展览会一般都属于贸易性展览会，是为农业、制造业、商业等产业举办的专题性展览，其主要目的是交流信息和洽谈贸易。

2. 根据展示目的的差异，可以分为宣传性展览会和贸易性展览会

宣传性展览会通常指公益性展览会，大多由政府或政府有关部门、社会民间组织等单位主办，以宣传和教育公众为主要目的，如国家教育展、经济文化建设成就展、科普类展览以及艺术类展览等。贸易性展览会一般是指商业性的，以促进贸易为目标的展览会。主办者通过展览会搭建贸易平台，供参展商和观众相互接触并洽谈贸易。在中国，以商品贸易为特色的中国义乌国际小商品博览会（简称义博会），以科技项目交易为特色的中国国际高新技术成果交易会（简称高交会）以及以招商引资为特色的中国国际投资贸易洽谈会（简称投洽会）等著名展览会都属于贸易性展览会。

3. 根据展览会参展商和专业观众来源地区范围的差异，可以分为国际性展览会、全国性展览会和区域性展览会

根据国际展览业的权威组织国际展览业协会（UFI）的规定，国际展览会的展出面积应在2万平方米以上，国际参展商达到20%，海外观众达到4%。通常情况下，国际性展览会的参展商和观众来自多个国家，如汉诺威工业博览会、瑞士日内瓦车展、中国进出口商品交易会等。在展览业比较发达的国家，知名品牌展览会的国外参展商所占比例一般超过40%。与国际展览会相比，全国性展览会和区域性展览会的展览会规模，以及参展商和专业观众的地区来源范围比较小。除国际性展览会外，其他各种类型的展览会之间并没有明显的界限。

4. 根据举办时间的差异，可以分为定期展览会和不定期展览会

定期展览会是指具有比较稳定的举办时间，以及相邻两届展览会举办的时间间隔比较稳定的展览会；不定期展览会则没有固定的举办时间，举办展览会的时间间隔根据需要而定。从目前世界展览会的发展实践来看，定期展览会是主流。但是，定期展览会和不定期展览会不是一成不变的，两者可能相互转换。一些展览会在举办初期可能由于资金不足、知名度不够等原因不定期举办，成熟之后就会从不定期举办转变成定期举办。而一些展览会可能由于行业衰退、经营不善等原因，从定期举办逐渐转变成不定期举办。

通常情况下，定期展览会有一年四次（每季度一次）、一年两次、一年一次、两年一次、五年一次等多种形式。一般来说，贸易性展览会大多为一年举办一次或一年举办两次；两年一次的展览会则多数为艺术性、成就类展览会，如城市双年展；五年一次的展览会筹备时间长、规模宏大，主要有世界博览会。此外，按照展示时间的长短，还可以将展览会分为短期展、长期展和常年展等。在发达国家，专业展览会的持续时间一般是三天。在英国，一年一次的展览会占展览会总数的 3/4。展览日期受财务预算、订货以及节假日的影响，有旺季、淡季之分。根据国际经验，3—6 月及 9—10 月是举办展览会的旺季，7—8 月以及 12 月至次年 1 月为举办展览会的淡季。从展览业发展现状来看，我国的情况基本与国际情况相似。

5. 根据展览场地的差异，可以分为室内展览会和室外展览会

现在大多数展览会都是在室内场馆举办的。因为其能避免自然以及人为因素（如气候和噪声）的干扰，从而营造出更好的展览环境和氛围，达到更好的展览效果。室内场馆多用于展示常规展品的展览会，比如纺织品、工艺品、电子器件等。但是，某些展品由于展览场地或者展出物品自身条件的限制，无法在室内场馆进行展示，只能选择在室外展示。通常情况下，室外场馆多用于超大超重展品的展览会，如航空展、矿山设备展、消防器材展等。

在多个地方轮流举办的展览会称为巡回展；此外，还有利用飞机、轮船、火车、汽车等作为展览场地的流动性展览会，这类展览会在我国比较少见。

6. 根据展览方式的差异，可以分为实物展览会和虚拟展览会

随着信息技术的高速发展和普及，虚拟展示技术逐渐成熟，展览会的展示方式从“线下”开始向“线上”延伸。除了传统的实物展览会之外，越来越多的展览会在实地举办的同时，也开设了网上展示和交易作为补充，甚至出现了纯粹的虚拟展览会。一些学者认为，网上展览会将成为展览业的发展趋势，但笔者认为，网上展览只能作为实物展览的一种补充手段，从展览的现场体验性和交互性角度出发，实物展览会仍然是未来展览会的主流形式。展览会的分类总结在表 1-1 中。

表 1-1　展览会的分类

分类标准	划分类别
内容	综合性展览会、专业性展览会
目的	宣传性展览会、贸易性展览会
地区	国际性展览会、全国性展览会、区域性展览会
时间	定期展、不定期展
场地	室内展览会、室外展览会
方式	实物展览会、虚拟展览会

资料来源：马勇，肖轶楠．会展概论．北京：中国商务出版社，2004.

知识链接

UFI关于展览会的具体分类

A：综合性展览

A1：技术与消费品展览会

A2：技术展览会

A3：消费品博览会

B：专业性展会

B1：农业、林业、葡萄业及设备

B2：食品、餐馆和旅馆生意、烹调及设备

B3：纺织品、服装、鞋、皮制品、首饰及设备

B4：公共工程、建筑、装饰、扩建及设备

B5：装饰品、家庭用品、装修及设备

B6：健康、卫生、环境安全及设备

B7：交通、运输及设备

B8：信息、通讯、办公管理及设备

B9：运动、娱乐、休闲及设备

B10：工业、贸易、服务、技术及设备

C：消费展览会

C1：艺术品及古董

C2：综合地方展览会

资料来源：国际展览业协会网站．www. ufi. org.

四、本书的研究对象

从前文对展览会的分类可以看出，展览会是一个内涵丰富的概念，主要包括公益性展览和商业性展览两大类。从展览会举办的目的、展览会主办方、展览会所针对的参与者等各个方面来分析，公益性展览会和商业性展览会的区别是非常明显的。公益性展览会强调宣传、教育和文化传播等意义，一般免费对公众开放，以公众的参与度和认可度作为衡量的标准。而商业性展览会重点在于促进商品贸易，针对所举办题材内特定的目标群体，一般不对公众开放，更加强调参展商和专业观众对商业效果的评价。两类展览会的种种差异，决定了它们在目标客户、主题策划、市场营销和现场管理等方面都无法使用相同或者相似的体系和标准。因此，研究者必须明确这两类展览会的差别，分别对它们进行有针对性的研究，笼统地将它们放在一起研究显然是不科学的。

鉴于此，本书将研究对象明确界定为商业性展览会。这里的商业性展览会是指由独立经营、自负盈亏的展览会主办机构组织的以营利为目的的展览会。之所以选择商业性展览会进行研究，主要原因有三：

（1）目前世界上的展览会主要是商业性展览会，虽然公益性展览会也是其中不可或缺的一部分，但是商业性展览会更能代表展览会的主导力量，也更受学术界和实业界的关注。

（2）从展览会的特点和作用来看，商业性展览一般都在相对固定的场所年复一年地举办，是一种相对稳定的经济形态。商业性展览会的举办能够给国家和地区带来巨大的直接经济收益，促进城市制造业和服务业的发展，加快城市的基础设施建设，提升城市的知名度和就业率。对于国家和地区而言，商业性展览会具有“细水长流”的持续性影响。

（3）本书所针对的读者主要是大学生和展览业从业人员，绝大多数的读者目前或未来将要从事的工作是商业性展览会的组织和运营。因此，本书将研究对象限定于商业性展览会，对读者更加具有参考价值和指导意义。

本书以商业性展览会为研究对象，并不是否定公益性展览会的地位和作用，而是为了更好地指导读者，避免泛泛而谈，误导读者。

第 2 节　展览会的功能

展览会作为一种新的经济形式，具有涉及面广、带动效应大等特点。展览会的发展不仅直接影响经济发展，而且关系到社会生活的诸多方面。展览会的功能是指展览会在自身的发展过程中，对展览业的利益相关者，主要是主办方、承办方、参展商、观众（买家）以及展览举办地等方面的作用和贡献。展览会的功能可以从基本功能和社会经济效应两个层面进行分析。从基本功能的角度来看，展览会的功能主要是对终端客户参展商和观众的作用，是展览会持续存在和发展的基础；从社会经济效应的角度来看，展览会的功能主要是指对举办地经济和社会发展的作用，是展览会给举办地创造的价值和贡献。

一、展览会的基本功能

参展商和观众是展览会服务的终端客户，因此考察展览会的基本功能可以从参展商和观众的角度出发。展览会的基本功能主要体现在以下四个方面，即产品展示功能、企业营销功能、信息传播功能和商贸洽谈功能。

1. 产品展示功能

展览会给企业的产品和技术提供了展示和推介的平台，只有在产品展示的基础上，展览会才能实现企业营销、信息传播、商贸洽谈等其他功能，因此产品展示是展览会最基础的功能。展览会的产品展示不仅包括实物产品，还包括最新的技术、工艺甚至企业未来发展理念的展示。由于展览会能在一定的时间和空间内汇聚大量的行业专业人士，因此参展企业可以在展览会中利用影像、书面、人员等展示手段，以最便捷、直观和快速的方式向目标客户展示和推介企业的新产品、新技术、新思想。可以说，展览会是一种立体的广告，可以使目标客户对产品和服务进行充分了解。这种高效率的展示方式，对于企业产品的宣传和推广具有不可替代的作用。尤其对于产品更新频率高、更新周期短的行业而言，展览会更是企业推介产品的最有效方式。

美国贸易展览局近期的一项调查显示：在制造业、通信业和批发业中，2/3 以上的企业经常参加各种展览会；金融、旅游、保险等服务性行业虽然只能展示资料和图片而无法展示有形产品，但依然有 1/3 以上的公司将展览会视为主要的产品推介手段。

2. 企业营销功能

企业营销功能也是展览会的重要功能之一。参展企业在展览会中通过综合利用声、光、电等技术，对展台进行精心布置，并配合开展各种促销和公关活动，从而有效地宣传企业的产品和经营理念，在客户面前充分展示和树立良好的企业形象。

随着参展理念的不断成熟，企业参加展览会的目的已经从展示企业的产品和技术、提升企业的销售业绩，发展到通过参加展览会来宣传企业形象和经营理念，巩固现有客户关系和拓展新的客户市场。尤其对于行业内的知名企业以及参加品牌展览会的参展企业而言，营销功能正逐步超过贸易功能，成为企业参加展览会的最重要目的。近年来，随着企业营销观念的不断变化，企业在展览会中进行营销的重点也在逐步发生变化。在品牌展览会中，一些在行业中领先的企业已经不专注于展示企业的新产品和新技术，而是将更多的精力放在企业未来发展方向和理念的宣传上。

3. 信息传播功能

展览会是一定时间和空间内大量的人流、物流和信息流汇集在一起的聚会。一个成熟的国际性展览会，可以为来自国内外的数以百计的参展企业和数以万计的专业观众，以及政府主管机构、行业协会、其他社会团体等提供沟通和交流的机会，从而更好地促进行业内各种新技术、新知识和新观念的传播。一个成功的展览会实际上就像是一次行业年会，是整个行业定期集聚、检阅行业发展状况、研究行业发展方向的平台。利用这一平台，参展商可以和专业观众面对面地交流商品、资金、技术等方面的信息，从而引导行业发展潮流，扩展行业发展空间，提供市场机会，促进要素流动，发挥市场配置资源的基础性作用。因此，展览会被誉为“行业发展的风向标”，是行业最新信息传播的重要平台，对行业和企业的发展具有重要意义。

4. 商贸洽谈功能

商贸洽谈是展览会的基本功能之一。在日常的经济交往过程中，企业和客户之间缺乏一个可以集中进行面对面商贸洽谈的平台，而展览会的举办为参展商和专业观众提供了一个相互结识、洽谈，并实现贸易的机会与平台。现在许多企业每年都会固定参加一个或多个行业内的品牌展览会，借此机会将企业的客户集中邀请到展览会中，向顾客展示企业最新研发的产品和技术，有针对性地进行商贸洽谈。

在展览会中，参展企业不仅能够与现有顾客进行高效率的业务洽谈，而且有很多接触新顾客、开展新的合作及开拓新业务的机会。因此，展览会能起到促进贸易成交和经济合作的作用。可以说，相对于其他形式的洽谈方式，展览会缩短了企业与顾客之间的距离，降低了企业和顾客之间的交易成本，是一种更加高效的商贸形式，这是其他商贸形式难以比拟的。

二、展览会的社会经济效益

展览会的举办不仅能够给主办方、承办方、参展商和参观者带来经济收益，而且能够给展览会的举办地带来巨大的经济、社会等方面的收益。现在许多城市都大力发展展览业，争取品牌展览会落户，目的就是利用展览会带动城市社会经济等方面的发展。展览会给举办地带来的效益主要包括以下几个方面：

1. 带动经济发展

展览业通常被称为“财富平台”、城市的“面包”、城市经济的“助推器”等，这主要是因为展览业作为一个新兴的产业，具有强大的经济带动功能。国际上一些著名的展览城市，如瑞士日内瓦，德国汉诺威、慕尼黑，美国纽约，法国巴黎，英国伦敦，新加坡和我国香港都从展览业的发展中获得了巨大的经济收益，带动了本地区的经济发展。据统计，现在全球每年国际性展览的总消费超过 2 800 亿美元。美国《贸易展览》周刊的数据表明，美国每年举办 200 多个商业展览会，带来的经济效益超过 38 亿美元；法国展览会每年营业额达 85 亿法郎，参展商和参观者的间接消费也在 250 亿法郎左右。展览业影响的行业如表 1－2 所示。

表 1－2　展览业影响的行业一览表

直接影响的行业	间接影响的行业
1. 交通运输、仓储和邮政业	1. 制造业
2. 批发和零售业	2. 电力、燃气及水的生产和供应业
3. 住宿和餐饮业	3. 建筑业
4. 租赁和商务服务业	4. 信息传输、计算机服务和软件业
5. 水利、环境和公共设施管理业	5. 金融业
6. 文化、体育和娱乐业	6. 房地产业
	7. 科学研究、技术服务和地质勘探业
	8. 居民服务和其他服务业

资料来源：胡平．会展运营管理．北京：旅游教育出版社，2007.

虽然我国的会展经济起步较晚，但同样起到了强大的经济带动作用。以成都为例，根据成都市博览局的数据，2015 年成都共举办重大展会活动 490 场，其中国际性展览会 93 场，占展览会总数的 19%，展览总面积达到 310.4 万平方米，参与人数达到 1 815 万人次，展览业获得了 39.9 亿元的直接收入，提供长期就业岗位 4 295 个。此外，会展经济乘数效应明显，2015 年成都展览业对经济增长的综合拉动系数达到 1∶8.5，其中全国春季糖酒会促成商品成交 226.67 亿元，拉动服务业增收 19.5 亿元；成都家具展贸易成交 136 亿元，拉动服务业增收 10.2 亿元，产业拉动成效明显。

2. 促进产业发展

一个成功的品牌展览会能够极大地促进举办地的产业发展。国际经验表明，展览会的举办必须依托举办地的产业基础，但同时展览会也能促进举办地的产业发展。一旦展览会与举办地的产业形成良性的循环，将极大地促进相互之间的发展。展览会能够给举办地的产业提供良好的展示和推广平台，同时吸引大量的客商前来生产地采购，从而降低企业的营销费用。随着展览会知名度和品牌效应的不断提升，展览会逐渐成为举办地产业的代名词，如广交会已经成为“中国制造”的代名词。随着展览会与举办地产业的不断融合，展览会甚至会成为产业链的一部分，为产业带来技术升级、观念创新等发展动力。

在现实中我们不难发现，国内的一些城市存在显著的“以产业支持展览，以展览带动产业”的发展模式，通过展览会与举办地特色产业的相互促进，举办地的特色产业取得了超常规的发展。从国内的发展经验看，这方面的典型案例有义乌的小商品产业与“中国义乌国际小商品博览会”、东莞厚街镇的家具产业与“国际名家具（东莞）展览会”等。

3. 优化城市产业结构

展览活动有利于产业结构的调整，并对产业结构优化起着重要的促进作用。一方面，它可以通过带动第三产业的发展调整第一、第二、第三产业的比例。众所周知，展览业是一个具有高关联度的行业，能够带动旅游、宾馆、餐饮、交通、通信、购物、物流、保险、金融、租赁、环保、广告、印刷等相关产业的发展。以大连为例，大连市以国际服装节为“领头羊”，以展览经济为龙头，带动整个大连的产业结构调整，使大连从一个工业港口城市转变为一个拥有蓝天、碧水、绿树、青草的展览旅游城市。另一方面，展览活动为商品与科技成果提供了展示与交流的平台，企业可以利用这一平台发现新技术、新原料、新需求，从而促进产品的升级换代，甚至形成新行业。由此可见，展览活动在带动生产投资和实现产业结构的优化方面具有其他商业经济形态无法比拟的优势。

4. 促进城市建设

展览业的发展必须以良好的基础设施为依托，如先进的展馆、便捷的交通、具有足够接待能力的酒店以及可供休闲与旅游的其他设施等。展览业对举办城市的基础设施和其他硬件设施的要求比较高，特别是大型的展览活动对城市的每一个支持环节都提出了很高的要求。政府为了发展展览经济，必定会加大基础设施建设的投资力度，促进城市基础设施功能的进一步完善。

一个国家或城市如果申请承办大型的展览会，就必须投入大量的资金进行市政建设的完善，从而给城市建设和发展带来巨大的契机。有专家认为，1 美元的场馆建设投资，将拉动 5～10 美元的城市基础设施配套建设。上海世博会事务协调局资料显示，为举办 2010 年世博会，上海市政府投入了 180 亿元资金用于城市基础设施建设，加上其他渠道的配套设施建设，估计世博会共拉动城市设施建设投资近千亿元。1999 年昆明主办的世界园艺博览会，仅建馆就投资 16 亿元，对 218 公顷的世博园区及相关设施的投资总计超过 216 亿元，相继建成近 20 家星级饭店，新建和扩建城市街道 690 条，建成了 20 多座立交桥和 10 座人行天桥，提前 10～15 年完成了昆明市城市网络规划的目标。为办好 1996 年汉诺威世界博览会，德国政府拨款 70 亿马克进行基础设施建设，大大改善了该市的基础设施环境。

5. 提升城市知名度

展览业不仅能够带动城市经济发展、促进城市基础设施建设，还能够成为提升城市知名度的“助推器”。与日俱增的展览活动，不仅给企业带来了新的发展机遇，也给展览举办地带来了知名度的提升。国际性的会议或展览往往会引起全球的瞩目，而主办国或主办城市则可以抓住机遇增加曝光度，以此来塑造新的城市形象。展览活动能够将城市的技术水平、经济实力、形象风采全面展现给世人，使举办地得以高效、快捷地在公众心目中树立起崭新的城市形象。因此对于举办地而言，展览活动是最好的城市广告。以首届中国—东盟博览会为例，柬埔寨、老挝、缅甸、泰国、越南等六国元首出席了博览会。众多元首的参与对举办地城市知名度的提升无疑具有重要作用。

许多国际知名都市正是依托展览活动打造了良好的国际形象，如德国的汉诺威、莱比锡，法国的戛纳，瑞士的日内瓦等。以世界展览会的发源地——地处德国东部的汉诺威为例，第二次世界大战将汉诺威的大半个城市毁于一旦，但由于成功举办了汉诺威世界博览会，它迅速在国际上打响知名度，从而在战争废墟上崛起，并成为全球知名的“世界展览之都”。如今它拥有世界上最大的展览场地，总占地面积达 100 多万平方米，已有 800 年的办展历史。展览活动在给汉诺威带来源源不断的财富的同时，也大大提升了它的城市形象和知名度。

6. 促进城市就业

作为一种新兴的第三产业，展览业由于具有很强的行业相关性，因此可以为社会提供大量的就业机会。在展览会的筹办前期，要进行展品运输、展台装修、设备租赁、广告宣传等工作；展览会举办过程中，要聘请主持人、翻译人员、公关礼仪人员；展览会结束后要进行垃圾处理、后续跟踪等。同时参展过程还涉及人员的餐饮、住宿和客户接待等问题。由此可见，展览业是一种劳动密集型的产业，它涉及城市建筑装潢、设计、广告、旅游、物流、零售、交通、通信、宾馆、餐饮、娱乐等各行各业。展览业所带动的相关行业大部分都属于劳动密集型，因此相比于其他行业，展览业能够为社会提供更多的就业机会。

据国际展览联合会的测算，每增加 1 000 平方米的展览面积，社会就能新增近百个就业机会。1996 年在德国汉诺威举办的世界博览会，创造了 10 万个就业机会；香港一年的会展活动能为香港居民提供 9 000 多个就业机会；据有关人士预测，上海世博会举办前后共需要从业人员 300 万人以上。从以上例子可以看出，展览业对促进城市就业的作用不容小觑。

7. 促进文化交流

大型国际展览会的举办可以加快城市的国际化进程。一方面，国际展览会的参展人员来自全球各地，他们在给展览会带来技术、文化和理念的同时，也给举办城市带来了启示和灵感，从而有助于培养城市的全球视野；另一方面，展览业既是新商品、新技术和新材料的展示平台，也是新思想、新观念相互碰撞和交流的平台。这种碰撞与交流也不可避免地会带来文化的融合与创新，从而可以使主办城市的文化取长补短，在与外来文化融合的过程中形成一种独特的国际化个性。

8. 普及科学知识

科普功能是展览会不容忽视的功能之一。与其他知识普及的手段相比，展览活动在知识的传播方面具有便捷性、集中性、直观性和快速性等优势。展览会通常能够在较短时间内普及专业技术领域的知识，探讨热门学科的现状与发展趋势，使与会者耳目一新，眼界大开，在较高的层次和较广的范围内获得科技、经济知识和最新信息。

□ 本章小结

展览业是现代高端服务业的重要组成部分之一，不仅在促进商品贸易、技术交流和信息沟通等方面具有非常重要的作用，而且在推动城市基础设施建设、拉动相关产业发展、提供劳动力就业机会等方面同样发挥了重要作用。

按照展览的内容、目的、规模、时间、场地和形式等方面的不同，可以将展览会划分为综合性展览会与专业性展览会、公益性展览会与贸易性展览会、室内展览会与室外展览会、定期展览会与不定期展览会等多种类型。由于贸易展览会是展览业的主体，具有明确的举办目的、相对稳定的从业人员和共同的运作规律，因而成为本书的研究对象。

与其他企业贸易促销手段相比，展览会具有时刻跟踪行业前沿、信息高度集中、参展商和买家选择空间大、展示效果直观、多种活动融合等特点，为参展商和买家提供了高效率的商品、技术和信息交流和交易平台，从而备受工商企业的关注。

□ 关键术语

展览会
博览会
展示会
贸易展览会
公益性展览会
综合性展览会
专业性展览会
定期展览会
不定期展览会
实物展览会
虚拟展览会

□ 复习思考题

1. 什么是展览会？展览会有哪些常见的表达方式？
2. 展览会有哪些特点，为什么说展览会能够节约交易成本？
3. 展览会如何进行分类？
4. 展览会具有哪些基本功能？
5. 展览会对城市社会经济发展有哪些作用？

□ 阅读材料

国际名家具（东莞）展览会促进厚街家具产业的发展

国际名家具（东莞）展览会（以下简称名家具展）于 1999 年创办，最初的目的是给当地的家具企业提供一个销售的平台。第一届名家具展展出面积仅有 4 万平方米，参展企业几乎全部是来自东莞厚街镇的中小家具企业。在政府的支持和展览会组织者的努力下，名家具展的规模不断扩大，知名度不断提升。从 1999 年第一届的 8 个展馆 4 万平方米的展览面积，发展到 2016 年第 35 届已经拥有 76 万平方米的展览面积，共有海内外 1 287 家企业参展。名家具展的参展企业也从厚街本地拓展到全国各地，甚至吸引了海外的企业前来参展。

名家具展的成功，吸引了许多外地企业将生产基地或者企业总部迁移到东莞厚街，使得厚街成为珠三角乃至中国知名的家具制造基地。名家具展成为当地家具企业营销不可或缺的平台，许多企业通过参加名家具展受益匪浅，企业规模不断扩大，品牌知名度也得到提升。根据资料统计，厚街镇的家具企业从 1999 年的 40 多家发展到 2007 年的 400 多家。短短数年间，厚街镇就培育出了华辉、迪信、玉庭等著名家具品牌企业。名家具展也因为有这些家具品牌企业的加入，而在同类展览会中一直处于领先地位，被商务部评选为重点支持展览会。在家具行业中，人们谈到名家具展就会想到东莞厚街的家具产业，谈到东莞厚街家具产业也自然会想到名家具展。

2016 年第 35 届国际名家具展首次跨界整合家具、地产、资本、传媒等领域资源，从供给侧的各个环节改革，借助互联网十、云计算等新技术，让家具业插上智能的翅膀，这成为本届展会最夺目的亮点之一。

从以上分析可以看出，名家具展与东莞厚街的家具产业息息相关，形成了相互促进的良性循环。

第2章 全球展览业发展概况

本章要点

- 国外展览业的总体状况
- 世界展览强国和重要会展城市展览业发展概况
- 中国展览业发展状况
- 中国重要会展城市展览业发展概况

展览会给城市带来的显著经济效益和社会效益，使得展览业越来越多地受到人们的重视。在现代社会中，举办各类国际国内展览会已成为彰显城市社会文明和国际地位的一个重要标志。为了更好地分析展览会的组织和运营规律，有必要先了解国内外展览业的总体发展状况。

第1节 全球展览业发展现状

国际展览业经过20世纪70—90年代期间的快速发展，以及世界经济一体化的不断深入，逐渐走向成熟，展览业对促进全球许多国家和地区的经济发展起着越来越重要的作用。

从图2-1中可以清楚地看出，欧洲（以西欧为主）以1 560万平方米的室内展览面积居全球之首，约占全球总展览面积的1/2，展览业整体实力最强，规模最大。北美洲凭借雄厚的经济实力，展览业发展水平紧随欧洲之后，以790万平方米的室内展览面积位居第二。以中国、俄罗斯、日本、韩国及澳大利亚为代表的亚太及东欧地区以660万平方米位列第三。在此基础上，全球形成了欧洲、北美、亚太地区三大展览板块。

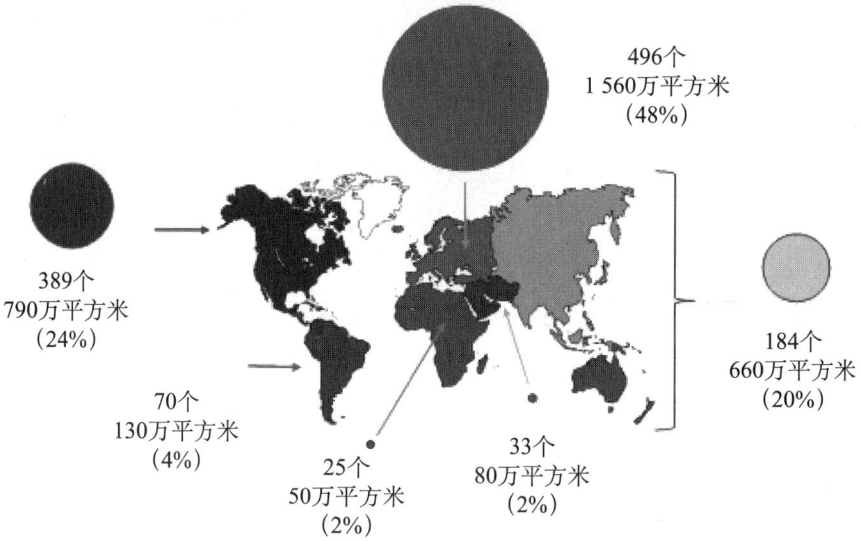

图 2－1　2011 年全球各地区室内展览面积统计

资料来源：UFI. Global Exhibition Industry Statistics，2011-12.

据表 2－1 可知，在室内展览面积国家排行榜上，美国 6 712 342 平方米高居榜首，中国和德国分别位居第二和第三，可见我国已进入了展览大国的行列。值得一提的是，15 个国家室内展览面积之和占全球的 80%。我国室内展览面积相比 2006 年增长了 48%，在 15 个国家中的增长幅度最大；其次为土耳其，增幅为 25%；第三位为俄罗斯，相比 2006 年增长了 17 个百分点；德国、意大利、法国等老牌展览强国的室内展览面积的增幅较小，均未超过 5%。

表 2－1　　2011 年室内展览面积国家排行

	面积（平方米）	相比 2006 年增加（%）	全球份额（%）
美国	6 712 342	5	21
中国	4 755 102	48	15
德国	3 377 821	2	10
意大利	2 227 304	3	7
法国	2 094 554	3	6
西班牙	1 548 057	13	5
荷兰	960 530	15	3
巴西	701 882	6	2
英国	701 857	13	2
加拿大	684 175	6	2
俄罗斯	566 777	17	2
瑞士	500 570	1	2
比利时	448 265	1	1
土耳其	433 904	25	1
墨西哥	431 761	15	1

资料来源：UFI. Global Exhibition Industry Statistics，2012-11.

从图 2-2 中可以清楚地看到，从 2006 年至 2011 年，欧洲、北美和亚太地区的室内展览总面积都有不同程度的提升，其中亚太地区的增幅最大，为 7.7%；北美地区最小，增幅仅为 1.1%。2008—2010 年，欧洲、北美的展览场地租用面积都有不同程度的下降，唯有亚太地区板块有所上升，增幅为 2%。

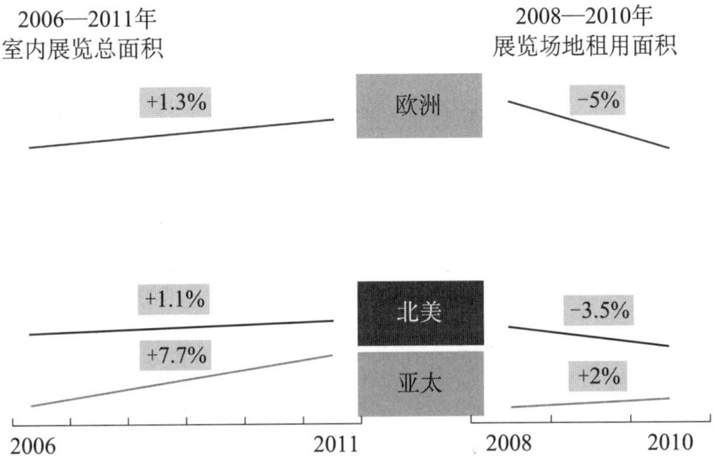

图 2-2　展览总面积及租用面积的比较

资料来源：UFI. Global Exhibition Industry Statistics，2012-11.

值得注意的是，这一数据来源于 UFI。而根据中国会展经济研究会的统计，2012 年中国举办展览会的数量不低于 7 083 场，展览总面积不低于 8 466.7 万平方米，由此看来纳入 UFI 统计的展览面积已经被严重低估。UFI 的很多数据是基于 UFI 的会员统计的，可能与整个国家的差距较大，我们认为中国会展经济研究会的统计更符合中国市场的实际。

第 2 节　主要发达国家展览业发展状况

展览作为一种重要的贸易平台，在经济发达国家和地区已有较长的发展历史，形成了较大的产业规模。其中，欧洲是现代展览业的发祥地，1851 年在伦敦举行的万国博览会成为现代博览会的起始点。经过 100 多年的积累和发展，欧洲已成为世界上整体实力最强、规模最大的展览区域，德国、法国、英国、意大利等众多欧洲国家，不仅拥有许多著名的品牌展览会，而且产业相对成熟，代表当今世界展览产业发展的最高水准；美洲展览业主要集中在北美，以美国、加拿大两国为代表，其他国家展览的规模相对较小，虽然整个区域的展览业总量远不及欧洲，但是美国作为单体国家，其在国际展览业中具有非常大的影响力；亚洲展览业虽然起步较晚，但是随着世界经济重心东移，亚洲国家和地区的展览业近年来异军突起，从规模上已经开始追赶欧美，整体水平高于拉丁美洲和非洲。为了更加清楚地了解世界主要展览大国展览业的发展态势，本节重点选取德国、英国、法国、意大利、美国、新加坡和韩国七个国家作为案例，对这些国家展览业的发展进行了重点考察。

一、德国

1. 德国展览业规模①

德国是世界展览大国，根据德国展览业协会（AUMA）的统计，在世界范围内影响较大的 210 个专业性国际贸易展览会中，有 150 多个是在德国举办的。

2015 年德国共举办了 308 场展览会（其中国际展会 164 场，国内展会 144 场），展览面积达 770 万平方米，吸引参展商 22.4 万人次，观众 154 万人次。德国的知名展会包括：汉诺威消费电子、信息及通信博览会，汉诺威工业博览会，法兰克福车展，慕尼黑国际物流展，柏林国际消费电子展，柏林旅游展，纽伦堡国际创意发明新产品展等。2015 年德国的贸易展览业收入总和为 34 亿欧元，2014 年为 34.5 亿欧元，2013 年为 32 亿欧元。

另外，根据国际展览业协会（UFI）的统计，德国展览会的国际化水平非常高，德国的国际展会上约有一半以上的参展商来自海外，其中 1/3 来自欧洲以外的国家；约 1/4 的观众来自海外，其中海外专业观众的比例高达 30%。除此之外，德国展览会主办机构还积极从事海外展览业务的拓展，近年来每年在海外举办约 250 场左右的展会。

2. 德国的展览场馆

德国目前有 22 个展览场馆，室内展览面积达 270 万平方米（见表 2－2）。室内展览面积超过 20 万平方米的特大型展览场馆，德国拥有 4 个，分别为汉诺威展览中心、法兰克福国际展览中心、科隆展览中心、杜塞尔多夫会展中心，其中汉诺威展览中心展馆面积达到 47 万平方米，占据世界榜首的位置。全球展览场馆 50 强中，德国拥有面积占全部的近 30%，比位居第二、第三的意大利和美国的总和还多；世界十大展馆中，4 个为德国所有，面积约占全部的 50%，其余 6 个分别为意大利、中国、法国（拥有 2 个）、美国、西班牙所有。② 德国的会展中心不仅面积大、设施完备，而且十分注意与周围设施的配合，周边的交通、住宿和娱乐文化等基础设施都很齐全。

表 2－2　　德国展览场馆展览面积

位置	室内（平方米）	室外（平方米）
汉诺威	470 167	58 070
法兰克福	355 586	96 078
科隆	284 000	100 000

① http：//www.mofcom.gov.cn/article/i/dxfw/jlyd/201612/20161202169794.shtml.

② UFI. UFI World Map of Exhibition Venues，2011-12.

续前表

位置	室内（平方米）	室外（平方米）
杜塞尔多夫	262 704	43 000
慕尼黑（展览中心）	180 000	360 000
柏林	160 000	100 000
纽伦堡	160 000	50 000
莱比锡	111 300	70 000
埃森	110 000	20 000
斯图加特	105 200	40 000
汉堡	86 465	10 000
腓特烈港	86 200	15 160
巴特萨尔茨乌夫伦	65 195	4 000
多特蒙德	59 535	—
卡特斯鲁厄（新展览中心）	52 000	62 000
奥格斯堡	48 000	10 000
不来梅	39 000	100 000
慕尼黑	29 113	—
萨尔布吕肯	24 600	27 400
弗赖堡	21 500	80 000
奥芬堡	22 570	37 877
奥芬巴赫	18 000	400

资料来源：AUMA官网。

3. 德国的展览企业与展览协会①

德国的展览企业实力雄厚，注册展会企业年营业总额超过30亿欧元，世界展览企业营业额前10名公司有5家在德国。2015年德国年营业总额排名前五位的展览公司分别是法兰克福展览公司（6.48亿欧元）、汉诺威展览公司（3.29亿欧元）、科隆展览公司（3.21亿欧元）、杜塞尔多夫展览公司（3.02亿欧元）和慕尼黑展览公司（2.77亿欧元）。

德国展览业协会是德国展览业的代表性组织，其成员包括展览组织、观众协会和展览公司。其主要任务是：向国内外对德国展览会感兴趣的个人或团体提供信息和咨询服务、维护展览业的利益、推广德国各展会项目、提高展览市场透明度、代表官方参与海外展会等。

知识链接

德国展览业协会和德国展览会统计自愿审核学会

德国展览业协会（Association of the German Trade Fair Industry，AUMA）1907年成立于德国柏林，AUMA前身为德国工业常设展览业委员会（Permanent Exhibition Committee of German Industry）。AUMA紧密联系德国展览场地拥有者、展览会举办

① http：//www.mofcom.gov.cn/article/i/dxfw/jlyd/201612/20161202169794.shtml.

者、参展商、参观者、展览服务企业等各相关组成部分，是代表德国私营领域的行业协会、服务和协调机构，在世界展览业界具有很强的影响力，其宗旨是在国际国内展览业范围内保护德国企业的共同经济利益。

德国展览会统计自愿审核学会（FKM）是德国权威的展会评估机构，总部设在柏林，目的是制定统一的展览会相关指标统计审核标准，促进展会数据的透明度和真实性。目前 FKM 直属会员包括德国的 75 家会员及中国香港贸发局、意大利 Verona 展览公司、莫斯科 MVK 等三个外国展会机构。

二、英国

1. 英国展览业规模

长期以来英国一直走在世界展览业的前列，全球知名的大型展览公司总部有很多设在英国，如励展、蒙格马利和 EMAP 等。英国近年来每年举办近 1 800 个展览会，其中贸易展览会仍占重要地位，无论从数量还是面积来看，都达到全年展览会总量的 50%以上。展览业在英国经济中占有重要地位，产值达 93 亿英镑，每年税收收入 10 亿英镑。展览业直接带动了酒店、餐馆、娱乐行业的发展。据统计，参展商和观众在住宿方面支出了 7.2 亿英镑，交通 2.58 亿英镑，食品和饮料 4.03 亿英镑，购物 3.12 亿英镑，娱乐 1.79 亿英镑。展览业为英国创造了 13.7 万个工作机会，占英国就业人口的 0.5%。①

2. 英国的展览场馆

英国在做展览场馆统计时，室内展览面积在 2 000 平方米以上的展馆被称为“展览场地协会标准场地”。英国的展馆净面积达 310 万平方米，主要集中在伦敦、伯明翰、曼彻斯特、爱丁堡、卡迪夫等大城市。其中比较著名的展览中心有国家展览中心（NEC）、伯爵展览中心、Excel 展览中心、G-MEX 展览中心和苏格兰展览会议中心（SECC）。

3. 英国的展览企业与展览协会

据统计，英国有 100 多家从事展览行业的公司，但市场份额主要被励展、蒙哥马利和 EMAP 等几家大型的跨国展览集团控制，其中 EMAP 是一家大型传媒集团，旗下包括全球 150 多份畅销杂志、18 家电台和 7 家电视台，每年组织 200 多次会议活动。

英国展览组织者协会（Association of Organizer，AEO）和英国展览服务商协会（Association of Exhibition Contractors）是英国展览行业最主要的协会组织。英

---

① 刘大可．展览会组织与经营．北京：中国人民大学出版社，2012.

国展览组织者协会的宗旨是提高展览会在经济活动中的地位，通过改善服务更好地满足观众对展览的需求。AEO目前已得到英国展览业的广泛认可，该协会举办的展览最佳服务评奖活动（AEO Excellence Awards）已成为英国展览行业一年一度最重要的活动。英国展览服务商协会成立于1913年，是展览行业最早成立的协会组织，其宗旨是提高展览服务水平，目前约有300家会员企业，主要包括施工公司、家具租赁公司等展览服务单位。

三、法国

1. 法国展览业概况

法国地处欧洲中心，交通便捷，气候温和，风景秀丽，具有一流的展馆和服务系统以及悠久的国际交流传统，这些得天独厚的条件使法国成为全世界展览业最为发达的国家之一。法国每年举办300多个展览会，其中全国性展览会和国际性展览会约有175个，专业展览会约有120个。法国拥有160万平方米的展馆，分布于80个城市，其中巴黎室内展览面积达59.5万平方米，排名全球城市室内展览面积前列，超过了大多数著名的展览城市，这为巴黎展览业的发展打下了雄厚的物质基础（见表2-3）。

表2-3　巴黎地区展览馆的室内展览总面积

巴黎地区主要展览馆	有效面积（平方米）
巴黎凡尔赛门国际展览中心	227 813
巴黎北郊维勒班特国际展览中心	205 669
巴黎布尔热展览馆	79 602
巴黎会议中心	19 460
巴黎拉德芳斯国家工业与技术中心展览馆	17 931
巴黎花卉园展览馆	11 250
巴黎尚贝里展览馆	8 857
巴黎卢浮宫展览馆	7 125
巴黎科学与工业城	4 370
总面积	582 077

资料来源：巴黎工商会统计数据。

2. 法国主要展览城市及展览企业

法国展览业的中心城市是巴黎，还有里昂、波尔多、里尔等城市。法国每年举办300多个展览，近一半集中在“展览之都”巴黎。从主要展览机构和名牌展览会看，法国重要的展览企业有爱博展览集团等，国际著名展览会有建材展（BATIMAT）、食品展（STAL）、农业展（SIMA）、包装展（EMBALLAGE）、酒展（VINEXPO）、巴黎航空航天展（AERONAUTIQUE）、环保展（POLLUTEC）等。

四、意大利

1. 意大利展览业概况

意大利是欧洲展览业的第二大国，意大利每年举办的展览会多达上千个。意大利的室内展览面积高达 2 227 304 平方米，位居世界第四，在欧洲排名第二，紧随德国之后。超过 20 万平方米的特大国际展馆有两个，一个是米兰国际展览中心，室内展览面积高达 345 000 平方米，排名世界第三。另一个是博洛尼亚展览中心，室内展览面积达到 20 万平方米，排名世界第十三。意大利各大城市都设有自己的展览场馆，展览会内容与本地经济结构、工农业生产和商业往来及历史文化密切相关。其中，意大利每年举办的国际性展览会有 190 多个，全国和地方性的展览交易会约 700 个，各地区还举办代表各区域经济的产业商品交易会。

2. 意大利主要展览城市及知名展会

意大利的展览会主要集中在罗马、米兰、博洛尼亚、维罗尼、里米尼、维琴察等大城市。最主要的展览会有：中南部地区的罗马博览会，巴厘东方博览会和巴勒莫博览会；中北部地区的米兰、博洛尼亚、维罗纳、里米尼和维琴察等博览会。大型的展览会为意大利厂商提供了定期在国际展览中展示新产品的最佳途径和参与国际竞争的最佳场所，高水平的展览会也使意大利成为国际交易会重要的举办地。

五、美国

1. 美国展览业概况

依靠强大的经济实力以及巨大的市场容量，美国的展览业发展水平处于世界领先地位。美国的室内展览面积高达 67 万平方米，排名世界第一，其中超过 20 万平方米的国际展馆有一个，即芝加哥的迈考密展览中心（241 524 平方米），排名世界第八。① 据 2014 年 1 月 30 日 CIC 公布的 *The Economic Significance of Meeting to the U. S. Economy* 报告，2012 年，美国共举办 10 900 个商业展，参加人数约为 2 676.8 万。另据报告得知，美国 2012 年与会展活动有关的产出总数约为 7 703.75 亿美元，对 GDP 的贡献为 3 937.84 亿美元。会展活动提供了 530.7 万份工作，共创造了2 346.39 亿美元的劳动力收入。

2. 美国的主要展览城市

美国的主要展览城市包括拉斯维加斯、芝加哥、纽约、奥兰多、达拉斯、亚特兰大、新奥尔良、旧金山和波士顿等。其中，拉斯维加斯作为沙漠中人造的展览之城，已成为美国著名的会展城市，许多著名的展览，如 Comdex 电脑展、汽车售后服务展、MAGIC、全美五金展等，都在这里定期举办。

---

① UFI. Global Exhibition Industry Statistics，2012-11.

知识链接

沙漠中的展览城——拉斯维加斯

拉斯维加斯作为沙漠中人造的展览之城，由于对独有优势的了解、准确的产业定位以及政府的政策支持，目前已经成为美国著名的会展城市，许多著名的展览如 Comdex 电脑展、汽车售后服务展、MAGIC、全美五金展等都在这里定期举办，每年接待的展出代表和参观者数以千万计。展览业成为拉斯维加斯城市经济增长的关键，甚至是整个南部内华达州经济发展的三大支柱产业（饭店、娱乐和会展业）之一。

拉斯维加斯每年承办大量国际性展会，几乎每天都有重要的展览或会议在此召开。其中不乏各行各业的顶级展会，可谓是行业的风向标，例如北美改装车展（SEMA）、全美广播电视展（NAB）和国际消费电子展（CES）等。这首先得益于拉斯维加斯先进的会展设施。拉斯维加斯拥有超过 970 万平方英尺①的会展场地，包括拉斯维加斯会展中心、曼德勒海会展中心以及金沙会展中心等。

其中，拉斯维加斯会展中心是美国最大的会展中心之一，也是世界最现代化、设施最完善的会展中心，占地面积 320 万平方英尺并拥有超过 10 万间客房。该中心隶属于拉斯维加斯会议和游客协会，并以功能多样性在同行业中脱颖而出。拥有超过 200 万平方英尺的展览空间和 25 万平方英尺的会议室空间，144 个扶手椅会议室（超过 24.1 万平方英尺）能容纳 2 000～2 500 人。有宽广的大厅和报到区（超过 22.5 万平方英尺），并有效地与展会大厅及新的展厅会议室相连接，允许同时架台、撤台或同时布展。

六、新加坡

1. 新加坡展览业概况

新加坡展览业开始于 20 世纪 70 年代中期，经过 40 多年的发展，已成为世界最著名的会议展览城市之一。尽管新加坡国土面积狭小，国内市场极为有限，区域内竞争对手众多，但是新加坡地理位置优越，具有四通八达的交通网络，经济、政治环境良好，并且具有较高的国际开放程度和英语普及率，政府充分发挥这些优势，精心打造国际展览品牌，全力拓展国际展览市场，创造了本区域具权威性的多项国际行业大展，使新加坡的展览业得到了空前的发展。

2. 新加坡展览规模及主要展馆

2012 年，新加坡共举办 1 102 场会展活动，相比 2011 年增长了 46 个百分点。②

---

① 1 平方英尺≈0.092 9 平方米。

② 新加坡会展行业协会官网 . http：//www.saceos.org.sg/.

新加坡的主要的展览馆有三个：新加坡滨海湾金沙展览中心、新加坡展览中心和新达城会展中心。其中，新加坡展览中心于2002年4月正式启用，是政府重点投资项目之一，占地面积25万平方米。该中心建有6万平方米的展览馆、2.5万平方米的室外展览场，同时配有先进的翻译、通信和传播设备。新达城会展中心总建筑面积为2.8万平方米，其中展览面积2万平方米，会议中心可容纳1.2万人。新加坡展览业最主要的协会组织是新加坡会展行业协会（Singapore's MICE trade association，SACEOS）。

七、韩国

1. 韩国展览业概况

韩国以电子通信、机械、纤维、消费、文化与休闲产业闻名世界。强大的工商业实力为展览会的举办提供了强大后盾。知名展览会包括韩国国际海事技术展、韩国电子展览会、韩国纤维交易展、首尔国际动漫展、大邱国际光学展等。韩国展览业自2000年以来保持持续的增长势头，展览场馆的平均出租率也呈上升趋势。2000年以前，韩国只有四个会展中心，总面积仅为5.7万平方米，截至目前，韩国的展览场馆达到12个，包括韩国贸易会展中心、韩国国际展览中心、釜山会展中心等，总面积达241 307平方米（见表2-4）。2012年，韩国举办展览会的数量为504场。[①] 其中，韩国贸易会展中心2009—2012年各年所举办的展会数量占总数量的比重最大，四年均在30%以上，可见韩国贸易会展中心在韩国展览业市场中所占市场份额较大，市场地位较高。

表2-4　韩国展览场馆的基本情况

展览馆	建成年度	展览面积（平方米）
韩国贸易会展中心（COEX）	1988	36 027
大田贸易展示馆（KOTREX）	1995	13 000
首尔贸易展示会展中心（SETEC）	1999	7 948
大邱会展中心（EXCO-Daegu）	2001	11 616
釜山会展中心（BEXCO）	2001	26 508
AT会展中心	2002	7 422
济州道会展中心（ICCJeju）	2003	2 395
昌原会展中心（CECO）	2005	7 827
金大中会展中心（KDJ Center）	2005	9 072
韩国国际会展中心（KINTEX）	2005	108 556
仁川松岛国际会展中心	2008	8 416
DCC	2008	2 520
合计	—	241 307

资料来源：韩国展览业振兴会（http：//www.akei.or.kr）以及韩国各展览中心官网。

---

① 韩国展览业振兴会官网.http：//www.akei.or.kr.

2. 韩国展览业协会和展览企业

韩国展览业振兴会（AKEI）、韩国组展者协会（Korea Exhibition Organizers Association）、韩国展览装饰协会（KEDA）以及韩国展览服务提供者协会（Korea Exhibition Service Providers Association）是韩国 4 家全国性的展览业协会。其中韩国展览业振兴会现拥有包括展览中心、展会组织者和展览服务商等在内的 48 家会员，协会的主要活动是支持在韩国举行的贸易展览，进行展会评估，建立统计数据库，承办国际合作和教育项目以及参与各种研究和出版等。

韩国的展览公司积极谋求与海外展览业巨头、品牌展会的合作，以创造品牌效应。韩国有众多的展览企业，例如以 COEX 为代表的会展中心，以 Interfairs，K. Fairs 为代表的组展商，还有以 Expo Logis 为代表的服务商等。其中，KINTEX 借助法兰克福展览公司的力量，已经将韩国国际铁路及交通运输展览会（Railing Korea）办成了世界知名的品牌展会。年营业额 4 000 万美元的 COEX 更注重市场细分，频繁亮相欧洲奖励旅游暨会议展（EIBTM）等世界级的会奖展，以期提升韩国在欧洲组展商心目中的形象。

3. 韩国展览业未来规划

韩国政府对展览业的发展高度重视，并确立了在 2013 年成为亚洲第一、跻身世界前十名会奖旅游国家的宏伟目标。韩国政府构建了以 COEX，KINTEX，松岛展览中心为轴心的“首都展览经济圈”，该计划已经开始实施，目标是把韩国发展成为东北亚展览产业带枢纽。在不久的将来，韩国的展览业不仅将成为韩国经济新的增长点，也将成为东北亚其他国家展览业强劲的竞争对手。①

第 3 节　中国展览业发展状况

改革开放以前，中国展览业政治色彩浓厚、数量少，经过改革开放后 30 余年的发展，取得了显著的进步。具体来说：（1）从新中国成立初期到 20 世纪 80 年代末，国内建设了一定数量的展览场馆用以展示经济、社会发展所取得的成就，为我国现代展览业的发展奠定了一定的物质基础。（2）20 世纪 90 年代以来，经济总量持续增长、产业结构优化升级、第三产业全面发展，为我国展览业的发展提供了雄厚的经济基础和产业支撑；经济体制改革大大促进了社会经济各领域在技术交流、市场拓展、扩大消费等方面的需求，在这种背景下，集商品展示和贸易促进功能于一体的展览业迅速发展起来，展览业成为我国经济发展的一个新增长点，各级政府机构为扩大贸易、招商引资、技术合作等纷纷建造展馆、举办各种商品交易会及信息交流会来打造城市品牌和形象，从而促进了展览场馆等硬件设施的建设。（3）21 世纪

---

① 潘玢渠．韩国会展业快速发展的原因及趋势分析．商场现代化，2011（5）．

以来，中国展览业实现了质的飞跃，不仅展览会数量持续增长，展览展示的范围也更加广泛，涵盖了机械、电子、通信、石化、仪器、钟表、首饰、服装、银行、建材、医药等多个行业，形成了政府、商协会、外资展览公司、中外合资展览公司、国营和民营展览公司等多层次、多渠道办展的新格局。

一、中国国内展览会数量分析

20 世纪 90 年代以来，我国展览业发展迅速，1997 年国内展览会数量首次突破 1 000 个，到 2001 年达到 2 387 个，而仅用了一年，2002 年展览会数量就超过 3 000 个，接下来几年间，除 2008 年受奥运会以及金融危机双重影响有所下降外，展览会数量持续增加，2006 年达到 4 000 个，2010 年突破 5 000 个。显然，单纯从展览会的数量来说，我国已经步入“展览大国”的行列。具体来看，如表 2－5 所示，1997 年以来我国举办展览会的绝对数量基本一直呈现正增长态势，1997—2002 年之间，除了 1999 年增长速度较为缓慢以外，其他年份均以 20％左右的速度增长，2001 年的环比增长速度高达 41.7％；2003—2006 年，中国展览业的增长速度放缓，平均增长水平维持在 6％～7％。值得一提的是，2003 年虽然遭受到“非典”的沉重打击，但同 2002 年相比仍然取得了 7.25％的增长。2007—2010 年之间，除了 2008 年因奥运会以及全球经济危机的影响而出现负增长，其余年份均持续增长，平均增长率达到 10％左右。当然，不能忽视的一点是，虽然近年来我国展览会的数量持续增长，但这些展览项目绝大多数是中小项目，规模大并具有品牌知名度的展览会屈指可数。此外，就展览收入而言，我国同样不是一个展览强国。

表 2－5　　1997—2012 年中国国内展览会数量及增长比例

年份	展览会数量（个）	增长比例（％）
1997	1 063	—
1998	1 262	18.7
1999	1 326	5.1
2000	1 684	27.0
2001	2 387	41.7
2002	3 075	28.8
2003	3 298	7.3
2004	3 560	7.9
2005	3 800	6.7
2006	4 000	5.3
2007	4 400	10.0
2008	4 000	－9.1
2009	4 603	15.1
2010	5 040	9.5

续前表

年份	展览会数量（个）	增长比例（%）
2011	7 333	45.5
2012	7 083	−3.4

资料来源：1997—2006年的数据来源于中国国际贸易促进委员会宣传出版中心《中国展览年鉴》（2003、2007）；2007、2008年的数据来源于会展经济蓝皮书《中国会展经济发展报告》（2008、2009）；2009年数据来源于过聚荣．中国会展经济（2010）．中国中小企业，2010（5）；2010年数据来源中国会展经济研究会（http://www.cces2006.org）；2011年数据来源于《2011年中国经济蓝皮书》；2012年数据来源于《2012年全国会展数据分析报告》。

二、中国展览业国际化程度

随着经济全球化的发展，世界不同国家之间的经济交往日益频繁。在这种背景下，任何一个行业的发展只有融入国际市场，才能获取更为广阔的发展空间。展览业作为一种特殊的贸易平台行业，只有融入全球的会展网络，才能更好地发挥全球信息交流、技术合作和商品交易的载体功能。展览业的国际化包含跨国办展、跨国参展、跨国投资、加入国际组织等多种层面，但是限于数据资料的缺乏，这里主要通过中国出国参展情况和中国内地展览会获取UFI认证的情况两个方面，大体阐述中国展览业的国际化进程。

1. 中国参展商出国参展情况

根据《2013年中国出国经贸展览市场报告》，2013年我国出国参展的项目数已经达到1 391个，出国展览的目的地国家达到72个，组织单位达到102家。表2－6列出了2013年中国出国参展项目数最多的10个目的地国家。从表2－6可以看出，前往这20个国家参展的项目数占全部出国参展项目总数的71.3%。具体来看，德国、美国、俄罗斯是中国出国参展最主要的目的地国家，当年赴这三个国家参展的项目占全部出国参展项目总数的39.9%。

表2－6　2013年中国出国参展最多的10个国家及项目比例

序号	国家	百分比（%）
1	德国	15.1
2	美国	15.0
3	俄罗斯	9.8
4	巴西	9.6
5	阿联酋	4.9
6	印度	4.1
7	南非	4.0
8	墨西哥	3.0
9	法国	2.9
10	意大利	2.9

资料来源：中国国际贸易促进委员会官方网站（www.ccpit.org），根据《2013年中国出国经贸展览市场报告》整理而成。

此外，从组织出国展览的机构看，2013 年组织单位的数量已达到 102 家，已经呈现出商协会、国有企业、民营企业等多种主体共同发展的格局，但总体看商协会所占的比例仍然较高。表 2－7 反映了中国最大的 20 家出国展览组织单位的情况。从表 2－7 可以看出，前 20 家组织单位涉及的展览项目数达到 881 个，占当年出国展览项目总数的 63%。需要指出的是，由于不同的组展单位可能联合组织同一个展览会，因此根据组展单位统计出的展览项目数要高于实际的出展项目数。

表 2－7　　2013 年中国组织出国展览项目的组办单位及有关数据

序号	组展单位	项目数	百分比（%）
1	西麦克国际展览有限责任公司	115	8.27
2	中国国际展览中心集团公司	102	7.33
3	中国机电产品进出口商会	59	4.24
4	中国国际贸易促进委员会机械行业分会	59	4.24
5	中国华阳经贸集团有限公司	51	3.67
6	长城国际展览有限责任公司	49	3.52
7	福建汇源国际商务会展有限公司	43	3.09
8	福建省福贸会展服务有限公司	43	3.09
9	中国国际贸易促进委员会福建省委员会	42	3.02
10	中国国际贸易促进委员会浙江省分会	37	2.66
11	中国医药保健品进出口商会	36	2.59
12	中国国际贸易促进委员会电子信息行业分会	33	2.37
13	中国对外贸易中心（集团）	32	2.30
14	中国国际贸易促进委员会贸易推广交流中心	31	2.23
15	中国电子国际展览广告有限责任公司	27	1.94
16	中国轻工业对外经济技术合作公司	25	1.80
17	中国国际贸易促进委员会化工行业分会	25	1.80
18	中国印刷及设备器材工业协会	25	1.80
19	中国国际贸易促进委员会上海市分会	24	1.73
20	远大国际展览有限公司	23	1.65
总数		881	63

资料来源：中国国际贸易促进委员会官方网站（www.ccpit.org），根据《2013 年中国出国经贸展览市场报告》整理而成。

2. 中国经过 UFI 认证的展览会情况

要推进中国展览业的国际化，必须与国际惯例接轨，按国际标准衡量。UFI 是世界展览业中最重要的国际性组织之一，经过 UFI 认证是高品质贸易展览会的重要标志。UFI 对申请加入的展览会的规模、办展历史、国外参展商比例、国外观众比例等都有严格要求。UFI 规定的注册标准为：作为国际性展览会至少已连续举办 3 次以上，至少有 2 万平方米的展出面积，20%的国外参展商，4%的国外观众。根据

2015年度中国展览数据统计报告显示，全国共有95个单位成为UFI成员，其中77个在境内，与中国相关的UFI项目是481个。从具体地区分布看，中国内地经过UFI认证的国际展览会主要集中在北京、上海、广州和深圳等展览业相对发达的城市，以及东部沿海地区。2015年，中国UFI认证展会共77个（不包括港澳台），其中4个展会为中国海外自办展。认证展会主要分布在上海市、广东省和北京市，其中上海市21个，广东省20个，北京市18个。

三、中国展览业的地区分布

由于我国经济发展的不平衡，不同地区的市场化程度、城乡居民收入水平以及产业结构布局等呈现出明显的多层次性特征。受国民经济整体布局多层次性的影响，中国展览业的发展同样呈现出多层次、多元化的发展态势。

按照我国传统的地理区域划分，2011—2015年中国展览业的地区分布见表2-8。从表2-8可以看出，华东、华北、华南是中国举办展览会的主要地区，东北、西南地区次之，华中、西北地区举办的展览会则相对较少。其中，从2011—2015年间的均值来看，华东地区份额最大，占全部展览会39.2%的市场份额；其次为华南地区，大约占14%的市场份额；第三为华北地区，占13.6%的市场份额；第四位西南地区，大约占12%的市场份额，其余地区均不到10%。

表2-8　2011—2015年中国展览会的地区分布（%）

地区	2011年	2012年	2013年	2014年	2015年	平均
华东	41	42	39	39	35	39.2
华北	13	15	14	13	13	13.6
西北	4	4	4	4	4	4.0
西南	9	10	12	12	17	12.0
华南	17	13	14	13	13	14.0
东北	7	9	10	10	9	9.0
华中	9	6	7	7	9	7.6

说明：数据有四舍五入。

资料来源：中国展览经济数据统计报告（2011-2015年各年）。

四、中国展览业的行业分布

2004—2013年中国国内定期展览会的行业分布情况分别参阅表2-9、表2-10和表2-11。从表中可以看出，排名前十的国内定期展览会的行业类型基本稳定，行业集中程度较高，维持在70%左右的水平。具体来看，工业/机械/加工、建筑/装潢/五金、化工/能源/环保、食品/饮料/酒四种类型的展览会连续多年位于前五名之列，说明这几个行业在中国展览市场最为活跃；而与居民生活紧密相关的生物/医药/保健、通信/通讯/电子、玩具/礼品/工艺品、汽车/交通工具等类型的展览会同样比较活跃，多年来一直保持在前十名的水平。不同行业举办的展览会数量，一方面体现了该行业中展览会的发展水平，另一方面也反映了该行业对展览会的依存度。

表 2-9　　2004—2007 年国内定期展览会类型分布（前 10 位）

序号	2004 年		2005 年		2006 年		2007 年	
	展览会类型	数量	展览会类型	数量	展览会类型	数量	展览会类型	数量
1	机电行业	199	机电行业	303	机电行业	262	机电行业	236
2	建材	58	建材	64	建材	91	建材	69
3	纺织	42	纺织	59	医疗	62	医疗	55
4	家具	38	房地产	55	房地产	56	纺织	53
5	医疗	36	医疗	55	纺织	54	食品	51
6	食品	30	食品	54	食品	52	传媒	39
7	环保	20	家具行业	39	休闲产业	44	房地产	35
8	休闲产业	20	农业	39	农业	40	能源	29
9	印刷包装	19	石化	36	印刷包装	30	休闲产业	28
10	石化	18	印刷包装	34	环保	26	印刷包装	22
	十大类占总数的比例（%）	67.4	十大类占总数的比例（%）	66	十大类占总数的比例（%）	66.7	十大类占总数的比例（%）	72.8

资料来源：中国国际贸易促进委员会．中国展览年鉴（2004—2007）．北京：中国国际贸易促进委员会，2004—2007。

表 2-10　　2008—2010 年国内定期展览会类型分布（前 10 位）①

序号	2008 年		2009 年		2010 年	
	展览会类型	数量	展览会类型	数量	展览会类型	数量
1	工业/机械/加工	167	工业/机械/加工	315	工业/机械/加工	308
2	建筑/装潢/五金	98	建筑/装潢/五金	168	建筑/装潢/五金	273
3	汽车/交通工具	83	化工/能源/环保	154	化工/能源/环保	181
4	化工/能源/环保	79	通信/通讯/电子	117	食品/饮料/酒	178
5	食品/饮料/酒	73	食品/饮料/酒	91	生物/医药/保健	117
6	其他行业	66	玩具/礼品/工艺品	77	通信/通讯/电子	113
7	通信/通讯/电子	61	汽车/交通工具	72	玩具/礼品/工艺品	107
8	生物/医药/保健	59	生物/医药/保健	62	汽车/交通工具	88
9	服饰/皮革/纺织	52	服饰/皮革/纺织	55	服饰/皮革/纺织	86
10	玩具/礼品/工艺品	49	家电/家具/日用品	53	家电/家具/日用品	70
	十大类占总数的比例（%）	67.0	十大类占总数的比例（%）	71.1	十大类占总数的比例（%）	74.2

资料来源：根据中国会展网行业会展相关内容整理。

---

① 展览会类型按照中国会展网最新划分的 25 个行业进行统计，虽然名称有所不同，但是所代表的行业类型基本一致。

表 2-11　**2011—2013 年国内定期展览会类型分布（前 10 位）**

序号	2011 年		2012 年		2013 年	
	展览会类型	数量	展览会类型	数量	展览会类型	数量
1	工业/机械/加工	433	工业/机械/加工	431	工业/机械/加工	410
2	建筑/装潢/五金	326	建筑/装潢/五金	352	建筑/装潢/五金	315
3	化工/能源/环保	307	化工/能源/环保	351	化工/能源/环保	270
4	食品/饮料/酒	263	食品/饮料/酒	269	食品/饮料/酒	262
5	通信/通讯/电子	212	通信/通讯/电子	229	通信/通讯/电子	223
6	生物/医药/保健	169	生物/医药/保健	192	生物/医药/保健	159
7	汽车/交通工具	142	汽车/交通工具	155	汽车/交通工具	150
8	服饰/皮革/纺织	128	服饰/皮革/纺织	122	玩具/礼品/工艺品	137
9	家居/家电/日用品	122	家居/家电/日用品	113	首饰/珠宝/美容	127
10	玩具/礼品/工艺品	118	综合/跨行业类	108	农/林/牧/渔	112
	十大类占总数的比例（%）	71.9	十大类占总数的比例（%）	72.3	十大类占总数的比例（%）	71.0

资料来源：根据中国会展网行业会展相关内容整理。

五、我国专业展览场馆状况

作为展览活动的物质载体，展览场馆在展览产业链中具有举足轻重的地位，展览场馆的软硬件环境直接决定了承接展览会的规模与档次，对展览业的发展起着至关重要的作用。近年来，各城市为了促进展览业的发展纷纷新建或扩建展览场馆，使之成为目前城市建设中的热点项目。

1. 我国专业展览场馆发展概况

中国现有展览场馆的建设主要分成三个阶段：一是新中国成立后为展示社会主义经济建设成就，在各省会城市建设的省级展览馆；二是改革开放后在经济发达地区为促进经济交流而建设的各种国际展览和贸易中心；三是近年来许多大中型城市作为城市标志性建筑以及对外展示形象窗口而建设的展馆。图 2-3 大体反映了我国展览场馆的建设情况。从图 2-3 可以看出，1990 年以前，无论是展馆数量还是展览面积，都有存量少、发展速度慢的问题。1990—2010 年的 20 年间，中国展览场馆的建设真正步入“黄金时期”，特别是 2002 年以来，中国专业展览场馆的数量和总展览面积呈现爆发式增长。截至 2015 年，我国专业展馆室内面积达 1 120.41 万平方米，其中已建成的展馆数量为 286 个，展馆总面积为 892.89 万平方米；在建的展馆数量为 21 个，展馆总面积为 186.82 万平方米；待建的展馆数量为 5 个，展馆总面积为 41.5 万平方米。展馆数量和可用展览面积两个方面均跃居世界前列。

2. 我国专业展览场馆的地区分布

中国专业展览场馆的地区分布状况参见表 2-12。从表 2-12 可以看出，我国专

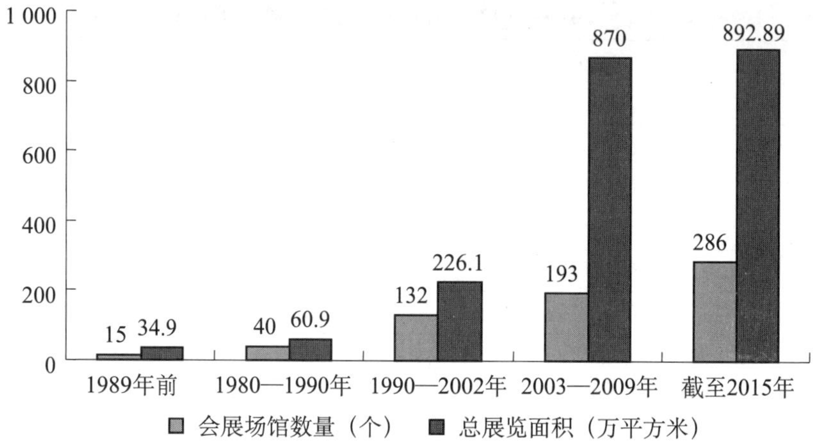

图 2－3　我国已经建成的会展场馆概况

资料来源：1980—2002 年数据来自郑建瑜，傅婕芳．会展场馆管理．北京：旅游教育出版社，2007，p6；2003—2010 年数据根据中国会展网及各会展场馆网站主页公布的数据统计得到；2011—2015 年数据来自中国展览数据统计报告。

业展览场馆在不同地区和省份的分布差异较大，总体上看，东部沿海经济发达的省区展览场馆分布数量比较多，中西部省区展览场馆数量较少。

表 2－12　　中国专业展览场馆的地区分布

地区	省区	数量（个）	地区	省区	数量（个）
华北地区	北京	6	西北地区	陕西	5
	河北	13		宁夏	1
	天津	3		甘肃	3
	山西	9		青海	1
	内蒙古	4		新疆	1
东北地区	辽宁	19	华东地区	浙江	13
	黑龙江	8		江苏	31
	吉林	9		山东	44
华中地区	湖北	5		上海	12
	河南	7		安徽	9
	湖南	3		江西	3
西南地区	四川	25	华南地区	广东	24
	重庆	5		福建	9
	云南	2		广西	5
	贵州	2		海南	2
	西藏	3			

资料来源：2015 年中国展览数据统计报告。

□ 本章小结

从全球范围看，无论是在场馆面积和展览会数量方面，还是在展览会的规模与品牌影响力方面，目前欧洲国家依旧具有绝对优势，德国、法国以及英国的展览业尤其突出；美国作为一个经济大国，在展览业中同样具有强大的竞争优势。但近年来随着世界经济中心的东移，亚洲的展览业同样取得了举世瞩目的成就，逐步涌现出新加坡、香港、首尔、上海等一批有影响力的国际会展城市。

中国内地的展览业虽然起步晚，但是近年来伴随着各级政府的高度重视和支持，在场馆建设、展览会数量以及国际化程度等多个方面，都取得了突飞猛进的发展。

□ 关键术语

会展中心	展览面积
展览规模	行业类型

□ 复习思考题

1. 简述国际展览业的发展状况并分析其中的原因。
2. 简述我国展览业发展的总体态势及成因。
3. 试比较京沪穗三个城市展览业的不同特点并说明成因。

□ 阅读材料

汉诺威办展的成功之道

汉诺威是德国下萨克森州首府，德国北部重要的经济文化中心。它濒临中德运河，位于北德平原和中德山地的相交处，又处于巴黎到莫斯科、北欧到意大利的十字路口，是一个水陆交通枢纽，这为当地展览业的发展提供了重要的自然条件，因而汉诺威市被誉为“世界会展之都”。它承办过两届世界博览会，拥有世界上最大的展览场馆——汉诺威展览中心，世界十大展览会中有 5 个在汉诺威举办。

汉诺威展览业发达的原动力其实还来自政府的高度重视和支持。在展览业极为发达的德国，许多城市的政府普遍将展览业作为支柱产业加以扶持。德国几个大的展览公司都是有政府背景的，政府对展览业的支持力度很大。比如，汉诺威展览公司的两大股东——下萨克森州政府和汉诺威市政府，就分别持有其 49.8%的股权。在政府的支持下，汉诺威展览公司逐步发展壮大，从而带动了整个城市展览业的蓬勃兴起。

去过汉诺威的展览界人士大都有这样的感受，即那里的会展气氛十分浓厚，每逢展览会举办，来自五湖四海的客商都会涌入这个城市。人们如此热情地去观看展览，是因为这里有两个基本的保证：一是汉诺威过硬的城市基础设施；二是汉诺威找到了自己的展览会商业运作模式，保证良好运营。汉诺威的城市基础设施建设，尤其是展览会的各种硬件设施堪称世界一流。以世界最大的汉诺威展览中心为例，这一展览会场馆几经扩建，现已达到占地100万平方米的规模，内有1万～2万平方米的巨型展厅24个，其中好几个是多层展厅。室内展出面积共计47.9万平方米，拥有露天展场27.8万平方米，还配备有功能齐全的会议中心。展馆为2.6万余位参展商和230万名观众的年流量而设计，其展览技术和设备还在不断改进和完善。汉诺威现代化的展览馆成功地经受住了2000年世界博览会的考验。另外，博览中心还拥有两个设备完善的、欧洲最大的专用客运火车站，并有专用的货运站。货运站设有能装卸大件重型货物的设备，并且有多条支线直通各展览大厅。有分别连接飞机场和火车站的两条地铁线路，可直达展览中心北面入口，这个展览中心的停车场可停放5万辆汽车，场内还有一个直升机停机坪。一到这个城市，市内的交通就为展览大开绿灯，开设专线地铁，观展人士甚至可以坐直升机到达展馆。

除完善的硬件设施外，汉诺威在展览会的组织和服务等软件方面也有口皆碑。它免费为参展商和观众提供一本册子或一本书，内容不仅包括历年展览会的情况回顾，还介绍整个欧洲甚至整个世界某个行业的发展趋势和动态，同时包含参展费用、装修费用等信息。一些宣传材料中仅酒店介绍就有五六页的篇幅，罗列上百家不同档次的酒店供用户挑选，并详细介绍价格、优惠措施等情况。

权威资料表明，国际展览业的利润率超过25%，是高效益、无污染且对相关产业带动力极强的产业。根据英联邦展览业联合会的调查，展览会是优于专业杂志、公关、报纸、电视会议等手段的营销中介体。通过一般渠道找一个客户，需要成本219英镑，而通过展览会，成本仅为35英镑。实践证明，汉诺威展览业的能量巨大，已成为该城市最大的一棵摇钱树，为这个城市创造了可观的经济效益和社会效益。

资料来源：http：//www. caigou. com. cn/newsshow/2005-7-26/8960. shtml.

第 3 章 展览会主题策划与项目论证

本 章 要 点

- 展览会主题及其确定的原则
- 展览会环境分析
- 展览会主题策划方法
- 展览会项目可行性论证

展览会主题策划是办展工作的基础，是能否成功举办一个展览会的先决条件。主题选择恰当，展览会才有可能获得好的发展，并逐步发展成为品牌展览会；若主题选择不当，尽管投入了很多的人力、物力和财力资源，但因之前选择分析不合理或种种其他原因，可能导致展览会在业内影响力逐渐减弱，举办规模逐步缩小，直至停办。因此，展览会主题必须经过精心策划和论证。

本章从展览会主题确定原则、展览会主题策划和展览会项目可行性论证三个方面简要论述展览会主题策划和项目论证的过程。

第 1 节　展览会主题确定的原则

一、展览会主题的内涵

展览会主题是指展览会所涉及的行业以及展览展示的核心内容，展览会的名称是展览会主题的体现形式之一。展览会主题选择的准确与否，直接影响到展览会的专业性和市场拓展性，对展览会的招展和未来发展有着重大影响。

二、展览会主题确定应遵循的原则

（1）前瞻性。如果通过对市场环境的分析，发现或预测某一行业市场发展前景广阔，未来市场规模巨大，并且行业内企业、客户沟通交流的愿望强烈，就可以考虑策划举办该题材类的展览会，即策划者要做到“嗅觉灵敏，抢占先机”。

（2）独特性。展览会主题的选择必须使参展商和专业观众能从主题中发现展览会的与众不同之处，激发他们的参展兴趣。还要在以后历届展览会中将这种独特性内化为自身的竞争优势，使展览会具有唯一性和不可替代性，从而形成较高的进入壁垒，长时间地享有这种竞争优势。

（3）一致性。一致性是指展览会主题与实际展品范围的一致性。这种一致性对于任何一个想取得长久发展的展览会而言都是非常重要的，同时也是形成品牌展览会的一个必不可少的条件。如果展览会主题与实际展品不一致，展览会就很难建立起顾客的忠诚度，而忠诚的顾客对展览会而言是非常重要的核心资源，是形成一个展览会核心竞争力必不可少的要素，因此展览会主题的一致性就显得尤为重要。

（4）可行性。策划展览会主题时，应当根据系统论的观点，全面考核与展览会主题相关的各方面的信息，并充分研究该展览会主题所涉及行业的竞争能力、发展潜力等，结合办展机构自身所具备的资源，通过科学的方法和程序，选择那些不仅发展潜力大且具有现实可操作性的展览会主题。

（5）效益性。选择展览会主题就是为实现某一特定效益而进行的活动。效益是衡量展览会成功与否的重要评价指标之一，各种效益的获得首先需要通过成功选择展览会主题来实现。当然这里所说的“效益”是广义的概念，既要考虑经济效益，又要考虑社会、文化、生态等方面的效益。因此，这要求办展机构不仅追求微观效益与宏观效益的统一，也要注重当前效益与长远效益的统一，唯有从办展机构自身到整个国民经济的角度看，以及从当前到今后一段时间来看，该展览会所创造的效益都能达到均衡，才能真正体现效益性原则。

第 2 节　展览会主题策划

好的开始是成功的一半。因此，要成功举办一次大型的展览会，尤其是当展览公司希望把新开发的展览项目打造成品牌展览会时，就必须对展览会主题进行科学分析与精心策划，这样还会使后续的展览会的组织和管理工作开展得更加顺利有序。策划展览会主题，首先需要对展览环境在宏观、微观两个层面进行分析，并在此基础上运用一定的方法确定一个或几个合适的展览会主题。

一、展览环境分析

展览会是在动态的客观环境中举办的，我们把在这一动态环境中影响和制约展览活动的最普遍因素的总和称为展览环境。要想成功举办一次展览会，决不能脱离实际环境，因而展览环境分析也是展览会项目可行性分析的第一步。

展览环境主要包括宏观环境和微观环境两部分：宏观环境是指对举办展览会产生影响的各种社会因素，包括政治安全环境、经济环境、科学技术环境和社会文化环境；微观环境是指对展览活动产生直接影响的因素，包括产业特征、市场特征、竞争状况和办展机构内部资源等。在进行环境分析时，不仅要分析现在的市场环境，还要对未来的环境发展趋势做出正确的预测。

1. 宏观环境分析

展览业是一个涉及面广、综合性强的行业，它对于社会稳定性、经济繁荣程度、目标市场的消费能力以及诸如住宿、交通、环境、商品零售业等方面的依赖性都较强。任何一个展览会，都应该根据展览会的特点和主承办单位的自身条件，深入研究宏观环境变化对展览会产生的影响。

（1）政治环境。政治环境是指一个国家或地区的社会制度、执政党的性质、政府的方针政策以及法律等情况。不同的国家有不同的社会性质，不同的社会制度对展览会的组织活动有着不同的限制和要求，对一些国际性展览会来说尤其如此。政治环境对展览会的影响具有间接性、不可预测性和不可抗拒性等特点。如果政局动荡，战争频起，人们基本的生存和安全需要都无法满足，也就谈不上举办展览会活动。目前我国政治稳定，政府职能顺应深化改革和加入世界贸易组织的要求，从微观的经营管理向宏观经济调控转变；企业逐步实现了政企分开，政府努力为企业发展创造完善的市场竞争环境。这种稳定的政治局面，为我国展览业的发展提供了良好的政治环境。

值得注意的是，政治环境中的法律法规对于展览业的影响较为直接，了解这些法律法规对成功策划和举办展览会十分重要。一般来说，在策划一个展览会时，需要了解的相关法律法规包括：产业政策、产业发展规划、海关有关规定、市场准入规定、知识产权保护规定以及交通、消防、安全等其他方面的规定。例如，根据2004年1月12日商务部颁布的《关于设立外商投资会议展览公司暂行规定》，经批准设立的外商投资会议展览公司可以按规定在中国境内主办、承办各类经济技术展览会和会议，这给希望进入巨大的中国展览市场的国外展览公司敞开了大门。当然，如果一国禁止或限制某类产品的进出口，那么海外企业不管是参展还是参观展览会的意愿都将非常低。

（2）经济环境。经济环境是指展览业生存和发展的社会经济状况及国家经济政策，具体指社会经济结构、经济发展水平和经济产业政策三个方面。1）社会经济结构包括产业结构、分配结构、交换结构、消费结构和技术结构，其中最重要的是产业结构。产业结构是指资源在各个产业间的分配，目前我国正积极调整产业结构，大力发展第三产业，这一政策导向为展览会产业的发展提供了良好的契机。2）经济发展水平是指一个国家经济发展的规模、速度和已经达到的水准，主要指标为国内生产总值及人均水平、经济增长速度等。我国连续多年保持经济快速增长，是目前世界上最具经济活力的国家之一，快速的经济增长是我国展览业迅速发展的关键因素。3）产业政策是一个国家调控宏观经济的重要手段。如果一国鼓励某一产业的发展，那么与这个产业密切相关的展览活动就能得到很好的发展，国家对于展览行业的直接扶持对展览业的发展更为直接。

（3）社会文化环境。社会文化具体包括一个国家或地区的居民受教育程度、文化水平、宗教信仰、风俗习惯、审美观念和价值观念等多个方面。社会文化环境对参展商和观众有较大影响，文化水平决定一个地区人口素质的高低，从而影响到展览会参与人员的素质；宗教信仰和风俗习惯对展览会的影响同样显而易见，例如在我国的春节期间举办专业性的贸易展览会就很难成功；在忌烟酒的伊斯兰国家举办烟酒展就不容易成功。

（4）科学技术环境。科学技术是第一生产力，分析科学技术环境主要是看科学技术的发展对展览的经营活动和经营战略产生的影响。在具体分析科学技术环境时，首先应当关注科学技术的发展和推广给企业带来的新的发展机遇，如科学技术的更替可能带来新行业的兴起，这对于展览会开拓新的展览题材是难得的机遇；其次应当关注可能会给某些展览会造成的威胁，这种威胁轻则可能对展览会造成冲击，重则可能使展览会被淘汰。

2. 微观环境分析

如前所述，微观环境分析是指针对举办某题材展览会构成直接影响的各种因素的分析。通常情况下，这些因素主要包括产业特征、市场特征、相关展览会的信息和办展机构内部资源四个方面。

（1）产业特征。从策划展览会主题到举办展览会，需要收集和掌握的产业特征主要有以下几个方面：

1）产业周期。一般来说，一个产业的发展要经过投入、成长、成熟和衰退四个阶段。处于投入期的产业由于刚刚起步，企业数量有限，市场规模不大，举办展览会往往较难获利；处于成长期的产业，市场扩张快，企业数量不断增多，市场对该产业的产品和该产业对相关设备的投资需求较大，企业盈利性好，较适合举办展览会；处于成熟期的产业，市场竞争激烈，企业数量较多，很多企业在为自己的产品寻找销路，也比较适合举办展览会；处于衰退期的产业，企业数量在不断减少，企业盈利性较差，市场容量收缩，不适合举办展览会。由此可见，要策划举办展览会，首先要考察准备举办展览会的产业的周期。如果选择不当，即使展览会有一两届侥幸举办成功，其发展前景也很难保证。

2）产业规模。产业规模主要是指该产业的生产总值、销售总额、进出口总额和从业人员数量等。这些信息是策划举办展览会时需要参考的重要数据。例如，了解产业的生产总值和销售总额可以为预测展览会的规模提供依据，了解产业从业人员数量可以为预测展览会的到会专业观众数量提供参考。由于产业规模对展览会规模会产生直接的影响，产业规模的增减会影响到展览会规模的增减，因此在分析产业规模时，不仅要分析现在的产业规模，还要对产业规模在未来的增减趋势作出预测，以便为展览会制定长期发展策略提供参考。

3）厂商数量。从理论上说，一个产业拥有的厂商数量就是即将举办的展览会的潜在参展商和专业观众的数量。如果产业拥有的厂商数量太少，则展览会的潜在参展商和专业观众也会较少，展览会举办成功的可能性也较小；如果产业拥有的厂商数量较大，则展览会的潜在参展商和专业观众也会较多，展览会举办成功的可能性也较大。可见，在策划举办展览会时，深入了解产业的厂商数量，对于确定展览会规模和可能的专业观众数量十分重要。

4）产品销售方式。一般来说，适合举办展览会的产业都是以“看样成交”为主的行业，以及对产品的外观设计和款式比较看重的行业。如果产品主要是看说明或图纸成交，则该产业举办展览会的空间就较小。另外，产业的产品销售渠道模式及其成熟度对举办展览会的影响也比较大。比如，如果某产业产品的批发渠道比较发达，大型批发市场较多，则在该产业内举办展览会就会遇到很大的困难；又比如，如果某产业的销售渠道比较成熟，各企业的销售渠道已经自成体系，则展览会招展也比较困难。再者，有些产业产品的订货和销售的季节性很强，举办该产业题材的展览会，最好结合产品订货和销售的季节性来确定展览时间；如果展览会举办的时间忽视了季节性，就很难成功。

（2）市场特征。从策划举办一个展览会的角度出发，需要收集的市场信息主要有：市场规模、市场竞争态势、经销商数量和分布状况、行业协会状况、市场发展趋势、相关产业状况等。

1）市场规模。某一产业市场规模的大小，对在该产业内举办的展览会的规模会产生直接的影响。如果市场规模过小，举办该产业题材的展览会就没有市场基础，展览会就很难成功举办。了解市场规模不仅要了解现在的市场规模，还要预测市场规模的未来增减趋势，因为市场规模的增减直接影响到展览会规模的变化。如果市场规模缩减过快，那么展览会规模也将会在较短的时间内很快缩小；当市场规模缩减到一定的程度时，展览会也就失去了继续存在的基础。

2）市场竞争态势。市场竞争态势对企业的参展意愿会产生重要影响。市场竞争态势是指产业内部企业之间的竞争关系以及政府对该产业的控制力和影响力如何。不同的市场竞争态势对展览会的影响是不一样的。例如，市场垄断性较强的产业，不管这种垄断性是来自产业本身还是来自政府的政策，产业内企业通过参加展览会这种方式来营销自己产品的积极性都较低，举办该产业题材展览会的难度就较大；市场竞争较激烈的产业，产业内企业通过参加展览会这种方式来营销自己产品的积极性往往较高，举办该产业题材的展览会就较容易成功。又比如，市场集中度较高的产业，少数几家大企业会对市场产生决定性的影响，而它们是否参加某一展览会，不仅会直接影响到该展览会本身能否取得成功，还对产业内其他的企业是否参展产生重大影响；市场集中度较低的产业，由于产业内没有企业能左右市场，少数较大的企业是否参加某一展览会，不管是对展览会本身还是对其他企业参展意愿的影响都不大。

3）经销商数量和分布状况。除生产企业外，各种经销商也是展览会重要的潜在客户。他们既可能是展览会的参展商，也可能是展览会的专业观众。因此，事先准确掌握某一产业经销商的数量和分布状况，对展览会本身有着重要的意义。对于经销商的数量，我们不仅要掌握批发商的数量，也要掌握零售商的数量；对于经销商的分布状况，我们不仅要掌握其在全国的分布状况，也要掌握其在各省区的具体分布状况。对于国际性的展览会，我们除了要掌握国内的经销商数量和分布状况外，还要尽量多地掌握该产业在全世界较重要的经销商的数量和分布状况。

4）行业协会状况。产业内是否存在行业协会以及行业协会在产业内的号召力如何，对展览会的成功举办有较为重要的影响。一般来说，如果产业内存在行业协会，则意味着该产业内有较统一的行业规范和行业管理，产业内的企业行为和市场行为会受到某些条例的约束；否则，市场会比较无序。另外，如果行业协会在产业内有较大的号召力，则行业协会对某一展览会的评价或看法会对企业的参展意愿和参展行为产生较大的影响；反之，行业协会对企业的参展意愿和参展行为的影响就微不足道。可见，策划举办一个展览会，对该产业内的行业协会状况的了解是十分必要和有用的。了解行业协会后，想办法取得该行业协会的支持，进一步与该行业协会合作，将有利于展览会的成功举办。

5）市场发展趋势。市场发展趋势直接影响到展览会未来的发展前景。了解某一产业的市场发展趋势，就是要在了解该市场现状的基础上，对该产业市场的未来发展趋势作出科学的预测，以此了解在该产业内举办展览会的发展前景如何，并对展览会的未来发展作出预测和规划。对于策划举办一个展览会而言，需要了解的市场发展趋势很多，比如市场容量的增减趋势、市场集中度的发展趋势、市场营销方式的变化趋势、市场竞争的发展趋势、市场分布状况的变化趋势，等等。

6）相关产业状况。这里的“相关产业状况”是指与本产业有产品使用关系的相关产业的状况。“有产品使用关系”是指该产业是本产业产品的中间用户或最终用户，或者该产业是本产业生产设备和中间产品的提供者。比如，举办体育用品题材的展览会，除了体育用品产业外，需要了解的相关产业还包括房地产、宾馆酒店、各种会所、学校以及各种健身场所等，因为这些产业都是体育用品的使用者。了解这些相关产业的状况，主要是为展览会今后邀请和组织买家与观众做准备。了解这些相关产业的状况，必须弄清楚这些相关产业的企业数量和分布状况，了解它们对本产业产品的需求状况，掌握它们购买本产业产品的渠道和方式等。

（3）相关展览会的信息。我们在策划举办展览会时，一定要对该行业内的现有展览会的情况有所了解。了解这些信息，一方面，可以为我们决定是否举办该产业题材的展览会提供决策依据；另一方面，也可以为我们在决定举办该产业题材的展览会后制定竞争策略提供参考。我们还要了解展览业同行中，特别是在本地和本区域的展览业同行中，是否有人经营该类题材的展览项目，如果有，在进行展览会立项策划时就须慎重考虑；一旦决定立项，就要密切注意展览业同行对我们计划举办该展览会的反应。

从理论上说，对相关展览会的有关信息当然是了解得越多越好，但在现实中，由于存在竞争关系，一般很难全面收集到相关展览会的全部信息。通常情况下，在策划举办一个展览会时，至少应该收集到相关展览会的下述信息：

1）同类展览会的数量和分布情况。我们要尽量弄清楚国内和全世界范围内与我们即将要举办的展览会题材相同的展览会数量，搞清楚这些展览会的地域分布情况。一般来说，同题材展览会的数量越多，对策划举办新展览会越不利；同题材展览会的分布离计划举办的展览会的地域越远，对策划举办新展览会越有利。

2）同类展览会之间的竞争态势。不管各展览会的定位如何，同题材的展览会之间总会存在这样或那样的竞争关系。弄清楚同类展览会之间的基本竞争关系，对是否策划立项举办新展览会和为新展览会制定怎样的竞争策略有着十分重要的意义。

3）重点展览会的基本情况。除了要了解同题材的所有展览会的数量和分布状况以外，我们对该题材的一些重点展览会的基本情况有必要做进一步的了解。重点展览会是指那些规模和影响都较大、行业口碑较好，或者与我们计划举办的新展览会有直接竞争关系的展览会。

（4）办展机构内部资源。展览会的举办需要投入大量的人力、物力和财力，选择举办某个展览会一定要结合展览会办展机构自身的条件进行分析。办展机构内部的人、财、物的有机整合，构成了办展机构的优势和劣势。办展机构应认真客观地评估自身的优劣势，从而判断自己有没有能力举办该展览会。

一般情况下，办展机构自身因素应该包括以下几个方面：1）管理因素，即主办者或承办者是否具备展览会项目的管理经验和水平，超越自身管理能力而举办高级别、较复杂的展览会项目是不可取的决策。2）人员因素，即展览会项目管理小组成员的素质能否达到展览会的要求。需要注意的是，在考虑人力资源的调配时，主办者要考察自身能否在短期内为各项工作配备充足的人力资源，以及自身是否具备选择和培训人员，使之具备相应的专业知识和技术能力。3）财力因素，即主办者是否有充足的资金支持所举办的展览会。组织展览会的每个环节都需要资金支持，要注重协调展览会各方面的需要，并统筹安排预算。

二、展览会主题策划的方法

1. 策划新主题

策划新主题就是将收集到的各种信息进行整理和分析，选定一个办展机构从来没有涉足的题材甚至产业作为举办新展览会的主题。对于办展机构来说，进入一个从来没有涉足的新产业既充满机遇，又面临挑战。如果主题得当，不仅有利于展览公司开发新产品、拓展新市场，还能有效避开激烈的市场竞争；但如果选题不当，不但展览会很难成功举办，同时该办展机构的业务和形象也会受到严重影响。因此，是否进入新产业举办一个全新的展览会，办展机构要结合自己的优劣势进行综合分析，慎重地作出决策。一般来说，办展机构采用策划新主题的方法举办展览会时，应重点把握以下三个环节：

（1）新主题的来源渠道。通常情况下，办展机构需要在一个或几个产业内开展深入的市场调查，以便确定一个或几个可以办展的主题，这是选择新的展览会主题的首要渠道。另外，办展机构也可以从国内外已经举办的各种展览会中初选若干新主题，然后根据自身的实际情况确定一个或几个。在不少产业里，国内还没有某一领域的展览会，国外却已经形成了相对成熟的品牌展，此时如果将该主题引入国内并进行本土化改造，往往能获得成功。

（2）新项目可行性分析。开展新展览项目的可行性分析，可以从市场环境分析、财务预算和风险预测等主要方面入手。如果某个主题的展览项目有良好的市场前景，在经济上可行，经营风险不大且有一定的社会效益，就可以付诸实施。

（3）新项目的可能风险。首先，办展机构可能会缺乏对该题材有所了解的专业人员，以及对相关企业、行业协会等在数量和分布方面的基本了解，不利于展览会筹备工作的展开；其次，由于缺乏对该产业的了解，办展机构可能较难抓住该产业的行业发展重点和热点，展览会可能因此缺乏市场号召力。

2. 分离主题

这种策划展览会主题的方式一般指从综合展中分离出某个专业展。展览业的发展已有以专业展取代综合展的趋势，这种趋势的出现是由展览本身的特性决定的。展览从本质上说，是一个交易的平台和信息的集散地，参展商和观众希望用最少的时间、最低的成本见到更多的客户，实现更多的交易额，获得最大的效益。在综合展上展出的展品种类繁多，尤其是在组织工作做得不好、产品区分不科学的展览会上，参展商和观众要达到特定的目标，所需花费的搜寻成本相对较高，因而越来越多的参展商希望参加本行业的专业展览会，从而使参展的成本收益比最低。合理的分离不仅能为原有的展览会的其他题材让出更大的发展空间，而且可以使依据细分题材创办的新展览会从一开始就具有更强的专业性，并且不断发展壮大。但需要特别注意的是，从已有展览会中分离新的展览会时必须认真分析，谨慎行事。

知识链接

汉诺威信息技术展览会

全球知名的汉诺威信息技术展览会（CeBIT）是一个从已有展会中分离出的新展会，它源于1947年在德国汉诺威创立的旨在向国际市场展示德国产品的汉诺威工业展览会。20世纪50年代末，当时被称为“办公设备”的产业在汉诺威工业展览会上已发展为第三大展团，该展团的重要性在整个20世纪60年代持续升高。1970年，德国汉诺威展览公司专门为这一展览类别创造了新的名称，CeBIT由此产生。CeBIT是办公及信息技术中心的德语缩写，BIT这个音节暗指20世纪70年代电子数据处理日益增长的重要性，尤其在20世纪80年代，个人电脑制造商蜂拥来到汉诺威工业展览会，这更显示了电子数据处理这一发展趋势。CeBIT这一展览类别占据了越来越多的展出面积，主导地位不断增强，但展位仍供不应求，候补展商名单变得越来越长。于是在1986年CeBIT脱离汉诺威工业展览会，成为独立的展览会。

资料来源：王春雷，陈震．展览会策划与管理．北京：中国旅游出版社，2006.

3. 拓展主题

拓展主题是指主办机构将现有展览会中尚未包含但又与现有主题密切相关的题材，或者现有展览会大题材中暂时还未包含的某一细分题材列入现有展览会展览题材的一种方法。一般来说，通过适当拓展主题，办展机构不仅能有效扩大展品范围，在短期内增加参展商和专业观众的数量，而且可以使展览会主题更加完整。因此，拓展主题是扩大现有展览会规模和增强展览会专业性的常用方法。

然而，如果对新题材理解错误或处理不当，可能会使得现有展览会变成大杂烩而降低其专业性，更为严重的是会使参展商和专业观众不满意。一般来说，通过拓展主题来实现原有展览会的创新或开发新展览会，至少应该满足以下三个条件：（1）新引入的题材与现有展览会的主题之间应具有明显的关联性，否则拓展主题就失去了意义；（2）现有展览会的专业性不会因新题材的引入而受到影响；（3）从办展机构的人员知识结构到场馆面积，现有展览会都能容纳新题材。

4. 合并主题

合并主题就是将两个或多个主题相同或有一定联系的展览会合并为一个更大的展览会，或者将两个或多个展览会中彼此相同或有一定联系的主题提炼出来，放在另一个展览会里集中展出。合并主题具有明显的优点，如有利于展览公司集中优势资源打造品牌展，有利于扩大展览会规模、提高展览会档次等。但合并主题也存在一定的风险，将多个相关联的、不同规模的展览会联合成一个大展来举办，在发挥规模效应和协同效应的同时，势必会带来操作的难度和更大的风险。

汉诺威五大工业展是合并主题的一个典型案例。2004年10月12—15日，汉诺威展览（中国）有限公司首次将其主办的五大工业展联合起来，形成了一个新的汉诺威五大工业展。这使得汉诺威五大工业展迅速成为一个参展商总数达到 1 400 多家、展出总面积将近 8.5 万平方米的大规模展览会。这五个工业展包括：2004 亚洲国际电力、电工及能源技术与设备展，2004 亚洲国际自动化技术与设备展，2004 亚洲国际动力传动与控制技术展，2004 亚洲国际物流技术与运输系统展和 2004 中国国际金属加工工业展，几乎涵盖了整个机械工业领域。德国汉诺威展览公司董事、总经理沃尔夫刚·雷纳兹先生用一句话概括了五大展联合举办的宗旨："我们的努力方向是打造亚太地区现代工业产品和技术最好的发布平台，成为该地区工业发展的风向标。"他表示，五展合一，事实上就是把各个重要的工业类别集中在一起，通过行业与技术上的相互关联，给参展商与参展商之间、参展商与观众之间带来多重交流。

事实上，在实际工作过程中，合并主题问题十分复杂。为有效降低合并可能带来的经营风险，在合并主题时要遵循以下原则：（1）被合并的主题必须相同、相似或具有较强的关联性；（2）如果有几家办展单位，必须在联合办展前商定彼此间的权责和利益分配方案；（3）应科学预测合并主题可能给原有各展览会带来的影响，并提前制定相应的对策，努力将不利影响降至最小；（4）应选择好合并的时机，让合并主题的举动能为业内企业充分知晓和接受。

5. 复制已有展览会，改变展览会举办地

策划展览会主题还有一个非常便捷的方式就是复制已有展览会，在其他国家或地区举办。众所周知，会展经济的发展水平与一个国家和地区的整体经济发展水平和市场成熟度相适应，从世界会展活动的布局来看，发达国家的会展经济水平普遍较高，它们掌握了庞大的客户资源、先进的科学技术和丰富的管理经验，而且正在凭借跨国公司的资本扩张，控制发展中国家的会展市场和重要资源。而控制发展中国家会展市场的一个重要而快速的渠道，就是将发达国家发展成熟的展览会改变举办地点和具体内容，移植到发展中国家。

第 3 节　展览项目可行性论证

可行性论证的主要目的是深入分析组展商提出的展览会主题是否可行。本节将从战略、经济性以及风险控制三个方面，简要介绍展览项目可行性论证的一般思路和方法。

一、展览项目的 SWOT 分析

1. 展览会的 SWOT 分析概述

展览会具有典型的项目特征，展览项目的 SWOT 分析，其核心是通过对展览会项目的外部环境和内部条件的分析，明确展览会项目可以利用的机会和可能面临的风险，并将这些机会和风险与项目的优势和劣势结合起来，形成展览会项目的不同战略措施。展览会项目同时受内部因素和外部环境的影响，通常来说，内部因素在一定时期内相对稳定，外部环境则处于经常的变化之中。外部因素对展览会项目的影响难以控制，需要展览会项目组根据环境的变化，采取一系列适应性措施。明确掌握展览项目的优势和劣势，了解展览项目所面临的机会和挑战，对于制定发展战略有着至关重要的意义。

2. 展览项目 SWOT 分析的基本步骤

通常情况下，展览项目的 SWOT 分析主要分四步来完成：(1) 分析项目的内部优势和劣势，重点找出对展览项目具有关键性影响的优势和劣势；(2) 分析项目面临的外部机会和威胁，展览会项目所处的外部环境不断变化，管理者应该抓住机会，回避风险；(3) 将外部的机会和威胁与项目内部的优势和劣势进行匹配，形成可行的备选战略；(4) 对各种备选战略进行甄别和选择，确定企业目前应该采取的具体战略与策略。

3. 不同类型的 SWOT 组合

从展览项目的 SWOT 分析中，可以形成四种不同类型的组合，即：优势—机会(SO) 组合、劣势—机会 (WO) 组合、优势—威胁 (SW) 组合和劣势—威胁(WT) 组合 (详见表 3-1)。

表 3-1　展览项目的 SWOT 分析矩阵

	机会 (O)	威胁 (T)
优势 (S)	最大成功的可能性 短期内能够实现	需要防范的活动
劣势 (W)	大力加紧弥补缺陷	最小成功的可能性 长期才能实现

资料来源：刘大可，陈刚，王起静．会展经济理论与实务．北京：首都经济贸易大学出版社，2006.

对于展览项目来说，当展览会组织者具备类似活动经验，具有可利用的场所和人力资源，展览会主题新颖，没有竞争者，地区行业支持展览会时，该项目面临的是优势—机会 (SO) 组合。

当展览会项目管理者没有类似活动的管理经验，项目实施没有足够的场所和人力资源，管理人员没有就此活动接受充分培训，但展览会主题新颖，没有竞争者，地区行业支持展览会时，该项目面临的是劣势—机会 (WO) 组合。

当展览会项目具备类似活动经验、可利用的场所和人力资源，展览会主题新颖，但存在竞争者，并且办展受到法律等方面制约时，该项目面临的是优势—威胁(ST) 组合。

当展览会项目没有类似活动经验，项目实施没有足够的场所和人力资源，管理人员没有就此活动接受充分培训，展览会主题缺乏新意，存在竞争者，且办展受到法律制约时，该项目面临的则是劣势—威胁（WT）组合。

4. 组展商的策略选择

在以上分析的基础上，组展商可以根据自身情况，对 SO，ST，WO，WT 策略进行甄别和选择，最终确定企业应该采取的具体战略与策略，具体策略参见表 3－2。

表 3－2　　展览会项目的 SWOT 战略选择

	机会（O）	威胁（T）
优势（S）	SO 战略： 依靠内部优势 利用外部机会	ST 战略： 依靠内部优势 回避外部威胁
劣势（W）	WO 战略： 利用外部机会 改进内部劣势	WT 战略： 克服内部劣势 回避外部威胁

资料来源：刘大可，陈刚，王起静．会展经济理论与实务．北京：首都经济贸易大学出版社，2006.

优势—机会（SO）组合战略，是一种发挥展览会项目内部优势与外部机会的战略。例如，如果某办展机构经验丰富并且资金雄厚（即内部优势），而某产业尽管有展览会存在但该展览会市场覆盖面不广（即外部机会），那么如果其他条件具备，该办展机构就可以利用本战略举办该产业题材的展览会。

劣势—机会（WO）组合战略，是利用外部机会来弥补内部缺点，使展览会项目改变劣势而获得优势的战略。例如，如果通过市场分析得出结论，某产业举办展览会的市场机会巨大（即外部机会），而某办展机构内部展览会策划和招展招商等方面人才缺乏（即内部劣势），那么如果其他条件具备，该办展机构就可以利用本战略，通过改善员工结构，提升专业人才素质，举办该产业题材的展览会。

优势—威胁（ST）组合战略，是利用项目的优势回避或减轻外部威胁的影响。例如，某办展机构的品牌优势十分明显（即内部优势），但与之有合作关系的展览会服务商却不尽如人意（即外部威胁），那么，该办展机构就可以利用本战略，通过寻找更好的展览会合作商举办该产业题材的展览会。

劣势—威胁（WT）组合战略，是一种在减少内部弱点的同时，努力回避外部环境威胁的防御性技术，即考虑劣势因素和威胁因素，目的是使这些因素都趋于最小化。例如，某办展机构计划举办的展览会与本机构另一个已经存在的展览会有冲突（即内部劣势），而大部分参展商和专业观众又认同该机构已经存在的展览会（即外部威胁），那么，该办展机构就可以利用本战略，重新对计划举办的展览会进行定位，从而规避这种劣势和威胁。

二、经济方面的可行性分析

展览项目经济方面的可行性分析主要是对展览项目进行财务分析，其主要目的是判断计划举办的展览会在经济上是否可行，并最大限度地提高项目收益。我们主要从收入成本分析、盈亏平衡分析和现金流量分析三个方面讨论展览项目在经济方面的可行性分析。

1. 收入成本分析

进行收入成本分析，首先需要对展览项目的各项可能支出和收入进行预测并加以汇总，然后编制初步的展览会成本—收入预算表（表 3 - 3 所示）。完成展览会成本—收入预算表后，就可以初步了解举办该展览会的成本费用、收入和利润大约是多少，并通过测算以下两个指标来初步判断该展览会是否经济可行：（1）投资收益率。投资收益率是项目在未来年度的收益额与项目的总投资额的比值，通常情况下，投资收益率越高越好。（2）投资回收期。投资回收期是用投资项目所得净现金流计算回收项目初始投资所需的年限，通常情况下，投资回收期越短越好。

表 3 - 3　　展览会成本—收入预算表

费用项目		金额	占总收入的比例（%）
收入	展位费收入		
	门票收入		
	广告和企业赞助		
	其他相关收入		
	总收入		
成本	展览场地费用		
	展览会宣传推广费		
	招展和招商的费用		
	相关活动的费用		
	办公费用和人员费用		
	税收		
	其他不可预测的费用		
	总成本费用		
利润			

2. 盈亏平衡分析

盈亏平衡是指办展机构举办展览会所得到的收入恰好能弥补其支出的所有成本费用，也就是总收入等于总成本。除一些特殊情况外，盈亏平衡是办展机构举办展览会最起码的要求；换句话说，如果不能达到盈亏平衡，那么这个展览会举办的可行性就要仔细斟酌了。

进行盈亏平衡分析，最重要的是找到展览会盈亏平衡点。盈亏平衡点是指能够使展览会达到盈亏平衡的展览会规模或展览会价格。找到了盈亏平衡点，就可以为展览会制定更加合理的价格，为展览会规划更为合理的规模。一般来说，如果展览会是以标准展位来定价的，那么，盈亏平衡价格＝展览会总成本/标准展位总数；如果展览会是以单位展览面积来定价的，那么，盈亏平衡价格＝展览会总成本/展览总面积。

此外，展览会的规模通常是通过该展览会拥有的标准展位数量或者展览面积来衡量的。因而，展览会的盈亏平衡规模有两种计算方法：

（1）通过计算能够使展览会达到盈亏平衡的标准展位数量来表示，即：盈亏平衡规模＝展览会总成本/单位标准展位价格；

（2）通过计算能够使展览会达到盈亏平衡的展览面积来表示，即：盈亏平衡规模＝展览会总成本/单位展览面积价格。

展览会盈亏平衡点不仅对评估展览会项目是否可行具有极大的参考价值，它对改进展览会的各种执行方案也具有积极意义。由于展览会的各种执行方案对展览会的总成本影响很大，因此改变展览会总成本，也就可以改进展览会的执行方案，这有利于展览会的成功举办。

3. 现金流量分析

现金流量是指在未来一定期间内所发生的现金收支，包括现金流入和现金流出。我们可以通过一些专门的方法测算出现金流量值，然后用以下几个指标来对展览会是否值得举办作出初步的判断。

（1）净现值法。这种方法使用净现值作为评价方案优劣的指标。净现值是指特定方案未来现金流入的现值与未来现金流出的现值之间的差额。按照这种方法，所有未来现金流入和流出都要按预定贴现率折算为它们的现值，然后计算两者的差额。如净现值为正数，即贴现后现金流入大于贴现后现金流出，则该项目的报酬率大于预定的贴现率。如净现值为零，即贴现后现金流入等于现金流出，该投资项目的报酬率相当于预定的贴现率。如净现值为负数，即贴现后现金流入小于贴现后现金流出，则该投资项目的报酬率小于预定的贴现率。如果净现值大于零，则该展览会值得举办。

（2）净现值率。指展览会项目的净现值占原始投资现值总和的百分比。如果净现值率大于零，则该展览会值得举办。

（3）获利指数。指展览会举办后按行业基准收益率或其他设定的折现率折算的各届展览会的净现金流量现值总额与原始投资现值总额之比。如果获利指数大于或等于 1，则该展览会值得举办。

（4）内部收益率。是指能够使展览会项目的净现值等于零时的折现率。如果内部收益率大于资金成本，则该展览会值得举办。

现金流量是办展机构计划举办一个展览会时所必须考虑的问题，如果现金流入量小于现金流出量，而办展机构的流动资金又有限，办展机构就可能陷入投入资金不足的困境。

三、项目风险及对策分析

对于展览会组织者来说，风险的发生意味着对展览会产生直接或间接的消极影响，使办展机构举办展览会的实际收益与预期相背离；或者展览会不能如期举办，使办展机构蒙受一定的损失。一般来说，举办展览会可能面临的风险主要有以下五种：经营风险、财务风险、不可抗拒风险、合作风险和技术风险。办展机构要对各种风险进行评估，并采取相应对策，尽量回避和降低可能遇到的风险。

1. 经营风险

经营风险是指办展机构经营方面的原因给举办的展览会带来的不确定性。常见的经营风险有：

- 展览会定位不当；
- 主办方招展不力；
- 招商不顺；
- 宣传推广效果不佳；
- 人力资源不适合；
- 展览会出现新的竞争者；
- 管理不善；
- 展览会现场的饮食卫生出现问题；
- 与会人员的健康保障问题；
- 参展商因对展览会不满而出现群体事件；
- 展览会举办期间的食品供应安全问题；
- 与会公众的卫生健康问题；
- 展览会安保问题。

经营风险一旦出现，很容易给相关展览会和办展机构的市场声誉带来消极影响。但是，如果展览会组织者能够提前做好预防工作，上面所列举的很多经营风险通常都是可以控制和消除的。在此，我们可以引用展览会经营安全系数对展览会的经营风险进行预测和评估判断：展览会经营安全系数＝1－展览会盈亏平衡规模/展览会预期规模。经验数据表明，如果展览会经营安全系数大于或等于40％，则该展览会将非常安全；如果安全系数在21％～39％之间，举办该展览会将是安全的；如果安全系数在16％～20％之间，举办该展览会将是较安全的；如果安全系数在10％～15％之间，举办该展览会就会存在一定的风险，需要注意安全；如果安全系数在9％以下，那么举办该展览会的风险将较大，要加倍小心。

2. 财务风险

财务风险主要是指组展机构在筹措资金和投入资金方面的不确定性所带来的风险。如果展览会组织者举办展览会的资金是举债筹措来的，那么由于种种原因，税前资金利润率和借入资金利息率之间的关系具有很大的不确定性。如果办展机构的税前利润还不够支付利息，就有发生亏损的风险。另外，展览会组织者在展览会筹备期间投入的资金能否按期收回也存在一定的风险，如果出现参展商拖欠展位费以及广告费等现象，就容易导致办展机构的应收账款增多，现金流出现问题，从而带来财务风险。通常情况下，对于财务风险，办展机构可以通过维持一个合理的资金结构，或者慎重选择展览会投资项目等措施来规避。

3. 不可抗拒风险

不可抗拒风险是指对所有展览会都产生影响的风险，如自然灾害、经济衰退、瘟疫、战争等。这些不可抗拒风险一旦发生往往无法挽救，且后果严重。对于这类风险，办展机构很难杜绝，只能采取一些措施，进行预防和规避以减少损失。为了回避和降低不可抗拒风险，办展机构在举办展览会前，要对相关的政治经济环境进行研究，对有关风险进行预测和预防，慎重选择办展地点和办展时间，选择在较安全的地点和时间举办，尽量减少上述不可抗拒风险对展览会造成的影响。

4. 合作风险

合作风险是指各个办展企业之间、办展企业与展馆之间、办展企业与展览会各服务商和各营销中介之间，在合作条件、合作目标和合作事务各环节上可能出现的不协调、不一致和其他不确定性。如参展商认为展览会没有履行合约承诺的服务，招展代理商之间不按照合约擅自改变招展价格等。合作风险的出现不仅会影响到各办展企业、机构、各展览会服务商和各展览会营销中介之间的合作，而且可能给展览会本身、展览会服务以及展览会的展出效果等方面造成不良的影响。一般来说，办展机构可以通过细化合作条件、明确合作单位的权责利、与各单位进行积极的沟通和协调等多种方式，来消除和降低合作风险。

5. 技术风险

信息技术对现代展览会成功举办的重要性不言而喻，对于依赖计算机程序和计算机网络的展览会而言，由于技术失误而造成的风险越来越大。实践表明，参展商与专业观众名单是展览会组织机构最重要的资产，而很多参展和参观人员的名单通常是在登记时采集的，如果展览会的客户登记系统出现问题，将会影响整个展览会的相关客户数据。降低展览项目技术风险的最好办法，就是大力推进成熟的科技成果在展览会中的应用，同时备有可替代的技术方案。

□ 本章小结

选择一个科学的办展领域和题材，是展览会得以成功举办的基础。一个好的展览会主题，不仅要有前瞻性和独特性，而且必须切实可行，确保组织者能够获取收益。

在展览会主题选择的过程中，既要考虑到政治、经济、科学技术以及社会文化等宏观方面的因素，又要深入分析产业规模、厂商数量、竞争态势等市场方面的因素，除此之外，还要立足组展企业的实际，对人力、财力和物力有一个客观的认识。

展览会主题策划通常划分为策划新主题、分离原有主题、拓展原有主题、合并主题以及已有主题异地办展等不同方法，每一种方法都有各自的优缺点，组展机构需要根据实际情况加以选择。项目可行性论证是确保项目能够顺利实施的关键环节，论证的重点通常包括战略组合论证、经济可行性论证以及风险可控性论证三个方面。

□ 关键术语

展览会主题
分离主题
拓展主题
合并主题
展览项目的 SWOT 分析

□ 复习思考题

1. 选择展览会主题应遵循哪些原则?
2. 在选择展览会主题时需要考虑的因素有哪些?
3. 寻找展览会主题的方法有哪些?
4. 如何进行展览项目的可行性论证?

□ 阅读材料

CeBIT 的危机

汉诺威信息技术展览会（CeBIT）作为老牌的国际 IT 展览会，在德国国内享有很高的知名度和广泛的影响力。CeBIT 一直以“科技展览会”的形象示人，加上主流媒体的报道重心普遍放在新奇的数码产品和电脑硬件上，这使得 CeBIT 给大多数人的感觉就是一个展示新奇数码玩意儿的展示会。实际上这种认识不够全面。尽管 CeBIT 的展示主体还是紧紧追随最新科技与 IT 潮流的，但到过 CeBIT 的人会发现这里其实是个名副其实的大卖场，已经远远超越了 IT 的范畴。说它是大卖场的一个原因是“杂”，从银行地产、刀枪剑戟，到日用家居、床上用品等这些跨度很大的产品均有涉猎。

CeBIT 在 20 世纪 90 年代风起云涌，扶摇直上，俨然成为全球 IT 展览会霸主。然而不得不承认的是，近几年它的势头正在被像美国的国际消费电子展（CES）这样的专业消费电子展览会所压制。原因之一是其展览主题与实际展品一致性不强。尽管 CeBIT 的主办方在对外宣传中坚持强调，展览会的非专业观众人群正在减少，专业人士数量逐年增加，并且参展商数量和参观者人数每年都在递增，然而一个很明显的迹象是：CeBIT 的确每年都会流失一部分客户和观众，而观众对于新奇特展品的期待也在降低。对于 CeBIT 而言，客户和观众的流失会对其全球 IT 展览会的霸主地位产生重要影响。

资料来源：http：//tech. mop. com/sj/2008/0303/2219191282. shtml，略有删改。

第 4 章

展览会产品和服务设计

本章要点

- 展览会组织构架设计
- 展位设计
- 广告服务设计
- 赞助设计
- 门票设计
- 特殊活动设计
- 服务设计

第 1 节　展览会组织构架设计

一、展览会的举办机构

展览会的举办机构是指负责展览会的组织、策划、招展和招商等事宜的有关单位。举办机构可以是商业机构，也可以是政府及相关部门，还可以是行业协会、商会或学术团体等协会组织等。举办机构一般分为主办单位、承办单位、协办单位、支持单位等。在策划举办一个展览会时，必须事先确定一个相对完整的组织构架。

1. 主办单位

主办单位是指在法律上对展览会具有所有权，并对展览会承担主要法律责任的办展单位。在实际操作中，主办单位有三种形式：一是全部责任主办单位，拥有展览会并对其承担主要的法律责任，而且负责展览会的实际策划、组织、操作与管理；

二是部分责任主办单位，拥有展览会并对展览会承担主要法律责任，但不参与展览会的实际策划、组织、操作和管理；三是名义主办单位，既不对展览会承担法律责任，也不参与展览会的实际运作。其中第二和第三种形式的主办单位往往具有强大的行业号召力，办展时可以利用这种行业号召力为展览会服务。展览会究竟需要哪种形式的主办单位，在策划展览会时，要根据实际需要做出安排。在中国，长期以来展览会的主办单位主要是指政府主管部门、半官方性质的事业机构或行业协会等。

2. 承办单位

承办单位是直接策划和传播展览会的机构，实际上是展览会相关机构中的核心单位。其主要职能包括：一是承担展览会的实际运作；二是承担主要财务责任。承办单位和主办单位一样，可以是一个，也可以是多个，在实际操作中，我们可以根据承办单位的优劣势以及展览会的实际需要，来安排承办单位的职能。例如，有时只有一个承办单位全面负责展览会的策划、组织、操作与管理，并对展览会承担主要财务责任；有时有几个承办单位，根据实际情况，其中部分承办单位承担招展、招商和宣传推广等职能，部分承办单位主要负责现场管理工作等。一般来说承办单位多为展览公司。

3. 协办单位

协办单位的主要职能是协助主办或承办单位负责展览会的策划、组织、宣传推广、操作与运营。协办单位对展览会一般都不承担财务责任，只是对主办和承办单位的工作起协助作用。在实际操作中，协办单位承担的工作最为常见的是参与招展、招商和宣传推广工作。因此，协办单位往往是那些具有一定招展、招商和宣传推广能力，但是又不愿意或者无法承担法律责任的单位。虽然协办单位对展览会不承担法律责任，但是其作用不可小觑，因为协办单位的优势往往是主办单位和承办单位所缺乏的，但又是展览会所必需的，所以在选择协办单位时要认真对待。协办单位一般为行业协会和展览公司。

4. 支持单位

支持单位一般是对展览会起间接和次要作用的单位，有时也要承担一些招商和宣传推广工作，但是不起主要作用，也不承担任何财务责任。

在办展机构中，主办单位和承办单位是最为核心、最为重要的，也是必不可少的。协办单位和支持单位不是必需的，要依据主办单位和承办单位的实际能力和展览会的需要来进行选择。主办单位、承办单位、协办单位和支持单位等办展机构合理的组合，是一个展览会能够成功举办和发展的基础。在策划选择办展机构组成时，要处理好政府和行业协会的关系，要与国内外在该产业有较大影响力的机构和各大新闻媒体建立起良好的合作关系。这些单位或机构不仅可以提高展览会的档次、规格和权威性，扩大展览会的影响力，吸引新闻媒体的关注和开展新闻宣传，而且有利于展览会招展和观众邀请工作。

二、中国部分展览会组织架构

本书以中国进出口商品交易会、中国国际高新技术成果交易会和北京国际科技产业博览会三个典型的政府主导型展览会2015年的情况为例，简要说明现实市场中展览会的主要组织构架。当然，由于规模不同、主办机构不同、涉及利益关系不同等原因，不同展览会的组织构架差异较大。

（1）中国进出口商品交易会。主办单位：商务部、广东省人民政府；支持单位：中国五矿化工进出口商会、中国机电产品进出口商会、中国纺织品进出口商会、中国轻工工艺品进出口商会、中国食品土畜进出口商会、中国医药保健品进出口商会、中国外商投资企业协会；承办单位：中国对外贸易中心。

（2）中国国际高新技术成果交易会。主办单位：商务部、农业部、科学技术部、工业和信息化部、国家发展和改革委员会、国家知识产权局、中国科学院、中国工程院、深圳市人民政府；承办单位：深圳市中国国际高新技术成果交易中心。

（3）北京国际科技产业博览会。主办单位：科学技术部、商务部；承办单位：中国交通企业管理协会、北京市展佳会国际会议展览有限公司；协办单位：中国中央电视台。

第2节　展览会产品和服务设计

展览会作为一种服务产品，顾客最终获得的是一个服务过程，而不是具体的实物，只有在展览会举办期间到展览会现场才能“完整地消费”。展览会与一般性实体商品的差异，一方面表现为人们无法事前拿到展览会的样品，只能通过上届展览会的相关信息来预测产品效果；另一方面，即使到了展览会现场也很难具体描述展览会是什么。因为展览会作为一种贸易服务，不是一件看得见摸得着的实体物品，而是由一系列要素构成的综合性“服务包”。

展览会的产品和服务是因市场需求而产生的，所以组展商在设计展览会产品和服务时，必须从参展商、观众和赞助商的实际需求出发。通常情况下，展览会的产品和服务主要包含展位设计、广告设计、赞助设计、门票设计、特殊活动设计、服务设计六种类别。下面，我们将分别针对这六个方面，对展览会产品和服务的设计思路和要点做简要分析。

一、展位设计

展位是会展中心供参展商展示商品和技术的空间，通常由组展商按一定的价格从会展中心“批发”过来，然后按照一定的销售策略和技术要求，划分成若干块小的空间，“零售”给参展商，中间的差价是组展商的重要收入来源。通常情况下，展览会的大多数收入都是通过出租展位来实现的。因此，展位出租率的高低将在很大程度上影响展览会经营者的获利水平。组展商要想获得较好的经济效益和较大的社会影响，必须对展馆的选择、展区与展位的划分、展位的价格进行详细而有效的设计。

1. 展馆的选择

展馆的选择对参展商及买家的信心起着关键作用，是展览公司成功办展的重要因素之一。展馆的选择需要详细的计划，组展商必须时刻注意展览会举办地及周边市场的现状和发展趋势。在实际操作中，组展商在选择某设施或某城市作为举办地时，一般须考虑以下因素。

（1）地理位置。在会址选择过程中地理位置具有举足轻重的作用，很多因素会对展览会举办地的选择产生影响。不同类型的展览会对地理位置的需求也各不相同。通常情况下，消费类的展览会更加倾向于吸引本地市场，展览会地址通常与人口众多的城市中心毗邻，一个季度内可能在一个区域或一个国家的不同区域轮流举办若干次。同时，因为消费类展览会的观众很多会在当天往返，所以该展馆周围的高速公路系统非常重要。当然，如果是“商家对商家”的商贸会展，则应将到达机场的便捷程度作为重要的决定因素之一。除此之外，这种展览会的参展商和观众在举办地的逗留时间通常超过一天，因此当地住宿设施的完善与否对最终决策也是至关重要的。

（2）竞争情况。竞争情况是指在同一区域内还安排有多少类似的大型展览会或者公共活动，特别是在主办方拟租用的设施内部或者附近，是否正在举办其他大型的活动等，这些情况在展馆选择时都必须考虑到。

（3）基础设施需求。在确定展馆是否适合特定的展览会活动时，首先要清楚地了解该场馆的各种功能。务必检查各个入口、楼梯间、电梯、障碍物以及禁入区域的位置。明确展览会活动能够利用的空间面积，地板的载重率，铺地板所用的材料，空间利用的规定，高度限制，特殊的照明选择以及与各个功能区域之间的距离，仓库的大小和存放物品的限制，通风系统是否完备，每个展位是否都能提供电话，供水、供气、网络端口的地下槽位，等等。

（4）公共服务区域。注意会展中心洗手间及检票登记处的位置和数量，是否方便残疾人使用。此外，还要考虑餐饮服务区能否提供足够的餐位，有无医务室和自动取款机，等等。

（5）参展商权益。展馆最好没有任何侵害参展商权益的规定。例如，一些展馆会禁止参展商携带任何食物及饮品进馆，参展商须在馆中付高价购买；有些展馆要收取不合理的超时加班费或强迫参展商聘用展馆指定的搭建商。此外，展馆最好实行统一价格制度，对国内展商及海外展商收取相同的价格。

组织者在统筹考虑了上述各种因素之后，就可以基本确定拟租用的会展中心。

接下来的工作就是提前预订和现场考察。因为很多知名的场馆（如上海新国际博览中心、中国国际展览中心等）在每年3、4、5月和9、10、11月的展览会旺季都供不应求，所以一旦确定租用就必须提前预订。此外，为了更好地了解展馆，组织者还需要进行多次事前的实地考察，考察的内容一方面是展馆本身的功能，另一方面是展馆的经营与管理水平。

知识链接

中国进出口商品交易会展馆——琶洲展馆

一、展馆简介

琶洲展馆位于广州市海珠区琶洲岛，展馆总建筑面积110万平方米，室内展厅总面积33.8万平方米，室外展场面积4.36万平方米。其中展馆A区室内展厅面积13万平方米，室外展场面积3万平方米；B区室内展厅面积12.8万平方米，室外展场面积1.36万平方米；C区室内展厅面积8万平方米。2014年，琶洲国际会展中心四期扩建规划通过，四期建成后，展览面积达50万平方米，超过德国汉诺威的47万平方米；整个琶洲地区会展面积达66万平方米，规模世界第一。自2004年4月起，中国进出口商品交易会（广交会）全面启用琶洲展馆。

二、区域市场优势

广东是中国第一经济大省，电子信息、电气机械、石油化工、森工造纸、医药、汽车、纺织服装、食品饮料、建筑材料、家具、旅游、印刷、玩具、物流、畜牧、礼品、自行车、模具、特许经营、包装、体育用品、花卉园艺、制鞋、照明、文化用品及教育等多个工业行业在全国甚至在国际上具有很强的竞争力。“广货”享誉全国，珠三角更有“全球的制造业中心”的美誉。广州连续多年工业总产值稳居全国十大城市前茅，是广东乃至华南地区工业门类最齐全的城市。广州作为中心城市的辐射作用，已超越华南地区，正向粤港澳经济圈乃至整个东南亚地区稳步拓展。

三、硬件设施

(1) 琶洲展馆的规模、设施、档次在亚洲均名列前茅，能满足大型国际级商品交易会、大型贸易展览等需要，是一个多功能、综合性、高标准的国际展览中心。

(2) 琶洲展馆是高科技、智能化、生态化完美结合的现代化建筑，按照国家5A智能化建筑标准进行设计，建设中大量应用国际高新科技，智能、通风、交通系统体现了世界先进水平；层高、地面负荷、电力供应可满足大型机械展、帆船展等各种对展馆条件要求苛刻展览的要求。

(3) 单个展厅面积均在1万平方米左右，且各馆门面设计合理，一、二层的十三个展厅各有开阔的门面，多个展览可同时举办，互不干扰。展厅无柱空间大，利用率高，特装效果特别。

(4) 展馆周围有与会议和展览相关联的配套设施如酒店、写字楼、银行、商业服务、博物馆等，能充分满足客商的商旅要求。

(5) 交通便利，设有地铁站台，东、西、南、北向均有城市干道。

四、软件优势

(1) 展馆内外中西餐饮选择度高。琶洲展馆内辟有 1.4 万平方米的餐饮区，可容纳 7 000 人同时就餐，展馆负一层还设有多个快餐点；广州国际采购中心也设立了客商用餐专区，可提供 300 多个餐位。

(2) 五星级酒店入驻琶洲成地标。2007 年年初，广州香格里拉大酒店正式开业。酒店占地约 5 万平方米，拥有 750 间豪华客房和有全广州最大的会议设施。

(3) 内外展价格并轨。在国内知名展览馆中率先实行内外展并轨的价格策略，对海外参展商给予国民待遇。根据具体展览的规模、性质、所用展厅的位置优劣和展期的淡旺季，将在基准报价的基础上给予一定的折扣优惠。

资料来源：中国进出口商品交易会展馆（www.21cantonfair.com），略有删改。

2. 展区与展位的划分

合理地划分展区与展位，不仅关系到展览会布局的合理性，而且可能直接影响展位的销售效果。因此，科学地划分展区和展位是展览会组织者的基本功。

（1）展位的基本类型。一般展览会的展位可分为特别装修展位和标准展位两大类。其中，标准展位又可分为取消配置简单装修和展具改装两种。展位号的表示方法通常依次由馆号、楼层号、通道号（用英文字母表示）和展位序号组成。例如，7.4H15 即表示 7 号馆 4 楼 H 通道的第 15 号展位。

1）标准展位是指使用统一材料，按规定的标准模式统一搭建的展位。通常在不改变标准展位围板、楣板及主体框架的前提下，参展商可以申请对指定的展具配置模式进行改装。其中取消标准展位内指定配置的所有展具，自行设计安装，简称取消配置简单装修；委托标准展位搭建部门增减或更换标准展位内指定配置的展具，或拆除标准展位间的隔板，简称展具改装。室内一般的标准国际展位规格为：3m×3m，提供的标准配置一般包括：一桌两椅两射灯，一个 220V 5A 的插座，一个纸篓。图 4-1 为标准展位的图样，供读者参考。

2）特装展位是指参展单位根据本单位展览展示的需要，从组展商租用光地，并委托专业设计和搭建机构专门搭建的展位。通常情况下，特装展位的面积不小于两个标准展位的面积，既可以在展馆内部，也可以利用室外展场，展位设计和搭建工作比较复杂，参展商花费的设计和搭建费用较高。具体场馆的选择、面积的大小以及搭建的风格由参展商根据自己的需要确定。图 4-2 是一个特装展位样图，供读者参考。

标准展位基本配置：

申请标准展位的参展企业所支付的参展费用中已包括：地毯 9 m^2，围板（白色，限高 2.5米），咨询桌一张，折椅两把，废纸篓1只，射灯2盏，插座（5A、220V500W）1个，公司楣板。

若以上基本配置不能满足您的需求，请填写相应表格，自行向供应商租赁或自带。

图 4－1　标准展位图样

资料来源：第三届中国（上海）国际风能展览会展商手册。

图 4－2　特装展位图样

资料来源：广西建材网 . www. gxjc. cn.

（2）展区的划分。展览会一般可以划分为展览区、服务区、注册区和休闲区等区域。其中，展览区是核心区，其他各区都是为展览区服务的。通常情况下，展览会需要按展品类别划分展区，一个专业题材展区可能包括一个或者几个展馆，也可能是一个展馆的某一部分。在每个展区里，还要根据场馆的场地特征划分展位，确定哪些地方将搭建特装展位，哪些地方将搭建标准展位，两种展位各需多大的面积。展馆空间布局的差异决定了处于展馆不同区域内的展位所吸引的观众数量和质量也有所不同。合理划分展区和展位，对于展览会更好地吸引目标观众到会参观、提高参展商的展出效果、进行展览会现场服务等有着十分重要的作用。展览区划分通常应注意遵循以下基本原则：

1）按专业题材划分展区。在展览会招展之前，要对展览会所有的展览场地进行统一安排，按专业题材划分展区，筹划各种展览题材适合安排在什么位置，各展区需要多大的面积。按专业题材划分，就是在满足展品对场地要求的基础上，将同类展品安排在同一个区域里展出。之所以要考虑展品对场地的要求，是因为有些展品对场地的要求比较特别，如某些超高超重展品对馆内高度、地面承载能力大小的特殊要求等。按专业题材划分展区，可以使展览会条理清楚，井然有序。另外，如果展览会的国际参展商很多，可以将他们单独安排在一个展区里，这时，一般将这个展区称为“国际馆”。

2）有利于提高展览会的档次。展区和展位的划分将会直接影响参展商和观众对展览会的印象。如果一个展览会中的标准展位和特装展位的分布杂乱无章，各种展品的展位混杂，即使这个展览会的规模很大，人们也会认为它档次不高，缺乏专业性。因此，展区和展位的划分要有利于提高展览会的档次，使参展商和观众从外观上对展览会产生好印象。

3）有利于提高参展商的展出效果。展区和展位的划分对参展商的展出效果有直接的影响。例如：如果一个或几个标准展位夹在一些特装展之间，标准展位将非常不显眼；如果将一些次要的题材放在展馆最好的位置，展览会的整体效果将大打折扣。因此，展区和展位的划分既要符合展品的特点，也要考虑到展位的搭建装饰效果，还要考虑到方便观众参观和集聚。

4）有利于观众参观。展区和展位的划分，要使对某类展品感兴趣的观众能很方便地找到展出该类展品的所有展位，而且与该展品有关联的产品也能在相邻的展区里找到。展览会举办期间，在有限的空间内集中了大量的人流，为了保证参展的效果，便于现场管理，一般按人流在整个会场内移动的方向来考虑合理划分区间，分流参观人群。

5）有利于展览会现场管理和服务。展区与展位的划分要注意对展览场地的充分利用，不要有闲置的展览死角；要注意展馆消防安全，便于发生紧急情况时及时疏散人群；要方便展位的搭建和拆卸，方便展品的进馆和出馆。

划分好展区和展位后，还要按一定比例绘制展位平面图，并在图上标明每个展区和展位的具体位置，标明展馆各出入口、楼梯、现场服务点等，以便参展商在选择展位时做出抉择。展位平面图是展览会招展时的必备资料之一，在绘制时要精确、细致，图标和线条清楚，使人一目了然。图 4 - 3 是第十三届上海国际汽车工业展览会的展区分布图，供读者参考。

二、广告设计

展览会活动本身就是一个企业进行自我宣传和展示的平台，为给参展商提供更多的企业形象或产品宣传机会，在举办期间，组展商可以通过设计商业广告平台，为

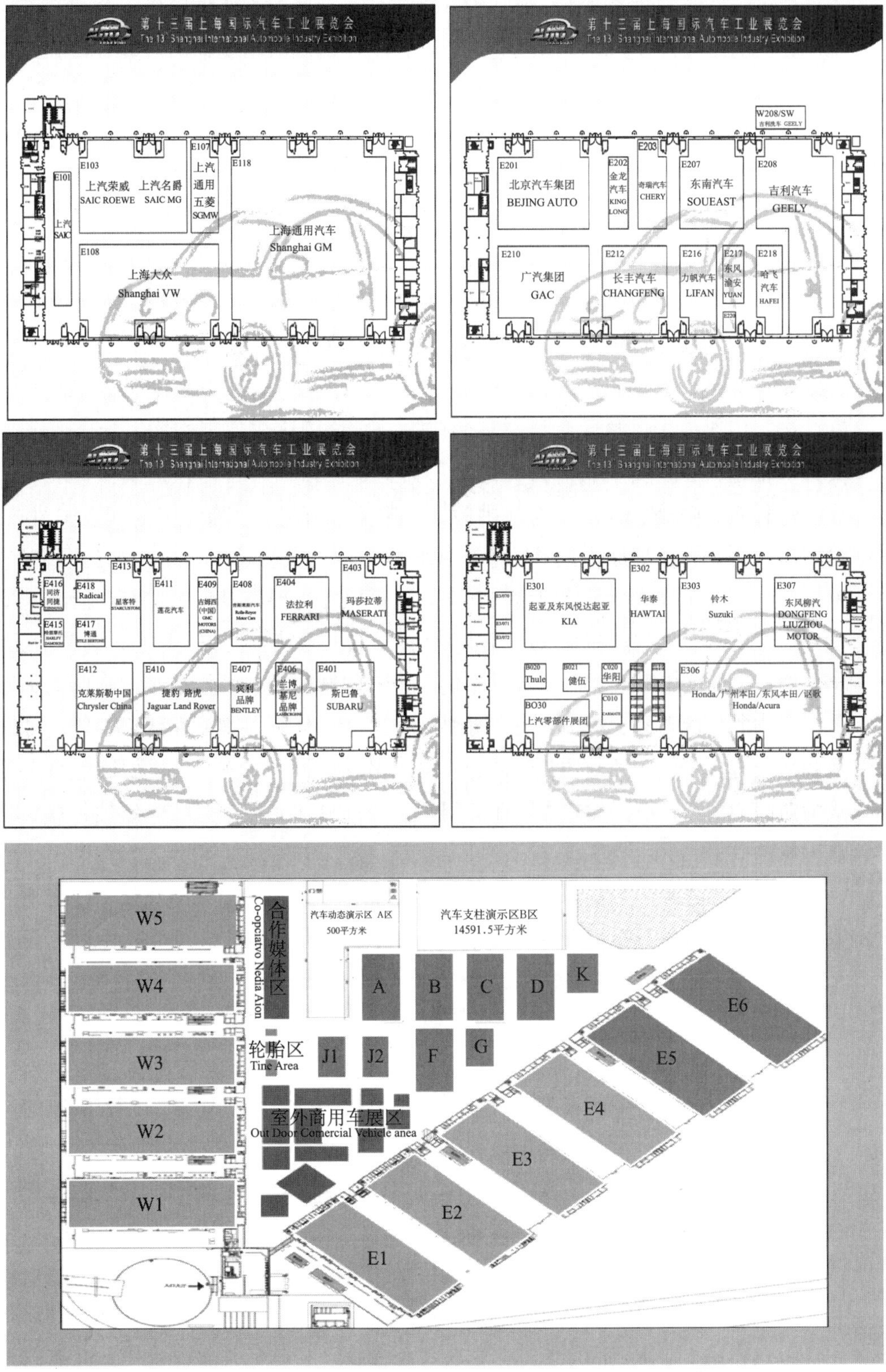

图 4-3　第十三届上海国际汽车工业展展区分布图

参展商提供宣传方面的服务，如空中气球广告、会展中心墙体广告、会刊广告、电梯广告、网站广告等。对于组展商来说，为企业提供活动现场的广告宣传服务，不仅能够带来可观的经济收入，而且能提高活动的热烈程度，从而增加展览会的吸引力和影响力。

1. **广告资源策划**

组展商在展览会活动策划时就应该考虑如何为参展商提供广告宣传服务，并对参展商的广告宣传进行策划。参展商广告宣传策划首先应该从场馆资源入手，了解展览会举办期间可提供给参展商进行广告宣传的形式有哪些，场馆内外可供广告宣传的场地在哪里，可以分别采取什么样的表现方式。一般来说，展览会举办期间可提供给参展商的广告宣传形式主要有四类：第一类是印刷品广告，如会刊广告、门票广告、参展商指南页面广告、导览图广告，工作证、参展商证、嘉宾证等证件广告，资料袋广告等；第二类是悬挂张贴广告，包括横幅、条幅、彩旗、灯杆旗、喷画、气球、充气拱门、太阳伞、灯箱、飞艇、三脚架等；第三类是视频广告，包括展厅内的等离子电视，场馆内的大屏幕等；第四类是网站广告。网站广告可以在展览会场馆网站上刊登，也可以在组展商设计的展览会活动网站上刊登，经销商、采购商和观众可通过场馆内的公共电脑查询相关信息。通常情况下，第一类广告要确定哪些物品上可以印刷广告，印刷的广告的规格多大，形式是怎样的，印刷的数量有多少；第二类广告要确定这些广告可以摆放在什么位置，可以摆放的数量有多少，各种悬挂和张贴的广告规格有多大；第三类广告要确定每天可播放的时间和次数；第四类广告要注意网站上的信息和实际信息的一致性，并及时更新网站的信息。

在了解了各种广告资源之后，要根据国家有关广告管理条例及其实施细则的要求，对各种广告进行合理合法的发布。一般情况下，户外广告的管理由展览会举办地政府组织工商、城建、环保、公安等部门制定规划，工商行政管理机关负责监督实施。

2. **广告价格策略**

有了确定的广告资源，下一步工作就是对广告资源进行定价。广告资源的价格差异很大，影响其价格的因素也比较多，归纳起来主要有以下几种：

（1）展览会自身因素。这些因素涉及展览会的规模、影响力、采购商的数量和层次、主办方的实力等。例如，被称为“中国第一展”的中国进出口商品交易会，由于其超大的规模和国内外享有盛誉的影响力，展览会举办期间的广告资源价格一直远高于一般展览会。此外，展览会的类型也会影响广告资源的价格，一般来说，高回报率和高价值产品的展览会，广告资源的价格较高，如汽车展、房展的广告价格通常定得较高。

（2）展馆和举办地因素。不同展馆由于其规模和美誉度不同，参展商对于其广告投入的回报预期也有所不同，这将影响展馆广告资源的价格。与此同时，展馆所在地的经济水平对广告价格也会有一定的影响。

（3）广告资源因素。不同类型的广告平台，成本有很大差异，定价也有很大差别；即使是同一类别的广告平台，在不同的表现形式下，其价格差别也会很大。因此，广告平台的定价是一个需要深入研究的问题，因为合理的定价能使所有的广告资源以最好的价格卖出去，获得最大的回报。如果广告资源的价格定得太高，不能全部销售出去，这些资源随着展览会的结束便不复存在，从而带来损失；相反，如果广告资源的价格定得太低，即使全部卖出，也不会有很高的收益。

由于广告资源的制作成本相对较低，因此一般不采用成本导向的定价方法。与此同时，展览会发布广告的时间短，且在一个地方同时举办同一类展览的竞争情况较少，所以竞争导向的定价方法也不适合展览会的广告资源定价。那么，如何为这些广告资源定价呢？我们认为合理的定价方法是需求导向定价法，即根据市场需求状况和参展商对广告价值的理解，来确定展览会广告资源的价格。一般来说，客户需求强，广告资源的价格就可以定得高一些；客户需求弱，价格就应该定得低一些。要做到这一点，首先要做参展商调查，了解参展商心目中对广告的价值评价和可以接受的价格。这是一件非常细致的工作，既需要经验的积累，又需要系统的分析，只有两者兼备，才能做出关于各种广告资源价格的合理决策。

3. 广告设计案例分析

为了让读者更加直观清晰地了解展览会的广告传播平台和定价策略，这里选取 2008 年亚洲国际动力传动与控制技术展览会的广告设计为例加以说明。

（1）纸质及在线宣传媒介。

· 入场券 ·

规格：150mm(w) × 100mm(h)背面
价格：€320/10,000张
对象：众多应用行业和相关领域的专业人士(销售、市场采购、技术、研发、媒体业务拓展等)
渠道：电话邀请、杂志夹寄、行业协会推荐、数据库直邮、应用行业展览会现场派发等
效果：早在展览会前6个月便开始采用多种形式递送，用一对一甚至一对多的方法，纵向横向同时扩大展会的社会影响，赞助商可利用主办单位的宽广渠道为贵公司提高影响力与曝光率

· 展商名单&参观手册 ·

位置：展位图上标明公司LOGO
数量：600,000本
价格：€395
内容：展会信息、展商名录、展馆平面图、研讨会信息、参观指南等
对象：众多应用行业和相关领域的专业人士（销售、市场、采购、技术、研发、媒体业务拓展）
渠道：行业协会推荐、数据库直邮、应用行业展览会现场派发等、展会现场赠阅
效果：有什么比在黑白展位图上添加色彩更能吸引人眼球的呢？用贵公司的彩色LOGO一鸣惊人，就在此处！

· 展会简报 ·

1/2版广告

规格：260mm(w) × 390mm(h)
数量：80,000份
价格：€1,720 整版　尺寸260mm(w) × 390mm(h)
€860　整版　尺寸260mm(w) × 195mm(h)
€430　整版　尺寸130mm(w) × 195mm(h)
对象：所有相关行业潜在观众、潜在展商、媒体
渠道：行业协会推荐、应用行业展览会现场派发
效果：早在展前就对数量庞大的专业读者进行高密度的广告攻势，领先一步，先入为主！

· 手提袋 ·

规格：29cm(w) × 38cm(h)
价格：€2,380/5,000只
对象：所有贵宾、展商、观众、媒体人员
效果：作为流动的小型广告，可随着携带人群的移动而进行广而告之。而且部分制作精美的包袋还能在展会后被人们广泛使用，广告效果的保质期被大大延长。

· 在线宣传之新闻传播 ·

位置：新闻频道下属展商频道
规格：中英文，DOC或RTF格式，至多两个网页
价格：€80/篇/6个月
效果：在展会网站的官方新闻频道展示新闻，提升品牌形象、扩展推广渠道。

· 在线宣传之形象推广 ·

位置：网站首页
规格：168 × 62像素，jpg、gif或flash格式
价格：€160/3个月
效果：网站首页的绝佳位置，岂可轻易错过！

（2）户外广告宣传媒介。

· 三角立牌广告 ·

规格：15m(w) × 5m(h)
位置：龙阳路、芳甸路十字路口
价格：€1,620 /面，共三面
效果：据其有利地势及高度优势，展馆南广场方圆2公里内企业形象一览无遗。

· 路边旗柱广告 ·

规格：0.5m(w) × 1.5m(h)
数量：296对－龙阳路220对，芳甸路76对
位置：龙阳路、芳甸路沿街
价格：€80 /对，50对起做
效果：沿线广告牌俨然成为窗外一道风景，反复出现的广告效应从路上便已开始延伸开来，无论您的目标受众群体从何地进入展馆，都不会错过您的产品！

· 连接长廊悬挂横幅广告 ·

规格：5m(w) × 0.7m(h)
位置：两馆间的连接长廊（具体位置待定）
价格：€160/面
效果：展馆之间长廊，广告位置更举头可见。考虑周全的你，细微之处怎能错过？

· 移动式站观指示牌 ·

规格：2.9m(w) × 4.5m(h)
位置：室外展场沿展馆排列
价格：€950
效果：遍地出现的公司LOGO，怎能不深入脑海？随时随地提醒观众贵公司的具体方位！

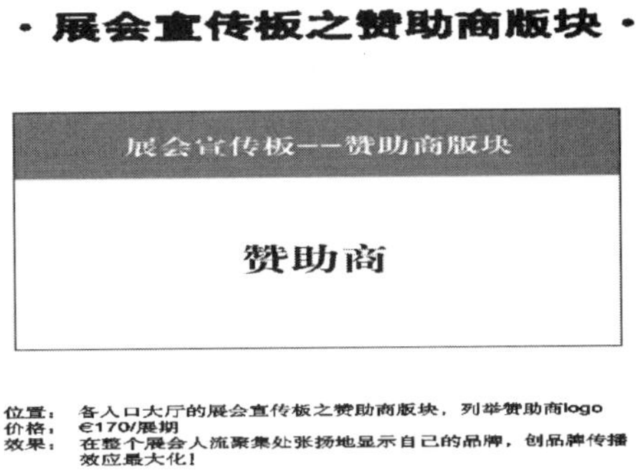

（3）其他宣传媒介。

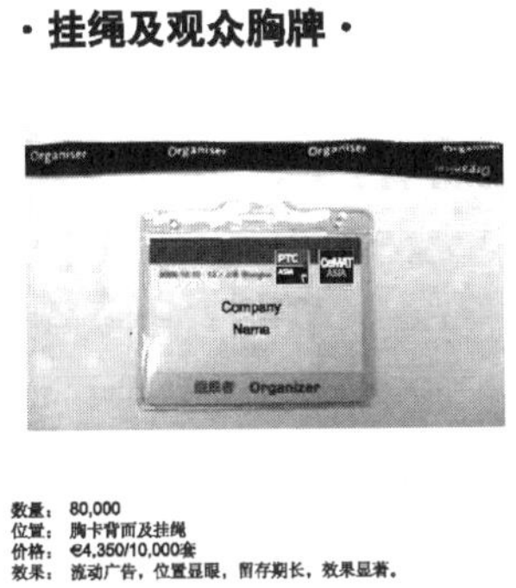

资料来源：2008 年亚洲国际动力传动与控制技术展览会网站 . www. ptc-asia. com.

（4）案例分析。2008 年亚洲国际动力传动与控制技术展览会采用三类广告平台：一是纸质及在线宣传媒介，包括入场券、展览会会刊、简报、手提袋以及展览会网站等；二是户外广告宣传媒介，包括三角立牌广告、路边旗柱广告、户外广告牌广告、室外展场广告、横幅广告以及赞助商宣传板等；三是挂绳及胸牌广告、展览会光盘包装广告以及现场摄像等。它们共同组成了一个多媒介、立体化的宣传平台，应该说这是一个比较成功的策划案例。

三、赞助设计

1. 展览会赞助方案设计原则

赞助方案是展览会产品的有机构成部分。赞助方案是否科学合理、赞助方案能否引起潜在赞助商的兴趣，是决定赞助销售工作能否取得成功的“产品基础”。那么，怎样才能设计出一个比较理想的赞助方案呢？我们认为一般应当遵循以下四个原则：

（1）赞助商利益导向原则。赞助作为一种特殊的服务产品，最终是要销售给潜在赞助商的。赞助方案能否满足赞助商的需求，是决定赞助商是否会赞助展览会的重要因素。因此，设计展览会的赞助方案，一定要从目标赞助商的需求出发，具体研究他们期望从赞助活动中得到哪些回报，并将这些需要最终体现在赞助产品中。只有这样，潜在赞助商才能对赞助方案产生兴趣，并为营销人员的销售工作奠定基础。

（2）务实和可操作原则。务实和可操作原则是指赞助方案一定要从组展商能够控制的资源条件出发，不能为了迎合赞助商的需求而夸大回报。展览会是一种届复一届的连续性产品，组展商信誉在展览会组织与管理中处于非常重要的地位。如果在赞助设计的过程中对赞助商的回报许诺超出组展商的资源控制能力，最终必然会因为回报的不可操作性而引发赞助商的不满，并给以后各届的赞助招商工作留下隐患。

（3）与展览会价值相符原则。价值相符原则是指展览会的赞助项目和赞助数额要与展览会自身的规模和影响力相适应。尽管对组展商来说，赞助企业越多越好、赞助数额越高越好，但是在现实中，组展商能够获取的赞助数额的多少，最终还要取决于展览会自身的价值。如果赞助设计人员不顾展览会自身的价值，盲目设计名目繁多、数额巨大的赞助项目，最后只能成为一纸空文，让潜在赞助商望而生畏。

（4）赞助产品多元化原则。赞助作为组展商提供的一种可供销售的特殊商品，要为产品购买者——潜在赞助商提供可以比较和挑选的空间。所以，设计赞助方案时，一定要借助展览会举办过程中的不同平台，把赞助项目设计成不同类别和不同层次，使最终的赞助产品是“一个系列”，而不是“一种产品”。这一方面有利于充分挖掘展览会的市场价值，另一方面能够满足不同类型赞助商的需求。

2. 展览会赞助方案的内容

一个完整的展览会赞助方案一般包括四个方面的内容：

（1）展览会的概况。主要包括展览会的主办方、承办方、支持单位与协办单位，展览会的历史沿革，客户反应，组织方联系方式等。在赞助方案中介绍这些内容主要是希望目标赞助商对展览会的概况、档次、信誉、影响力等形成一个初步概念，以便目标赞助商对是否赞助展览会形成第一印象。所以，赞助方案中关于展览会概况的介绍应该简明扼要，用最简练的语言向目标赞助商传递展览会的价值信息。

（2）赞助方案的总体设计。主要包括三个方面的内容：

1）赞助类型的设计。展览会的赞助类型多种多样，既可以是现金赞助，也可以是展览会用品的赞助，如资料袋、胸牌、志愿者服装、电子显示屏等，当然也可以是展览会服务的赞助，如招待宴会、邮政服务等。

2）赞助等级的设计。组展商通常需要根据赞助力度的不同，将赞助商划分为不同的级别，但是不同组展商会给出不同的具体名称。如有的组展商将赞助商划分为白金赞助商（platinum sponsors）、黄金赞助商（gold sponsors）、白银赞助商（silver sponsors)、资讯伙伴（knowledge partner)、供货商（suppliers）和经济发展赞助商（economic development sponsors）；有的组展商将赞助商简单划分为一级赞助商、二级赞助商和普通赞助商等。

3）赞助金额的设计。赞助金额的确定既要以展览会的影响力为基础，又要考虑到目标赞助商的承受力。由于过高的赞助金额有可能“吓倒”赞助商，而过低的赞助金额必然会降低组展商的收益，因此确定展览会的合理赞助金额通常是一件比较困难的工作。通常情况下，为了合理确定赞助金额，一方面，赞助设计人员需要对展览会的价值和影响力有一个客观的认识，这种认识不仅是指组展商自己对展览会价值的认识，更重要的是其他目标客户尤其是潜在赞助商对展览会价值的评价；另一方面，赞助方案设计人员需要对潜在赞助商的支付能力有详尽的了解。

（3）回报项目的设计。如前所述，展览会的赞助是一种商业行为，而不是一种慈善行为，赞助商在支付赞助费的同时，需要从展览会中获取相应的回报。因而，对于组展商来说，能否设计出具有吸引力的回报方案，是决定能否找到赞助商的关键环节之一。一般来说，赞助商的回报条款至少要达到两个要求：第一，详细明确，具有可操作性。大多数情况下，赞助商是以获取展览会前期、举办期间以及结束以后的各种宣传机会作为回报的，但是在这较长的一段时间内，赞助商如何才能达到预期的宣传要求，通常需要赞助设计人员对具体的宣传平台和措施加以细化，并在项目设计中明确表现出来。第二，层次分明，能够将不同级别的赞助商的回报条款明确区别开来，使每一个赞助商的付出与回报相对应。

（4）赞助合同的设计。赞助合同是约束组展商和赞助商行为及保障各自权益的法律文件。赞助商一旦决定赞助某个展览会，通常需要以正式合同的形式将组展商和赞助商的权利与义务关系确定下来。赞助合同需要载明赞助商选择的赞助类型、获取的回报项目、款项的支付、商业秘密的保护以及违约责任和调解程序等条款。展览会赞助销售合同的一般格式可以参阅本章末的阅读材料。

3. 赞助设计案例分析

为了让读者清楚了解现实中展览会赞助方案包含的主要内容以及对赞助商的回报方式，我们选择了 2005 年 9 月在杭州举行的国际茶业大会暨茶·咖啡展览会赞助方案作为案例，供读者参考。为确保案例的真实性，案例中涉及的所有数据均来自组织者的实际策划方案，具体资料来源参阅该展览会的网站（www. int-tea. com）。为了便于读者理解，我们将方案分解成四个板块进行介绍并作简要点评。

（1）首届国际茶业大会暨茶·咖啡展览会简介。2005 年 9 月在杭州举办的首届国际茶业大会暨茶·咖啡展览会是国际茶叶与咖啡业的一次盛会。主办方是中国食品土畜进出口商会、中国国际茶文化研究会、中国茶叶流通协会、中国茶叶学会等四家全国性行业组织，以及国际茶叶委员会和杭州市人民政府。本次展览会吸引了来自世界 31 个国家和地区的 500 余人参加。全球主要茶叶生产商、经销商会聚在最具活力的中国市场，进行零距离的交流和接触，为双方合作奠定了基础，创造了无限商机。300个展位展示了来自中国、印度、斯里兰卡、日本等国家生产的有机、绿色、保健和名优特茶产品及茶器具、茶机械等精品。

（2）总体赞助方案。本次大会的赞助设计非常广泛，从大会的主赞助商、产业赞助商到具体活动（晚会、招待会）赞助商，从大会用品（笔、本、文件袋等）到大会纪念品（纪念邮票），无所不包。具体的赞助方案和赞助数额如下：

1）大会主赞助商（钻石赞助商）：限一名，50万元。

2）黄金赞助商（产业赞助商）：限两名。其中一名赞助商的茶园将安排与会者参观，其产品将被指定为大会礼品专用茶：15万元；另一名赞助商，其茶叶加工厂将安排与会者参观：15万元。

3）晚宴及闭幕晚会赞助商（文艺演出）：限一名，30万元。

4）欢迎招待会赞助商：限一名，20万元。

5）会议代表文件包赞助商：限一名，3万元。

6）大会书写用笔赞助商：限一名，1万元。

7）大会书写用本赞助商：限一名，1万元。

8）大会口袋日程赞助商：限一名，1.5万元。

9）国际茶业大会纪念邮票赞助商：限8名，每家1万元。

（3）赞助商回报方案。以下是该展览会组展商为9个类型的赞助商设计的回报方案，供读者参考。

● 大会主赞助商（钻石赞助商）。限1个名额，主赞助商的回报项目包括：

1）作为国际茶业大会暨茶·咖啡展览会的最主要赞助商。

2）安排赞助单位的董事长或总经理（或首席执行官）在大会主席台就座，并在大会的开幕式上发表简短讲话（不超过5分钟）。

3）每场会议开始前及会议茶歇期间，在主会场播放赞助商公司简介DVD或录像（不超过5分钟，由赞助商提供）。

4）会议期间拥有主会场的命名权，并在会议室主要位置挂赞助企业会标。

5）会议宣传册及会议代表名册上注明赞助企业Logo、名称及联系方式。

6）闭幕式上由会议主席说明该公司为钻石赞助商，并以组委会名义对主赞助商表示感谢。

7）会前及会后一个月，在中国食品土畜进出口商会网站（www.agriffchina.com）的主页面顶部Banner广告部位，免费刊登广告并链接该公司介绍，及说明该公司为钻石赞助商（图标及文字电子版由该公司提供），中国食品土畜进出口商会网站是中国唯一的农产品进出口贸易网站，该网站每日访问量达10万次以上，两个月的免费广告将为该公司节省8 000美元广告费。

8）在印制的所有会议资料中，封面显著位置标明该公司为主赞助商（钻石赞助商），这些资料包括宣传册、文件册等以及大会网站 www. int-tea. com。

9）会议文件的中英文整版全彩广告（A4 纸版面，单面，广告电子版由赞助商提供）。

10）免费提供 2 个全程参会名额。

11）免费提供茶·咖啡展览会 36 平方米光地。

12）免费参加会前产业参观。

13）大会期间在注册区摆放公司图标（图标由该公司提供）。

14）在会议代表胸卡上印该公司名称。

15）会前三个月将公司名称、标志放在 2005 国际茶业大会暨茶·咖啡展览会网站（www. int-tea. com）的主页上，并设链接，可直接连到赞助商网站。

16）获准以主赞助商名义向每位与会者发放主赞助商的宣传品（由主赞助商提供，礼品茶除外）。

17）在会议文件包中插放公司宣传册。

18）免费赠送完整的与会者名册。

● 产业赞助商（黄金赞助商）。限 2 个名额，黄金赞助商的回报项目包括：

1）在赞助商标志中注明为黄金赞助商。

2）会议主席将在开幕式讲话中特别提及该公司的名称。

3）在印制的所有会议资料的封底显著位置中标明该公司为黄金赞助商，标注该公司 Logo，这些资料包括会议宣传册、会议文件、口袋日程、大会网站（www. int-tea. com）等。

4）会前三个月将公司名称、标志放在 2005 国际茶业大会暨茶·咖啡展览会网站（www. int-tea. com）上，并设链接，可直接连到赞助商网站。

5）会议文件中的整页全彩广告（A4 纸版面，单面，广告电子版由赞助商提供设计）。

6）免费赠送 2 个参会名额。

7）免费提供茶·咖啡展览会 1 个标准展位。

8）在会议文件包中插放公司宣传册。

9）免费赠送完整的与会者名册。

10）大会的欢迎午餐和工作午餐将分别以两位赞助商的名义赞助，每个公司赞助其中一项；说明该公司是此活动的赞助商，在午餐时间展示机构名称和标志（由赞助公司提供），具体包括在用餐区有印着赞助商标志的桌牌（由秘书处提供），赞助商可向每位与会者发放一个纪念品。

11）在会前的产业参观中，将安排与会者参观一名赞助商的茶园，并安排参观另一名赞助商的茶加工厂。

12）黄金赞助商礼品茶将被指定为大会指定礼品茶，茶外包装上印刷“首届国际茶业大会指定礼品茶”等字样，向国内外参会嘉宾及新闻媒体发放。

● 晚宴及闭幕晚会（文艺演出）赞助商。限 1 个名额，作为晚宴活动的独家赞助商，将在全世界茶行业面前大量曝光。大会晚宴及闭幕晚会（文艺演出）将是展览会最重要的活动之一，所有与会代表欢聚一堂，是为来自中国和世界商界的重要决策者建立联系的重要场合。品尝中华美食，伴随中国民乐，欣赏茶艺表演。晚宴之后的文艺演出将使整个晚宴在欢乐、祥和的气氛中达到高潮。具体回报包括：

1）晚宴及闭幕晚会将被命名为“×××之夜”，并标注在宴会厅主席台的背板上。

2）在晚宴及闭幕晚会节目单中，该公司作为独家赞助商得到说明和推广，在宴会大厅门厅展示印有公司名称和标志的图标（图标由赞助商提供）。

3）在所有会议资料中标明该公司为晚宴及闭幕晚会唯一赞助商，这些资料包括大会宣传册、会议文件、口袋日程及大会网站等。

4）会前三个月将公司名称、标志放在 2005 国际茶业大会暨茶·咖啡展览会网站（www. int-tea. com）的主页上，并设链接，可直接连到赞助商网站。

5）会前及会后一个月，在中国食品土畜进出口商会网站（www. agriffchina. com）首页底部免费刊登广告并在主页面上设网站链接，介绍该公司为晚宴及闭幕晚会独家赞助商（图标及文字电子版由该公司提供），两个月的免费广告将为该公司节省 3 000 美元广告费。

6）晚宴菜单上印有公司标志，每个餐桌上放着印有公司名称及标志的桌牌。

7）晚宴开幕式上，大会主席致辞中提及该公司为晚宴及闭幕晚会的独家赞助商，并表示感谢。

8）晚宴赞助单位的董事长或总经理将在晚宴及闭幕晚会上发表致辞。

9）晚宴赞助单位的董事长或总经理将安排在宴会主人席位。如有政府部长级或省级领导出席晚宴，将被安排在部级或省级领导身边就座。

10）在赞助单位领导发表简短致辞后播放赞助商的公司宣传片（DVD 或录像，不超过 5 分钟，由赞助商提供）。

11）免费提供茶·咖啡展览会 1 个标准展位。

12）免费提供 2 个全程参会的名额。

13）免费提供 4 个参加晚宴的名额。

14）向每位与会者发放赞助商提供的宣传品（宣传品由晚宴赞助企业提供）。

15）在会议文件包中插放公司宣传册。

16）免费在会议文件夹中印制整页彩色公司广告（A4 纸版面，单面，广告电子版由赞助单位提供）。

17）免费赠送完整的与会者名册。

18）惊喜回报：文艺演出中将由演员以独特方式向与会者展示晚宴赞助企业名

称和 Logo，使晚宴赞助商曝光，并带来一份惊喜。

● 大会欢迎招待会赞助商。限 1 个名额，大会欢迎招待会的赞助商可以在大会早期活动中献上一个联谊机会。赞助商可以得到一个极好的机会来欢迎与会者，与来自世界各地的茶业界人士欢聚一堂，建立联系，加深友谊。具体回报包括：

1）赞助单位的董事长或总经理在招待会上发表简短讲话。

2）欢迎招待会的命名权（招待会将被命名为“×××欢迎招待会”）。

3）欢迎招待会会场内展示 10 个印有赞助公司名称和标志的易拉宝图标（图标由赞助商提供，易拉宝由大会制作）。

4）欢迎招待会的请柬中，欢迎招待会的赞助商得到说明和推广。

5）餐桌上摆放印有公司标志的桌牌。

6）免费提供 1 个茶・咖啡展览会标准展位。

7）免费提供 2 个全程参加年会的名额。

8）免费提供 4 个参加欢迎招待会的名额。

9）在所有会议资料中标明该公司为赞助商，这些资料包括会议宣传册、口袋日程、会议文件夹及大会网站等。

10）会前及会后一个月，在中国食品土畜进出口商会网站（www.agriffchina.com）首页底部，免费刊登广告并在主页面上设网站链接，介绍该公司为欢迎招待会独家赞助商（图标及文字电子版由该公司提供），两个月的免费广告将为该公司节省 3 000 美元的广告费。

11）会前三个月将公司名称、标志放在 2005 国际茶业大会暨茶・咖啡展览会网站（www.int-tea.com）的主页上，并设链接，可直接连到赞助商网站。

12）开幕式大会主席致辞中将提及该公司为欢迎招待会赞助商，并代表组委会表示感谢。

13）向每位与会者发放赞助商提供的宣传礼品（礼品茶除外）。

14）在会议文件包中插放公司宣传册。

15）免费赠送完整的与会者名册。

16）免费在会议文件夹中印制整页彩色公司广告（A4 纸版面，单面，广告电子版由赞助单位提供）。

● 会议代表文件包赞助商。限 1 个名额，认购这项赞助的公司或机构会得到相当多的曝光和认可，具体回报项目包括：

1）文件包上印制中英文“2005 国际茶业大会暨茶・咖啡展览会”及赞助企业名称、Logo，并发放给所有与会国内外代表（标志将由赞助公司提供）。

2）在所有印制的会议资料中标明该公司为赞助商，这些资料包括会议文件及大会网站。

3）会前三个月将公司名称、标志放在 2005 国际茶业大会暨茶・咖啡展览会网站（www.int-tea.com）的主页上，并设链接，可直接连到赞助商网站。

4）在会议文件包中插放公司宣传册。

5）免费赠送完整的与会者名册。

● 大会书写用笔赞助商。限 1 名，大会书写用笔的赞助商可以通过以下途径得到回报：

1）代表注册时会得到大会专用书写用笔，上面印有该公司名称。

2）在所有印制的会议资料中标明该公司为赞助商，这些资料包括会议文件及大会网站等。

3）会前三个月将公司名称、标志放在 2005 国际茶业大会暨茶·咖啡展览会网站（www.int-tea.com）的主页上，并设链接，可直接连到赞助商网站。

4）免费赠送完整的参会代表名册。

● 大会书写用本赞助商。限 1 名，大会书写用本赞助商可以通过以下途径得到回报：

1）代表注册时会得到大会专用书写记录本，上面印有该公司名称和标志（标志将由赞助公司提供）。

2）在所有印制的会议资料中标明该公司为赞助商，这些资料包括会议文件及大会网站等。

3）会前三个月将公司名称、标志放在 2005 国际茶业大会暨茶·咖啡展览会网站（www.int-tea.com）的主页上，并设链接，可直接连到赞助商网站。

4）在大会期间口头提及该公司。

5）免费赠送完整的参会代表名册。

● 大会口袋日程赞助商。限 1 名，所有与会者会得到一个口袋日程，包括大会信息和各项活动的细节。口袋日程将成为与会者在会议期间非常有实用价值的参考工具。赞助口袋日程的公司会得到很高的曝光率，并得到以下回报：

1）在口袋日程封面印上公司名称和标志——这是口袋日程上唯一的广告机会（标志将由赞助公司提供）。

2）在所有印制的会议资料中标明该公司为赞助商，这些资料包括会议文件及大会网站等。

3）会前三个月将公司名称、标志放在 2005 国际茶业大会暨茶·咖啡展览会网站（www.int-tea.com）的主页上，并设链接，可直接连到赞助商网站。

4）在大会期间口头提及该公司。

5）在会议文件包中插放公司宣传册。

● 邮票赞助商。限 8 家企业，邮票赞助商可享有以下回报：

1）所有参会代表将获赠邮票纪念册，邮票纪念册制作精美，具有收藏价值，是国际茶业大会专用礼品。

2）礼品邮票册内每张邮票会印有赞助企业的公司名称和标志（标志将由赞助公司提供）。

3）在所有印制的会议资料中标明该公司为赞助商，这些资料包括会议文件及大会网站等。

4）会前三个月将公司名称、标志放在2005国际茶业大会暨茶·咖啡展览会网站（www.int-tea.com）的主页上，并设链接，可直接连到赞助商网站。

5）在大会期间口头提及该公司。

6）在会议文件包中插放公司宣传册。

（4）案例点评。总体来看，这是一份设计比较周全的展览会赞助方案，具有较高的参考价值。该方案具有三个特点：第一，层次比较分明，从主赞助商到产业赞助商再到活动赞助商等，组展商为不同赞助商划分了明显的层次，增加了目标赞助商赞助活动的可选择性。第二，赞助活动涉及面广，扩大了组织者的赞助销售平台和展览会获利空间。从上述方案可以看出，从产业参观、招待演出、大会宴请、大会用品到大会纪念品等，整个展览活动的方方面面，都为赞助商的参与提供了空间。第三，赞助商回报条款清晰，将复杂的宣传推广活动进行了细化，有助于赞助商测评赞助活动的预期收益。

当然，赞助方案仅仅相当于一种可供销售的"赞助产品"。这种产品最终能否销售出去并转变为组展商的经营收入，还取决于展览会营销人员的宣传推广能力和工作努力程度。

四、门票设计

展览会运用门票不止是为了增加一笔收益，还可以帮助组展商掌握专业观众的信息，随时掌握观众数量，控制人流。组展商在进行门票设计时应注意三个方面：

（1）门票的设计。从总体上来看，门票要简洁大方，突出展览会的主题，一般包括展览会的名称，主办方，承办方，展览会的时间、地点、票价等信息。现在多数展馆都已采用电子门票系统，电子票和普通名片大小相当，出票后，票面上印有使用说明，告知该票的使用期限。票面上还印有指示箭头，按照箭头所指方向把电子票插入检票系统即可通过，整个过程不到半分钟。图4-4是传统的门票和电子门票图样。

（2）门票的发放形式。展览会的性质不同，对门票的管理也有所不同。一般来说，观赏价值较高、预期观众多（如车展、房展）的展览会需要出售门票，而且对组织者来说是一笔不菲的收入；而越来越多的专业性展览会，由于其观赏价值通常不是很高，因此组展商不再出售门票，只要通过网络或者现场输入观众信息，就可以免费入场参观。但是为了区分专业观众和普通观众，组展商会通知专业观众在网

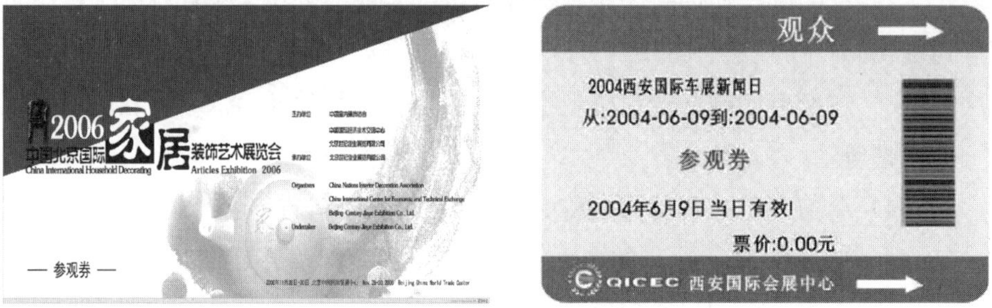

图 4-4　展览会门票图样

站上进行预登记，主办方将在展前 20 天左右免费将电子门票及专业观众胸卡邮寄给专业观众，其他观众也可在现场免费领取电子门票进入展馆，展馆根据观众的个人信息辨别专业观众和普通观众，发放不同类型的票证和胸卡。区分普通观众和专业观众有利于参展商快速识别目标客户。

（3）门票的定价。对于那些出售门票的展览会，其定价通常也要遵循一定的技巧和原则。目前比较常用的三种差别定价方式有：不同时间不同价格、不同身份不同价格、不同数量不同价格。

不同时间不同价格是指组织者根据休息日、工作日或者节假日制定不同的价格，以最大限度地获取门票收入，同时有效控制各时间段的观众流量。例如第七届中国国际数码互动娱乐产品及技术应用博览会的组委会规定，每位观众购票数量不得超过 5 张（含 5 张），星期一到星期五票价为 50 元/张，双休日票价为 100 元/张。

不同身份不同价格是指组展商根据观众的不同身份、年龄或者职业等制定不同的价格。例如，2005 年 11 月第五届中国国际航空航天博览会在广东珠海举行，此次展览会设置了专业观众门票、普通观众门票、媒体门票、学生票等不同类型的门票，其中普通观众门票价格为 260 元/张，而学生票价为 160 元/张。

不同数量不同价格是指组展商根据购票数量的多少制定不同的价格，通常情况下，组展商会对规定人数以上的团队给予折扣优惠。例如，第七届广州汽车展，组委会针对所有参展商和媒体的优惠政策为购买 50 张以上门票，享 8 折优惠；针对观众有以下几种优惠措施：100～299 张，9.5 折；300～599 张，9 折；600～999 张，8.5 折；1 000 张以上，8 折。

五、特殊活动设计

1. 论坛设计

现在几乎所有的展览会都会有论坛，展览会和论坛是会展经济的两翼。尽管论坛的名称各异（常见的有产业高峰论坛、专业研讨会、技术交流会等），而且功能定位有所不同，但论坛设计的过程基本一致，通常包括进行市场调查、确定论坛主题、落实经费和赞助、准备论坛方案、开展宣传招揽、安排接待计划、布置场地和完成会后工作等几个环节。具体内容包括：

(1) 进行市场调查。为了保证论坛各项工作的顺利展开，组展商首先需要成立一个组委会或指定专门的工作小组来负责论坛的筹备工作。工作小组成立后，第一项工作是进行详细的市场调查，调查的主要内容包括：产业发展的热点问题，近期举办的同类展览会的论坛议题、收费标准、论坛效果、潜在目标听众的评价和建议等。调查的方法主要有直接邮寄、发 e-mail 和利用互联网调查等。

(2) 确定论坛主题。主题是论坛的灵魂，一个鲜明的主题可能对潜在听众具有强大的吸引力。一般论坛的主题需具备以下特征：1) 高度浓缩精练，并对论坛的内容高屋建瓴；2) 与展览会主题相呼应，并能针对目标参展商和专业观众；3) 对某一领域的发展现状和发展趋势的认识适度超前，紧扣该领域的热点和难点问题，不脱离现实。为了更好地确定论坛的主题，组展商可以征询相关科研机构、大专院校专家的意见，依据市场调查结果，再根据实际情况确定论坛的主题。

(3) 落实经费和赞助。在召开论坛时需要邀请一些国内外著名专家、知名学者、知名企业领导人或者行业主管部门的人员到会演讲，还要租用会议场地，进行适当的会议现场布置，这都需要一定费用。经费来源除了从展览会收入中划拨资金、收取门票外，主办方还应该积极地为论坛争取赞助。由于参加展览会论坛的人员都来自同一个行业或联系紧密的相关行业，因此只要会议策划合理，具有吸引力，许多企业（尤其是参展商）都愿意为论坛提供赞助。赞助的形式非常灵活，如转让论坛的冠名权、在会刊中做免费广告、允许赞助商在会议期间发表演讲等。当然，赞助商也可提供会议现场的设备，赞助与会代表的午餐或欢迎晚宴等其他赞助形式。

(4) 准备论坛方案。论坛方案是有关论坛召开的具体实施计划，一个详尽周密、协作高效的方案可以确保论坛的顺利召开。一般论坛的方案包括以下几个方面的内容：

1) 论坛的名称、时间、地点和规模。论坛的名称要有一定的概括性和导向性；论坛举办的时间要符合该领域的习惯，要注意结合论坛各嘉宾和主讲人到会时间安排好论坛各议题的场次；论坛的地点应尽量安排在设施完备、环境较好、与会人员容易到达的地方；论坛规模是指论坛计划有多少场演讲和讨论，有多少听众，举办方要事先对论坛听众数量做出预测以便安排论坛的场地，如果场地容量有限，就要对听众数量有所限制。

2) 论坛议题。确定论坛主题后，还要根据主题策划论坛的议题。策划具体议题的基本依据是论坛的结构和目标听众的需求。每一个具体的议题都应该具有明确的目标，而不是为了凑内容；多个务实而富有吸引力的子议题，才能共同支撑论坛的主题。此外，在策划具体议题时，还应适当考虑邀请演讲嘉宾的难度。

3) 编制论坛议程。论坛议程是论坛实施计划的进度安排，是对论坛进程的总体调控，如：由谁主持会议，会议主持人是否致开幕词，由谁宣布会议开始，由谁介绍主讲人及嘉宾，会议的各项议题如何安排和展开等。

4）邀请嘉宾。邀请合适的演讲嘉宾对论坛的成功举办至关重要。一般来说，对国外的演讲嘉宾，要提前半年预约，并协助其做好签证、订机票等相关准备；对国内演讲嘉宾，则至少应提前 2 个月发出邀请，并协助其做好相关准备工作。对于重要的演讲嘉宾，还应制定一对一的接待计划，妥善安排演讲人及其家属的交通、住宿、餐饮等事宜。

（5）开展宣传招揽。一般来说，展览会论坛的招揽工作可以和招展工作或专业观众邀请工作同步进行，因为展览会论坛的听众中有相当一部分就是参展商和专业观众。在实际工作中，展览会论坛工作人员主要利用四种方式来招揽与会者：电话、传真、直接邮寄和网上预订。其中，采用直接邮寄方式时，论坛的宣传材料往往和招展材料放在一起，主要包括：论坛介绍、会议预定表和论坛议程安排等。

（6）安排接待计划。会议现场设置接待台，安排人员负责接待工作；要事先制定接待程序和接待方式，以免到时措手不及；要事先规划论坛现场调度，以便及时应对现场可能出现的各种突发状况。在论坛接待计划中，要妥善安排论坛嘉宾、主讲人、听众等与会者的吃、住、行等基本需要。

（7）布置场地。在论坛召开日期临近时，会议主办单位要妥善布置会场。此时，要注意以下几点：1）落实论坛召开的场地以及场地中电源、音响、投影、录像等相关设备，并准备好后备的电源、音响等；2）安排好会议现场的工作人员和设备维护人员，落实服务人员以及茶水的供应；3）确保会议现场的照明、调温和通风设备处于正常状态；4）制定会场纪律；5）组织专业人员对会议现场进行安全检查，并疏通过道，开启安全门。以上各项准备工作就绪后，就可以按照计划好的论坛议程举办论坛。

（8）完成会后工作。论坛结束后，工作小组还有很多后续工作要完成。首先要进行现场或会后跟踪调查，以搜集听众对议题安排及服务的建议，为增强下一届论坛的吸引力和改进服务质量提供依据；其次是感谢演讲嘉宾和与会者，如给演讲人寄发感谢信、给与会者邮寄展览会的相关总结资料等；另外，在会后工作小组自身也要进行全面认真的总结和评估，以期将下一届论坛办得更好。具体而言，评估的内容主要涉及五个方面：论坛的目标、论坛的主题和议题、听众对论坛的评价、论坛的现场执行以及收支状况。

2. 新闻发布会的设计

新闻发布会是组展商与新闻界人士建立并发展关系的机会，是将展览会及参展商情况广泛深入地介绍给新闻界的方式。一般都是在展览会正式举行的前一两天举办，全面介绍展览会情况，包括展出目的、展出主题、展出产品、参展商等。其目的是通过召开新闻发布会提高公众的信任度和展览会的知名度，借助媒体的力量进行宣传。新闻发布会设计的内容包括以下方面：

（1）确定新闻发布会的时间、地点和主题。展览会的新闻发布会一般都选择在展览会正式举办的前一两天，具体时间的选择也要依具体情况而定，前后调整一两天是可以的。在召开新闻发布会时要尽量避开重要的政治事件和社会事件，因为媒体对这些事件的大篇幅报道会冲淡企业新闻发布会的传播效果。由于多数平面媒体刊出新闻的时间是在获得信息的第二天，因此要把发布会的时间尽可能安排在下午为宜，会议时间在1小时左右，这样可以保证发布会的现场效果和会后见报效果。

展览会的新闻发布会场地一般都选择在高档的、有品位的酒店。酒店有不同的风格，不同的定位，注意所选择酒店的风格要与展览会的内容相统一。除此之外，组展商在选择新闻发布会的场地时，还必须考虑以下因素：会议厅容纳人数、主席台的大小、投影设备/电源/布景/胸前麦克风/远程麦克风是否充足、相关配套服务是否完善、价格是否合理、有没有空间的浪费等。

（2）确定并邀请参与人员。参与人员一般包括领导、重要参展商、同行、媒体等。在确定出席新闻发布会的人员时，首先要选择在行业中有权威和影响力的人物，这样可以提高展览会的知名度。此外，媒体的选择同样很有讲究。由于媒体的受众不同，新闻的传播效果也不一样。对于贸易展览会来说，相关的媒体主要包括经济类报刊（宏观）、商业类报刊（微观）以及相关的电子媒体。组展商可以从举办地的新闻名录中查找合适的媒体，也可以询问当地的客户阅读哪些报刊，从中选择新闻媒体。

人员邀请需要提前预约，发布会前一天可做适当的提醒。对领导、重要参展商应采取书面邀请函的方式，确保重要人员不会因自身安排不周而缺席发布会。回收确认信息，制定参会详细名单，以便进行下一步安排。该步骤一定要计划周密，由专人负责，适当放大邀请名单，对重要人物实施公关和追踪，并做好备选方案，确保新闻发布会参与人的数量和质量。对于联系比较多的媒体记者可以直接采取电话邀请的方式。

（3）准备新闻发布会的资料。提供给媒体的资料，需要事前整理妥当，并装入广告手提袋或文件袋，在新闻发布会现场发放给新闻媒体。这些资料具体包括会议议程、新闻通稿、演讲发言稿、发言人的背景资料介绍、公司宣传册、产品说明资料、有关图片、纪念品（或纪念品领用券）、企业新闻负责人名片和空白信笺等。

（4）布置场地。新闻发布会的席位摆放一般采用主席台加下面的剧院式或课桌式席位，中小型发布会可采用圆桌式席位，以拉近与记者的心理距离，同时在发布会的后面应该预留一些坐椅备用。主席台的席位安排有两种方式，一是在主席台设立领导或贵宾席，接受记者的提问；另外一种方式是在主席台只设主持人位和发言席，贵宾坐于下面的第一排，这种布置主要适用于新闻发布过程中记者提问较少的情况。主席台人员需摆放姓名标牌，以方便记者记录发言人姓名。

一些需要做电脑展示的发布会还需要事前准备好投影仪、笔记本电脑、上网连接设备、投影幕布等设备，相关设备在发布会前要反复调试，保证不出故障。此外，新闻发布会现场还可以摆放一些企业、产品或展览会的宣传画。一般在大堂、电梯口、转弯处有指示欢迎牌，事先可聘请礼仪人员迎宾。

3. 表演设计

表演是一种观赏性比较强的公众性活动，一般观众比较多，现场气氛比较热烈。表演通常可以分为三种：一是文艺性表演活动；二是程序性表演活动（开幕式、闭幕式）；三是营销性表演活动。美国《贸易展览周刊》（*Trade Show Week*）杂志2004年年底的一项调查显示，75%的参展商首先选择演出（包括演示）来宣传自身的产品和服务。要成功举办表演活动，须注意以下几点：

（1）提前策划。组展商要清楚自己正在策划的是什么性质的表演。是与展览会主题相关的表演还是纯粹的娱乐性表演；是开幕式表演还是欢迎晚宴表演；是为整个展览会服务的表演还是由某参展商出资委托的表演，等等。在明确了这些内容之后，项目人员才能对整个展览会的所有表演活动进行策划。

（2）落实组织机构。组织机构对表演的成功与否影响重大，较有经验的机构能将表演组织得井井有条，而经验缺乏的组织机构即使付出很多时间和金钱，仍达不到预期的表演效果。此外，有些较权威的组织机构能将一些关键的表演人员邀请到位，但一般的机构很难做到。

（3）选择场地。不同的表演活动对场地的要求也不同。如果是为整个展览会服务的表演，如开幕式上的乐队或舞狮表演，则应选择在展览会的公共场地举行；如果是由某参展商出资委托的表演，则应安排在该参展商的展台或附近举行。总之，除了开闭幕式上的活动外，将与展览会主题相关的表演安排在展出现场比较合适。

（4）现场协调。对展览会现场的各种表演活动进行有效协调是很重要的。主办单位应该对组委会自身组织的表演进行统筹安排，并做好现场调度与服务，确保表演活动的顺利、安全举行。此外，参展商与参展商之间有时候也会因为对方的表演活动影响了自己的展示效果而发生纠纷，这时需要由主办单位出面协调。

特别值得一提的是，由于表演是一项公众性的活动，有关部门对活动的管理很严格，在筹备表演时，一定要事先做好有关报批和审批工作。由于观看表演的观众往往很多，人群大量聚集，在进行表演前和表演过程中，要做好有关危机管理预案。

4. 服务设计

服务贯穿展览会的始终，从立项、招展、办展到展览会结束，都要求有良好的服务。从办展的整个过程来看，展览会服务可以分为展览会的组织服务、展览会的场地服务和展览会的搭建服务三个主要的板块。我们这里讨论的服务是从展览会的组织者出发来考虑的，主要包括接待服务和商务服务两种类型。

（1）接待服务。接待服务的目的是对各方面重要人物出席展览会表示欢迎，并为他们提供专业的接待安排。主要的工作包括以下四个方面：

1）接待人员配备。不同的展览活动对应着不同的主体和内容，对接待服务的要求也有所不同。例如，对于有较多国外嘉宾参加的展览会，服务接待人员应有良好的文化修养和外语水平。一般来说，能否合理挑选接待人员是能不能做好接待工作的关键。对大多数组织者来说，通常不会用公司内部员工进行服务接待，而是在大学中招募志愿者。如果与会接待工作量不大、组织方又有能力招募到大批志愿者，有时可以采取一对一的服务模式，让每一个与会人员都有一个特定的服务人员。为确保志愿者在接待服务过程中的专业性，组展商需要注意以下一些问题：a. 在展览会开幕之前需要对志愿者进行必要的培训，如基本的礼貌礼仪、对着装的要求以及如何回答与会者经常询问的问题等；b. 由于志愿者缺乏经验，对于某些岗位，实际定岗工作的人员可以尽量多一些；c. 虽然志愿者是义务工作，但是组织方还是应该为工作时间较长的志愿者提供工作餐、食物和点心，并在工作完成之后赠送一些小礼品或者证书以表示对其工作的肯定。

此外，了解展览会的程序安排是开展接待服务的前提。如果展览会的开幕式有重要嘉宾参加，还伴随不同规模和场次的会议与讲座，参与人员的数量较多，这时就需要组织者确定什么时候、在哪些地方、安排多少名服务人员，他们的主要工作任务是什么，在完成开幕式后，他们还会安排到哪里去服务等。

2）机场迎送。组织者应当在机场设有醒目的欢迎标语和横幅，如果机场允许的话，应当在出口处设立接待处，并安排专人解答与会者提出的各种问题，比如在哪里兑换货币、哪条路线去酒店或者会展中心最近、怎么联系出租车等。机场接机是接待工作中一个重要的环节。无论是公司员工、临时聘用人员还是志愿者，都要确保他们能够向在机场接到的与会者传递正确的信息。因为除了交通外，与会者还可能提出有关注册、用餐地点等很多问题。为了防止出现接待人员无法回答与会者问题的情况，接待人员应该和组织方的相关负责人保持密切联系。

3）住宿安排。组织者应根据展览会举办日期、参展人数等情况提前做好酒店的预订工作，避免出现接待能力不足或者住宿价格过高的情况。特别是大型展览会，参展商和观众众多，对举办地的酒店很不熟悉，住宿问题的解决就更加依赖于组展商提供的服务。展览会组织者在指定接待酒店时，要根据参展商和观众需求的不同，在酒店档次的选择上尽量丰富，但也应与展览会的规格统一；从酒店位置来讲，要尽可能与展览会场馆距离适中，否则会给参展商和观众到会带来较大的不便。

为展览会指定酒店，对展览会组织方、酒店、参展商和观众来说是一个多赢的选择。在选择酒店时，要根据展览会的目的、要解决的问题、希望取得的结果等因素综合考虑，尽量帮助参展人员做出最恰当的选择，这样不仅能大大提高展览会的质量，还有利于与酒店建立良好的合作关系，为以后办展做好充分的准备。为了方便参展商和观众及时准确地了解主办方的住宿安排，主办方应当提前在招商手册或者网站上公布其酒店接待的相关信息。

4）贵宾接待室。组织方应该安排一个贵宾接待室来接待开幕式发言人和其他贵宾。贵宾室只向部分与会者开放，茶点和酒水要保证持续供应。组委会成员、演讲人和其他贵宾持邀请函出入贵宾室。邀请函可以在开幕前邮寄，也可以在报到时分发，由工作人员领入贵宾室。但人们在报到时由于要照顾行李和其他物品，往往无暇顾及一张邀请函，在这种情况下，最好把邀请函放在贵宾客房的床头柜上，摆放的位置要明显，让客人一进入房间就可以看到。这种方法可以让客人掌握主动，自己决定何时去贵宾接待室。除在酒店内设立贵宾接待室外，也可以在展览会现场安排贵宾接待室。

（2）商务服务。展览会的存在是因为它能够给参展各方提供一个良好的商务平台，为了促进商务活动的顺利进行，组展商应当提供相应的商务服务。具体包括：

1）交易服务。展览会应为参展商与客户的洽谈提供良好的平台。例如，设立洽谈区域、组织配对洽谈、举办拍卖会、实行网上商务洽谈与场馆洽谈结合等。不少展览会还逐步引入了为参展商和客商服务的众多机构，朝着“一站式”服务的方向发展。如在展览会中引入银行、律师事务所、中介资质认证等专门服务部门，使展览会的服务水平明显提高。另外，还可区分专业观众参观日和普通观众参观日，以便为参展商和专业客户提供优越的洽谈交易环境。

2）翻译服务。与会议的同声翻译服务不同，展览会的翻译服务大多是为参展商或采购商个人提供翻译以开展商务活动。展览会中的翻译服务目前不少被在校大学生包揽，一方面他们有极高的热情通过这种机会锻炼自己的外语能力，同时获得一笔收入；另一方面，低廉的价格也受到参展商和采购商的欢迎。然而这些业余翻译的水平良莠不齐，有些人虽然拥有国家外语水平等级考试证书，但口语能力，尤其是商务英语的应用能力可能并不尽如人意。因此在举办国际化程度比较高的展览会时，组织方可考虑雇用专业翻译，以便准确把握关键的信息，并用精确的词语翻译，避免产生歧义。

组织方可通过招商的进度和往届情况来了解参展商和观众的语言构成，从而确定各语种翻译的数量。英语已成为国际上的通用语言，所以英语翻译可代替其他语种。但是有些国家的居民比较习惯用自己的语言，这时应该尽可能提供参展商或观众的本土语言翻译服务。

3）银行服务。展览会常常会产生大量收款和汇款需求，如果是国际性的展览会，往往还会产生大量的货币兑换需求，展览会现场最好设有相关收款、汇款和货币兑换服务点。这些服务点一般应设置在展览会服务区比较明显的位置，以方便有需要的客户寻找。如果是国际性的展览会，银行服务点还需要适当配备懂外语的服务人员。

4）快递或邮寄服务。参展商在展览会举办期间会产生大量展品投放和寄送需求，有些参展商还会有文件、信件及其他物品需要邮寄。为解决上述问题，展览会组织者通常需要与专业快递公司或邮政机构合作，邀请它们在展览会现场设立服务点，为与会参展商和观众提供邮寄服务。

□ 本章小结

与其他行业一样，展览会的组织者需要根据客户的需求，设计和销售自己的产品和服务。根据展览会的运行特点，我们将展览的产品和服务的设计归纳为六个板块：

一是展区和展位设计。展区大多数情况下是根据展品的类型划分的，相同或相似类型的展品通常划分为一个展区；展位分为特装展位和标准展位，具体构成依据展览会的类型和参展商的要求而定。

二是广告设计。展览会的广告设计主要包括两项工作，一方面，要做好广告平台的开发，如会刊等纸质媒体、官方网站等网络媒体、会展中心外墙等户外媒体、手提袋等移动媒体；另一方面，要根据不同平台的特点，制定相应的价格策略。

三是赞助设计。赞助设计的重点是合理策划赞助的项目、等级和金额，除此之外，作为一种带有明显的商业目的的活动，还要重点设计对赞助商的回报条款。

四是门票设计。由于门票是组织者采集观众信息的重要载体，而且对那些观赏性很强的展览会来说，还是组织者重要的收入来源之一，因此门票的设计同样不可忽视。

五是特殊活动的设计。表现形式的多元化已经成为现代展览会的一个重要特点，在很多展览会中，不仅需要传统的展览展示，而且要举办大量的论坛、新闻发布会以及现场表演等特殊活动。这些活动设计得好，不仅有利于提升展览会的效果，而且可能成为组织者的收入来源。

六是服务设计。其中既包括贵宾迎送、食宿安排等常规接待服务，还包括翻译、银行和邮递等商务服务。

□ 关键术语

主办单位
承办单位
协办单位
支持单位
展区
展位
特装展位
标准展位
展览会广告
展览会赞助
论坛
新闻发布会
表演活动

□ 复习思考题

1. 展览会为什么需要很多的主办、承办、协办以及支持单位？
2. 选择展览馆时通常需要考虑哪些因素？
3. 如何划分展区和展位？
4. 展览会组织者常用的广告平台有哪些？
5. 组织者通常可以为赞助商提供哪些赞助回报？
6. 如何成功策划展览会举办期间的论坛？

□ 阅读材料

某医疗器械展览会赞助商销售合同（参考样本）

甲方：	乙方：
电话：	电话：
传真：	传真：
地址：	地址：

为进一步维护某国际医疗器械展览会秩序，维护企业及大会组织者双方的共同权益，本着公平、互惠的原则，签订此次广告合同，具体内容如下：

一、赞助确认

按照甲方向乙方提交的《某国际医疗器械展览会参展注册申请表》所述，经双方共同确认，自愿成为此次大会的赞助商，现予书面确认。

甲方作为赞助商应享有以下权利：

1. 获宴会主办权。

（1）在会议期间，赞助公司可赞助午宴或晚宴一次；

（2）获以午宴、晚宴赞助名称宣传的机会，并刊印在大会会议日程表及相关宣传品上；

（3）在午宴或晚宴场地张贴赞助公司企业宣传标志；

（4）在餐桌上摆放赞助公司企业宣传标志；

（5）宴会开场时 3 分钟的致词。

2. 大会以“医疗器械赞助商”名称为赞助公司宣传。

3. 获一个 18 平方米的展位（在展览会显著位置）。

4. 在大会宣传资料以及广告中印上赞助公司的标志。

5. 在大会现场背景幕布上印上赞助公司标志。

6. 获主会场主席台侧广告条幅一条或主会场悬挂广告牌一块。

7. 可派一位代表在大会做30分钟发言。

8. 列入参会媒体重点报道对象，组委会安排6家媒体做公司独家专访报道。

9. 获15张大会代表证。

10. 两页会刊广告，尺寸为：210毫米×285毫米。

11. 所有信息回馈（包括与会者所有名片信息）。

以上项目共计费用为：300 000元人民币。

二、关于展示

经双方确认，甲方将获得参加某国际医疗器械展览会医疗器械集中展示的机会。

展示器械为__________台，器械型号：__________，医疗器械由甲方提供，展示器械应于2015年______月______日前提供给乙方，并由乙方统一管理，乙方承诺展示样品应于展览结束后15个工作日内归还甲方，如出现丢失或损坏情况由乙方予以赔偿。

三、关于付款

1. 付款方式：

甲方应在双方正式签订本合同书后15日内向乙方缴纳上述全额费用的50%作为定金，剩余款项甲方应于2015年4月10日前一次性付至乙方。

汇款方式如下：

户　名：

账　号：

开户行：

2. 甲方在缴纳定金后，逾期未补交余款者，乙方有权将甲方的展位及广告另行分配，其定金则用于补偿乙方之损失，不予退回。

四、乙方责任

1. 乙方负责向甲方提供此次大会的相关广告服务项目。

2. 乙方将在甲方缴纳上述费用后5个工作日内根据实际到账金额向甲方开具有效的报销凭证。

3. 乙方将于大会开幕前向甲方提供参展手册。

4. 乙方将向甲方免费进行会刊登载及此次大会网站宣传。

五、甲方责任

1. 甲方应按要求及时向乙方提供展览会所需的各种广告及参展资料，保证所提供的全部资料均为真实、有效的，并同意将其载入乙方数据库内，供乙方制作会刊、对外宣传及展览会推广之用。

2. 甲方须在双方共同签署本合同之日起15日内，按第二款之要求按期向乙方支付全额参展费用（或定金的50%）；剩余款项则应于2015年4月10日前一次性付至乙方指定账户。

3. 甲方应自觉遵守组委会及大酒店的各项规章制度，按大会的有关要求进行布展、撤展，维护展览现场的良好秩序。

4. 甲方应严格在所属展位区域内进行布展，不得随意占用公共通道及其他展位展示产品，自觉保护好各自展位内设施。

六、保密原则

乙方和甲方均须履行保密义务，未经对方同意，不得向任何第三方披露或透露有关本合同内容项下的任何信息。

七、违约责任

1. 甲、乙双方应正当行使权利，履行义务，保证本合同的顺利进行。

2. 任何一方没有充分、及时履行义务的，应当承担违约责任；给其他方造成损失的，应赔偿其他方由此所遭受的直接和间接经济损失。

八、合同期限与终止

1. 本合同自双方签署盖章之日起生效，有效期至该国际医疗器械展览会结束止。

2. 任何一方可在另一方发生违约行为并在该违约方收到守约方关于违约行为已发生并存在的通知的15日内仍未能对违约行为做出更正之时，可以通过向另一方发出一份书面通知的方式立即终止本合同。

3. 本合同的提前终止不应影响双方于本合同提前终止日之前根据本合同已产生的权利和义务。

九、声明与保证

双方互相向对方声明、陈述和保证如下：

1. 其有资格从事本合同项下之合作，而该合作符合其经营范围内之规定。

2. 其授权代表已获得充分授权可代表其签署本合同。

3. 其有能力履行其于本合同项下之义务，并且履行该义务的行为不违反任何对其有约束力的法律文件的限制。

十、争议解决与适用法律

1. 如双方就本合同内容或其执行发生任何争议，双方应进行友好协商；协商不成时，任何一方可向乙方所在地法院起诉解决。

2. 本合同的订立、执行和解释及争议的解决均应适用中国法律。

十一、其他

1. 本合同的任何一方未能及时行使本合同项下的权利不应被视为放弃该权利，也不影响该方在将来行使该权利。

2. 如本合同中的任何条款无论因何种原因完全或部分无效或不具有执行力，或违反任何适用的法律，则该条款被视为删除。但本合同的其余条款仍应有效并且有约束力。

3. 本合同正本一式二份，双方各执一份，每份正本具有同等法律效力。

4. 本协议未尽事宜由双方另行协商解决。

甲方：　　　　　　　　　　　　　乙方：

授权代表：　　　　　　　　　　　授权代表：

签约日期：　　　　　　　　　　　签约日期：

盖章：　　　　　　　　　　　　　盖章：

资料来源：http：//expo. machineryinfo. net/News/ExpoNewsDetail/76234。由于本合同样本仅供学生学习参考，收录于本书时，对相关内容略有删改。

第 5 章

配套服务商的选择与管理

本章要点

- 展览会配套服务商的作用和类型
- 展位搭建商的基本要求，选择展位搭建商的方法
- 展览会运输代理商的工作准则，国内和海外运输代理商的工作内容
- 展览会旅游服务商提供的主要服务，选择旅游服务商的方法
- 展览会餐饮、安保、清洁服务商的工作要求和工作内容

展览会是一个系统工程，一个展览会的成功举办需要多方的配合和协作。除了组展商、参展商和观众等主要组成者之外，展览会的各类配套服务商在展览会的举办过程中同样扮演着重要的角色。随着展览会规模的不断扩大，展览会工作的不断细分，大部分组展商都不再承担展览会的配套服务工作，而是将它们外包或委托给其他专业机构。展览会配套服务，既包括展位搭建、展品运输、清洁、安保、礼仪、翻译、租赁、广告等专业配套服务，也包括餐饮、旅游、住宿、交通等相关配套服务，其中，展位搭建商、展览会运输代理商和展览会旅游服务商是最主要的配套服务商，其他如展览会餐饮、安保和清洁服务商也直接影响到展览会的服务质量。本章将主要介绍上述各配套服务商的选择和管理，为读者提供参考。

在展览会组展商、参展商和专业观众这三方的关系中，组展商是展览会产品和服务的提供者，参展商和观众则是展览会产品和服务的接受者。通常情况下，参展商和观众会把配套服务商的服务看成是展览会组织工作的有机组成部分，将他们所提供的服务看成是展览会本身所提供的服务。展览会配套服务商的工作效果和服务水平，将极大地影响参展商和观众对展览会的评价，因此，展览会组展商必须重视

展览会配套服务商的选择和管理工作。

第 1 节　展位搭建商的选择和管理

随着展览业内部专业化分工的日益细化，大部分展览会组展商都不再承担展览会展位的搭建工作，而是把这些工作交给专门从事展位搭建工作的机构，自己则致力于做好展览会的招展、招商和组织管理等工作。由于展览会展位搭建工作的专业性强，并且其工作的好坏直接关系到展览会的形象和声誉，因此展览会组展商必须对展位搭建商进行监督和管理，确保展位搭建商能够按时并且高质量地完成展位搭建工作，保证展览会的顺利进行。

一、展位搭建商概述

展位搭建商是指受组展商或者参展商委托，负责展览会的展位以及公共场地搭建工作的服务机构。在现代展览会中，展位搭建商可以分为两类，一类是主场搭建商，主要承担标准展位和公共场地的搭建工作；另一类是特装搭建商，主要承担特装展位的搭建工作。一般来说，主场搭建商由组展商指定，特装搭建商则由参展商自行聘请，但是组展商有向参展商推荐特装搭建商以供他们选择的责任。

1. 主场搭建商

主场搭建商是由组展商指定的为展览会提供公共场地设计、搭建和展具租赁等服务的机构。它的主要职责包括：

（1）设计和搭建展览会的标准展位。

（2）设计和搭建展览会的公共场地设施，如开幕式主席台、拱门、注册台、指示牌、企业名录板等。

（3）负责展览会展具的租赁以及水电气等动力设备的租赁和安装。

（4）审核展览会特装展位设计图，保证特装展位的设计符合展览会和展馆的相关规定。

（5）满足参展商提出的一些特殊要求，如标准展位的改动、紧急加装、撤展等。

一般来说，主场搭建商是组展商认可的展览会场地设计搭建单位，组展商在参展指南或参展商手册中会将这一点特别指出，并且可能会推荐其作为特装展位搭建商。通常情况下，组展商应当选择行业内知名度较高、实力较强的企业作为主场搭建商，以保证展览会搭建工作的质量。需要注意的是，由于展览会的搭建工作和展馆的关系密切，因此在指定主场搭建商时，展览会组展商最好与展馆管理方进行沟通，双方共同协商以确定主场搭建商。目前，国内的一些展馆管理方出于方便沟通和保护展馆设施的目的，也可能要求组展商选择其推荐的搭建商。组展商和展馆共同确定主场搭建商是一种比较好的方法，能够减少搭建过程中出现的摩擦，有利于搭建工作的顺利进行。

2. 特装搭建商

特装搭建商是组展商认可的，负责为参展商搭建特装展位的服务机构。由于在很多展览会中，特装展位面积占净展览面积的比例不断提升，因此特装展位的设计和搭建工作已经成为展览会整个搭建工作能否顺利完成的重点。通常情况下，组展商为了对展位搭建工作进行更好的管理，确保展位搭建工作的质量，都会根据展览会的情况向参展商推荐一个或几个特装搭建商，以便他们选择合适的搭建服务。与选择主场搭建商相似，组展商在选择特装搭建商时也需要考虑其资质和实力，这样才有利于展位搭建工作的顺利完成。展览会组展商可以在参展指南或参展商手册中推荐特装搭建商，供参展商比较和选择。为了保证展览会搭建工作的安全和质量，组展商通常都会建议参展商选择展览会推荐的展位搭建商。一般情况下，聘用展览会推荐的特装搭建商在沟通上更加方便，费用也更加低廉，因此参展商都会比较乐意选择展览会提供的此项服务。

需要注意的是，特装搭建商是组展商推荐给参展商的备选服务商，如果参展商有能力自行搭建，或者希望聘用其他搭建商，可以向组展商提出申请。如果企业所聘用的特装搭建商能达到展览会规定的资质要求，在征得组展商的同意后，参展商可以使用自行聘用的搭建商进行特装展位的搭建工作。

二、对展位搭建商的基本要求

展位搭建商不仅对聘用它进行展位搭建的参展商负责，还要对组展商负责。参展商和观众对展览会的第一印象来自对展位的基本判断，展览会外观设计效果的好坏，在很大程度上会影响展览会的整体形象和参展商的展览效果。展位搭建商的任务不仅是要切实满足参展商的展位设计和搭建需求，将参展商的展示理念形象地体现在展位设计和搭建中，还要全面领会组展商的办展目标和展览会的定位，以便于在设计中把握展览会的整体形象。

由于展位搭建商的工作直接影响参展商和专业观众对展览会的评价，因此组展商在选择展位搭建商时必须认真谨慎，选择符合展览会要求的展位搭建商。通常情况下，在进行展位搭建商的识别和筛选时，可以从以下几个方面进行考察：

1. 是否具备全面的知识和技术

为了保证展览会搭建工作的顺利进行，达到良好的展出效果，展位搭建商必须具备全面的知识和技术能力。根据展位设计和搭建工作的内容和性质，这些知识和技术包括：

（1）室内设计和装潢技术。展位搭建商必须能正确处理展位设计、装潢、展品展示和人员流动之间的关系。

(2) 工程结构知识。展位搭建商必须能够完成较为复杂的展位设计和搭装工作，如层面承重、立面处理、顶棚架构等，消除展台搭建过程中的安全隐患。

(3) 绘图绘画和模型知识。展位搭建商必须能够很好地领会参展商的展示理念，与参展商进行良好的沟通，同时对常见的模型和模具有所了解，按照参展商的要求设计展位。

(4) 展架展具以及施工材料的知识。展位搭建商必须能够在施工中熟练地使用各种专用工具和材料。

(5) 照明知识。展位搭建商必须能够用变幻的灯光照明技术进行展位的设计和装饰，达到预期的展示艺术效果。

(6) 给排水知识。展位搭建商必须能按要求使用各种与水相关的道具来装饰展位，提高展示效果。

(7) 电子和机械知识。展位搭建商必须懂得电子和机械设备的安装技术，并且能够消除消防安保方面的隐患。

2. 是否具备丰富的经验

有些展位的搭建工作特别需要经验的积累，例如对一些特殊展具展架的使用、对展览会现场施工要求的理解、对参展商展示理念的理解以及对展览会观众人流的预估等。特别是高新技术展览会，行业的技术更新速度很快，每一次展览会参展商的展示理念和方式都会发生变化。为了展示最新的研究成果，展览会中所运用的展示手段也比较复杂，因此展位搭建商只有紧紧跟随行业的脚步，对行业有比较深入的了解，才能更好地理解参展商的展示要求。一般来说，经验丰富的搭建商能够更好地处理以下问题：

(1) 展位设计的目的性。展位的设计和搭建要与参展商的展出目标相匹配，与组展商的展览会定位相符合，因此展位设计要求既理解参展商的需求，又了解办展单位的期望以及观众的参观习惯。

(2) 展位设计的主题性。展位设计应该能突出参展商希望表达的主题和形象，突出展示的焦点。这样才能准确地向观众传达展示的主旨，避免设计和搭建的华而不实。

(3) 展位设计的功能性。展位设计除了要考虑展位外观形象外，还要考虑展位的具体功能，为参展商提供良好的展示、工作和谈判环境。优秀的展位设计能同时兼顾以下功能：一是展示、演示和营销功能；二是内部办公和会议功能；三是休息、餐饮和资料储存功能。

(4) 展位设计的艺术性。展位设计要能够用艺术手法突出参展商的形象，传达参展商的展示理念，使展位具有吸引力和美感，同时很好地处理展示需求和贸易需求之间的关系。

3. 是否提供合理的价格

展位搭建商的价格是组展商进行推荐选择时考虑的一个重要因素，由于搭建商既向组展商提供服务，也向参展商提供服务，因此展位搭建价格的高低同时关系到组展商和参展商的成本。特别是对于参展商而言，特装展位的搭建成本是参展成本的重要组成部分，过高的价格将降低参展商的参展规模，甚至影响其参展的意愿。除了搭建成本之外，组展商也要关注主场搭建商所提供展具的租用价格，防止主场搭建商利用此项附加业务过度牟利。

保证展览会的搭建工作的安全和质量是基本要求，组展商不能过分压低搭建商的价格。在市场条件下，产品和服务的价格往往是质量的外在表现。一般来说，搭建商报出的价格与企业实力有一定的关系。品牌知名度高、实力强大的搭建商，其工作质量更有保证，价格自然也相对比较高。在选择展位搭建商时，价格是一个考虑的重要因素，但不是绝对因素。

4. 是否熟悉展览场地及其规定

每个展览场馆的场地布局和设施都有所不同，搭建商只有熟悉展览的场地环境，才能更好地进行展位的空间设计和布局，更好地安排参观人流的走向。同时，出于对大型活动安保以及展览场馆长期维护的考虑，每个展览场馆都会根据自身的特点出台有关展位搭建的限制性规定。通常情况下，展位搭建商必须十分清楚展览场馆的有关规定，否则很容易出现违规操作的现象，受到组展商或者展馆方面的处置和惩罚。一旦出现这种情况，展位搭建本身的施工进度将会被延迟，甚至展位布展工作的完成也会受到影响。

一般来说，搭建商必须了解展馆场地的以下限制和规定：

（1）展览会搭装的限制，如展位的高度限制、双层展台的搭建要求、顶部外渗的结构规定等。

（2）展具展架的限制，如对展具防火方面的规定、对化学物品使用的规定、对电气使用方面的规定等。

（3）通道和公共用地的规定，如对主要通道宽度的规定，对空调通风口的规定、对展品存放的规定等。

（4）消防和安保的规定，如对展位消防器材的规定、对展馆防火卷帘门的规定、对大展位人流和紧急疏散通道的规定等。

5. 是否提供展位维护和保养服务

展位搭建商搭建好展位之后，还要承担展位的维护和保养工作。展览会开幕后，如果有需要，参展商和组展商可以方便地联系到搭建商。只要参展商和组展商提出的要求是合理和可行的，搭建商就要及时提供服务，对展位进行必要的改进和调整。

6. 是否使用环保的搭建方式和材料

虽然展览会举办的时间很短，占用空间也比较有限，但它产生的废弃物和垃圾却是非常惊人的。许多参展商在展览会结束后，整个展位搭建所使用的材料和物品都不能进行回收利用，每一次展览会都需要进行重新的设计和搭建。资料显示，一般展位的搭建和拆除过程中将产生 75%～80%的废弃物，可见展位搭建所产生的资源浪费是非常严重的。随着资源稀缺的加剧，以及环境问题越来越受到重视，环保型展位搭建逐渐成为世界展览业的发展趋势。在欧美国家，特别是德国，展位搭建商对使用新型循环展台材料来打造展台设计和搭建的新概念比较重视，以此来更加突出企业的社会责任和未来的发展理念。因此，在选择搭建商时，组展商在其他条件允许的情况下，应该尽可能地考虑使用环保搭建方式和环保材料的搭建商。这不仅有利于提升展览会和参展商的形象，还可以降低企业的参展成本。

三、展位搭建商的选择

1. 选择展位搭建商需要考虑的因素

根据展览会规模的大小和展览题材的不同，组展商通常会选定一个或几个展位搭建商来为展览会自身和参展商提供搭建服务。一般来说，组展商可以根据以下两个因素进行考虑：

（1）展览会规模和题材。如果展览的规模比较大，或者展览的题材比较多，展区的划分比较细致，展览会就会同时指定多家展位搭建商。如果展览会规模大，而展览会的布展和撤展时间有限，一个搭建商无法在有限的时间里完成大量的工作，最好由几个不同的搭建商分担完成；如果展览会包含的题材比较多，由几个擅长不同专业题材展览会的搭建商分别承建，就能更好地为参展商提供服务。同样，如果展览会的展区划分很细致，也应当选择几个有不同特长的展位搭建商。

如果同时选择了多个展位搭建商，组展商要注意协调主场搭建商和特装搭建商的关系，统一布展和撤展的工作进度，统一对各搭建商进行监督和指导。对于规模较小、题材较单一的展览会，最好指定一个资质较好的搭建商来负责整个展览会的搭建工作，这样不仅有利于管理，也有利于保证展览会的统一形象和服务质量。

（2）展位类型。不同类型的展位，搭建工作的难度和要求有所不同，因此展位类型也会影响到搭建商的选择。根据展位搭建难易程度的不同，有些展览会将空地展位（特装展位）和标准展位交给不同的搭建商。标准展位的设计和搭建都比较简单，一般的搭建商都可以胜任，而特装展位要根据展览题材和参展商要求而定，设计和搭建难度比标准展位要大，因此必须选择具备一定资质和技术能力的搭建商。此外，如果展览会包括室内和室外展位，组展商也需要特别注意。室外展位通常展出一些超大、超重和特殊的展品，需要考虑的自然干扰因素（如雨、雪、风等）也更多，因此搭建商必须比较熟悉室外展位的搭建工作，才能确保展位施工的顺利和安全。

2. 选择展位搭建商的方法

确定展览会需要的搭建商数量之后，就可以按照展览会对搭建商的资质要求进行具体的选择。一般来说，选择的方法包括招标、专家推荐两种。主办机构如果拥有自己的搭建部门或公司，也会自己开展搭建工作。此外，许多大型展览馆都拥有自己的展位搭建公司和部门，在与组展商签订合约的时候，往往会要求承担展览会的搭建工作。在展位搭建商的选择中，招标是最常见的方式。

招标是指组展商将展览会的基本情况以及对展位的搭建要求等，以广告或邀请的形式召集有意向的搭建商，由他们向组展商提出展览会搭建服务方案，组展商进行比较，选择符合展览会目标和需求的搭建商。在实际操作中，招标主要有三种方法：

一是公开招标。公开招标一般适用于规模较大的展览会，组展商在相关的报纸和杂志等媒体上公开刊登招标广告，吸引有意向的展位搭建商参与投标，组展商再按照展览会目标和需要择优选取。

二是选择性招标。选择性招标一般适用于规模不大的展览会。组展商根据展览会自身情况以及对各搭建商的事先了解，只对有限的几个搭建商发出投标邀请，然后根据投标搭建商的服务方案择优选取。

三是两阶段招标。这是将公开招标和选择性招标相结合的方式，比较适合那些首次投标价格与预期价格相差较大的展览会。组展商先公开招标，开标之后再从中选择几个搭建商进行第二次投标，然后组展商从第二次投标中择优选取。

第 2 节　运输代理商的选择和管理

运输代理商的工作是关系到参展商能否按时布展和展出的重要工作，如果运输服务不到位，会出现诸如展览会已开幕而展品还未运到、展品在运输途中损坏或丢失等问题，严重影响参展商的正常展出，甚至给参展商带来经济损失。如前所述，展览会的成功取决于每个环节的顺利衔接，任何一个环节的失误都会导致展览会的质量下降。而参展商往往将展品运输看作展览会服务工作的一部分，展览会运输代理商的任何失误都会被看作组织者的失误，从而给展览会的品牌和声誉带来负面的影响。因此，组展商必须认真对待展览会运输代理商的选择和管理工作。

一、展览会运输代理商概述

展览会运输代理商是指受参展商的委托将展品、展架、展具、布展用品以及道具、维修工具、宣传资料和招待用品等在展览会举办前安全及时地运送到展览会现场，并且在展览会结束后将以上物品运输到其他指定地点的运输机构，业界一般称为展运。从展览会组织者管理的角度来看，展览会运输包括来程运输和回程运输。对于国际参展商而言，不管是来程运输还是回程运输，都涉及海关报关问题。因此，除了展品运输之外，海关报关往往也是展览会运输代理商的主要工作之一。组展商在海关进行展览会备案时，必须同时将运输代理商在海关进行备案。

一般来说，国际性展览会的参展商来自海内外的不同国家和地区，因此展览会的运输工作包括国内运输和海外运输。有些展览会只指定一家国际运输公司作为展览会的运输代理商，统一负责海外的运输和报关等事宜。但是，由于海外运输与国内运输相比，运输的程序和手续要复杂很多，因此国际性展览会可以分别指定国内运输代理商和海外运输代理商，两者进行专业分工，可以更好地处理展览会的运输事宜。其中，海外运输代理商除了考察其运输工作能力外，还需要重点关注其海关报关能力，因此组展商应当选择海关业务经验较丰富的运输公司。

需要注意的是，展览会运输代理商需要在展览会现场进行海关清关、现场搬运、展品拆箱等工作，因此在选择展览会运输代理商时，最好与展馆管理方进行沟通，共同选择展览会的运输代理商。有些组展商出于更好地与展馆方面合作的考虑，也会指定展馆的相关运输部门或企业作为展览会的运输代理商，这样可以提升双方沟通的效率，有利于展览会运输工作的顺利进行。

二、展览会运输代理商的工作准则

运输业是一个操作规范严格、专业技巧要求高的行业，涉及装卸、运输、报关、仓储等多个方面，行业外人士很难把握其工作和服务流程。为此，国际展览运输协会（International Exhibitions Logistics Associates，IELA）对其协会成员的展览会运输代理商工作作出了相关规定，主要包括两个方面：一是展览会运输代理商的工作准则；二是报关代理的工作准则。

1. 运输代理商的工作准则

国际展览运输协会认为，展览会运输代理商的工作主要依赖于三个方面的有效管理，即：联络、海关手续和搬运操作。

（1）联络。联络包括运输代理商与组展商和参展商之间的联络，是展览会运输工作顺利展开的前提。国际展览运输协会对此提出了三个方面的要求：第一，展览会运输代理商必须配备掌握各种语言的工作人员，同时配备国际电话、传真等通信设施，以方便客户与其进行联系和沟通；第二，展览会运输代理商必须在展览会现场或者就近设立办公设施，使参展商能够方便及时地联系；第三，展览会运输代理商必须提供详细有效的邮政联系地址，以方便客户邮寄有关运输单据。

（2）海关手续。海关手续的办理是海外运输工作的关键，国际展览运输协会对此有两点要求：第一，展览会运输代理商与组展商共同为展览会设立临时免税进口手续。根据海关的规定，对于有些题材（如汽车展览会），展览会运输代理商可能还要提供担保和缴纳保证金；第二，展览会运输代理商要与海关人员商议展览会现场工作的期限和时间，包括正常工作日之外的工作时间，保证海外展品有足够的时间办理海关手续。

（3）搬运操作。国际展览运输协会对搬运操作有五点要求：第一，运输代理商要熟悉展览现场，并在展位施工和拆除期间能随时使用合适的搬运设备和有经验的搬运工人；第二，运输代理商要在展览现场安排仓储场地，如果没有条件，要尽可能就近安排，通常要求不超过30分钟的车程；第三，空箱应存放在现场或尽可能近的地方，并对空箱回运时间作出具体规定；第四，卸车和装车必须按事先商定的时间，尽可能在一天之内完成；第五，必须协调好所有参展商的搬运要求，并提前将相应的安排通知组展商和参展商。

2. 报关代理的工作准则

国际展览运输协会对报关代理的工作要求主要有六个方面：联络、展前客户联系、单证办理及通知、最佳运输、现场支持、展后处理。

（1）联络。报关代理必须具备良好的英语沟通能力，有国际直线电话和传真，有明确的通信地址，以方便客户进行联系。

（2）展前客户联系。展前客户联系是报关工作顺利进行的关键。报关代理要将报关要求全面清晰地传达给参展商，包括报关所需的单证文件、包装与标志、截止期限、报关特别要求和审查等。

（3）单证办理及通知。货物起运时必须将展品情况和搬运细节（如展出者、展位号、货物到达时间、箱数、尺寸、毛重、净重、体积、价格等），以及有关单证及运输工具的号码通知现场运输代理商。

（4）最佳运输。报关代理应结合货物的性质、预算和时间要求，向参展商提供最好的运输方式和运输线路建议。

（5）现场支持。现场支持的主要目的是确保参展商获得国际展览运输协会规定的专业服务，并帮助现场运输代理商完成现场搬运工作。

（6）展后处理。报关代理应将货物的展后处理或者回运的要求明确告知现场运输代理商，并监督其所有搬运操作。如果是进口货物，则要协助办理当地的税务事宜。

虽然以上规定是针对国际展览运输协会的会员单位作出的，但对组展商统筹考虑、选择展览会运输代理商具有较大的参考价值。

三、国内运输代理商

国内运输代理商主要负责国内参展商的展品及相关物资的运输工作。有时，国内运输代理商也与海外运输代理商合作，作为后者国内段运输的现场代理。因此，在指定国内运输代理商时可以将两者结合起来考虑，这样更有利于展览会运输工作的开展。国内运输代理商的工作主要有来程运输和回程运输。

1. 来程运输

来程运输是指运输代理商将参展商的展品及相关物资自参展商所在地运至展览会现场的运输，其工作主要包括以下环节：

（1）展品集中与装运。参展商将展品及相关物资，按要求的日期集中到统一指定的地点，由国内运输代理商确定运输路线和方式后，将展品及相关物资装上运输工具，运往车站、机场或码头。

（2）长途运输。不同展品及相关物资选择的运输路线和方式有所不同，具体方式可能是水运、空运、铁路或者公路运输。如果是公路运输，最好安排从运输地到展馆的“门到门”运输以减少装卸次数；如果是空运，要提前预订舱位；如果是水运或铁路运输，要注意出港和出站后的运输衔接。

（3）接运与交接。水运、空运和铁路运输一般都存在中途转接的环节，例如展品从船上卸下后再由汽车运送到展馆。接运要提前进行时间和地点的安排，尽量减少转运次数。展品及相关物资运到展览现场后，要安排将货物交给指定的展台人员。如果交接货物比较多，最好列出详细清单以便清点。

（4）掏箱与开箱。掏箱是指将展品从集装箱或其他运输箱中掏出或卸下，并运到指定展位的过程。开箱是指打开展品及相关物资箱，取出货物的过程。掏箱工作要准确有序，时间和人员安排要合理。开箱工作一般由参展商自己负责，但要注意清点和核对货物。

经过以上运输环节，展品及相关物资就可安全准时到达展览会现场了，参展商可以按计划安排布展工作。展览结束后，展品及相关物资存在回程运输的问题，在指定国内运输代理商时，回程运输也是必须考虑的一个重要因素。

2. 回程运输

回程运输是指展览会结束后，将展品及相关物资从展位运至参展商指定的其他地点的运输工作。回程运输的目的地可能是参展商企业所在地，也可能是其他指定地点，如其经销商或另一个展览会现场。

回程运输的基本环节与来程运输相似，只不过方向正好相反。对于组展商和运输代理商来说，回程运输要在来程运输时就与运输代理商进行协商和安排，不能等到展览会结束后才开始，否则很容易引起撤展现场的混乱和无序。

3. 其他需要注意的事项

为确保展览会运输工作的顺利完成，还需要注意以下事项：

（1）时间安排。组展商要尽早将展览会的布展和撤展时间向参展商公布，以便参展商提前安排物品的发运、抵达和回运等时间，与展览会的时间安排顺利衔接。

这样才能保证展览会的顺利进行，同时节省参展商进行物资运输所花费的时间和费用。

（2）运输线路和运输方式。组展商有必要督促运输代理商为参展商安排最佳运输线路和运输方式，在保证物品安全的前提下尽量减少发运和转运的次数，以降低参展商的运输成本。

（3）包装要求。组展商要与运输代理商一起确定展览会物资的运输包装要求，保证物品安全及时地运输到展览会现场，特别要注意包装标志的注明方法。

（4）费用问题。组展商有义务与运输代理商就收费标准进行协商，确保展览会自身和参展商的利益。需要协商的内容包括空运、水运、陆运的基本费率，以及迟到附加费、早到仓储费、码头/机场提货费等，并将这些费用告知参展商。

（5）保险。组展商一般不承担参展商的展品丢失、损坏等风险，因此要督促运输代理商提醒参展商为展品及相关物资购买保险。

（6）现场服务。组展商要让展览会运输代理商明确告知参展商可以提供的现场服务及其收费标准，以供有需要的参展商选择。

四、海外运输代理商

如果举办的是国际性展览会，海外运输代理商就必不可少。这项工作涉及跨国之间的货物运输，就运输环节和手续办理来说，要比国内运输复杂得多。海外运输与国内运输主要存在以下三个方面的差异。

1. 运输方式

海外运输基本上都是国际联运，除了与我国陆地接壤的国家以及香港和澳门特别行政区的货物可以全程采用陆运之外，整个运输过程基本都采用陆运—海运—陆运，或者陆运—空运—陆运的方式。由于跨国运输一般都是几种方式的组合，因此展览会的海外运输代理商必须具备比较全面的能力，能够妥善地安排和协调陆运、水运、空运以及它们的联合使用。

2. 有关文件

海外运输需要经过跨国（境）运输才能完成，因此运输中涉及的有关文件的种类比国内运输多，程序也更加复杂。一般来说，海外运输需要准备以下四种文件：

（1）展览文件。展览文件是指有关展品及相关物品的证明，主要有展品及相关物品清单、展品安排指示书、需送海关审查的特殊物品清单和样本、物品发票等。有些国家可能还需要产地证书、商品检验证书等文件。这些文件中，展品及相关物品清单是最基本也是最重要的文件，要做到内容完整、信息准确。

（2）运输单证。运输单证是指办理货物运输所需的证明文件，主要有装运委托书、装箱单、集装箱配装明细表、货物提单、运费结算单等。如果货物需要回程运输，还需要有委托回运通知书。

（3）海关单证。海关单证是办理货物报关时需要的证明文件，主要有报关函、报关单、清册、进口许可证、发票等。

（4）保险单证。保险单证主要是指保险单，如果货物受损，还需要受损报告书等。

对于以上各种文件，组展商要督促运输代理商明确告诉参展商各文件的提交具体时间和最后期限，以便及时办理有关手续。

3. 海关报关

在实际操作中，展览物品的进口报关有以下四种方式：

（1）ATA 形式。ATA 形式是国际通用的一种准许货物免税暂时进口的报关制度，货物凭 ATA 单证册可以在成员国海关享受免税进口和免填写国内报关文件等通关便利，可以大大减少通关工作量，缩短报关时间，简化报关手续，还可以免除关税。ATA 单证册的有效期为一年，可用于一个以上的国家。ATA 单证册只是一种临时的进口文件，在展览会结束后货物必须回运，并且只能在 ATA 公约的成员国之间使用。我国已于 1993 年加入 ATA 公约，从 1998 年 1 月开始实施 ATA 单证制度。

（2）保税形式。如果展览会是保税性质的，货物报关就可以采用保税形式。这种形式的报关手续要比一般报关简单，货物可以在展览会现场进行检查。但是，需要检疫的动植物不能使用这种报关形式。另外，使用保税形式的物品不能被带出保税现场。

（3）再出口形式。再出口形式需要先提供相当于物品进口关税相同金额的保证金，再办理报关手续使货物通关展出，等到货物再出口后参展商可以取回保证金。这种形式以货物再出口为前提，货物再出口时必须与进口报关时完全一致，报关手续复杂，所需时间较多。这种方式的检验十分严格，对展览现场的展品不能随便出售或处理，否则可能给参展商造成不便。

（4）进口形式。进口形式就是将展品及相关物资当作一般货物办理进口手续，缴纳进口关税。采用这种方式后货物可以自由处理，如出售或转送等，但这种方式缴纳的关税可能较高。

需要特别指出的是，展览会运输代理商是组展商为方便参展商而准备的备选服务项目。无论是国内还是海外参展商，如果自己有能力或渠道，可以自主安排展品及相关物品的运输工作，不一定要选择展览会推荐的运输代理商。但大多数情况下选择组展商指定的运输代理商的服务能够节省参展商的时间和精力，因此许多参展商都会选择这项服务。海内外运输代理商的工作程序比较见表 5－1。

表 5-1　　海内外运输代理商的工作程序比较

主要工作	海外运输代理商	国内运输代理商
来程运输	选择海外代理—发货（报关）—长途运输—现场代理接货—掏箱—运至展览现场—开箱	委托代理—发货—长途运输—接货—掏箱—运至展览现场—开箱
回程运输	海外代理、现场代理和参展商预先协商—现场代理包装—报关—运输—接货	预先准备—包装—运输—接货
注意事项	运输方式、海关报关、有关单证、保险	抵达日期、保险、费用

说明：以上展品运输工作程序以展品需要回运为前提。

资料来源：王春雷，陈震．展览会策划与管理．北京：中国旅游出版社，2006.

知识链接

ATA 单证册——国际参展产品进口报关的首选

ATA 单证册是一份国际通用的海关文件，它是世界海关组织为暂准进口货物而专门创设的。世界海关组织于 1961 年通过了《关于货物暂准进口的 ATA 单证册海关公约》，其后又于 1990 年通过了《货物暂准进口公约》，建立并完善了 ATA 单证册制度。截至目前，已有 62 个国家和地区实施了 ATA 单证册制度，75 个国家和地区接受了 ATA 单证册，每年凭 ATA 单证册通过的货物总值超过了 120 亿美元。

ATA 单证册已经成为暂准进口货物使用的最重要海关文件。ATA 单证册制度为暂准进出口货物建立了世界统一的通关手续，使暂准进口货物可以凭 ATA 单证册，在各国海关享受免税进口和免于填写国内报关文件等通关便利，因此，ATA 单证册又被国际经贸界称为货物护照和货物免税通关证。ATA 单证册制度的确立，有利于促进产业专门化和工业现代化，加快了国际信息和技术交流，加强了世界各民族间文化的认知和融合，促进了各国政府和民间的交往与合作。在国际商务活动中，凭借便利的货物临时进出口手续，外贸公司可以建立和巩固与外国商业伙伴的合作，增强产品在国际上的影响，以利在全球贸易竞争中占据主动地位。

ATA 由法文 Admission Temporaire 与英文 Temporary Admission 的首字母组成，表示暂准进口，从其字面可知，使用 ATA 单证册的货物有别于普通进出口货物，这类货物在国际流转时，其所有权不发生转移。ATA 单证册的签发和担保由各国担保商会负责，每个国家只能有一个担保商会，担保商会有权指定多个国内出证机构，并对下属出证机构签发的 ATA 单证册承担担保责任。国际商会国际局负责对世界范围内 ATA 单证册制度进行日常管理。

我国于 1993 年加入了《关于货物暂准进口的 ATA 单证册海关公约》《货物暂准进口公约》和《展览会和交易会公约》。自 1998 年 1 月起，我国开始实施 ATA 单证册制度。经国务院批准，海关总署授权，中国国际商会是我国 ATA 单证册的出证和担保商会，负责我国 ATA 单证册的签发和担保工作。

资料来源：施谊，张义，王真．展览管理实务．北京：化学工业出版社，2008.

五、展览会运输代理商的现场管理

展览会展品运输到展馆之后，展览会运输管理工作就进入了现场管理阶段。此时在绝大多数情况下，组展商都会对运输代理商实行运输车辆出入证管理。常见的规定有：需要进入装卸区或展馆的车辆必须事先到展览场馆管理部门办理运输车辆出入证，凭证装卸货物；如果参展商自行将展品运送到现场，必须提前与负责展览会现场运输工作的展览会运输代理商联系进馆事宜；存储和运送展品的纸板箱、板条箱、包装材料和集装箱不得存储于展馆内，参展商应与运输代理商沟通存放事宜，等等。

下面是国内某展览中心对运输代理商车辆的相关规定，可供读者参考。

（1）仅限于展览会布展和撤展期间入场，展出期间禁止入场；（2）未经展览中心允许，不得在场内停泊过夜；（3）所有车辆按规定从展览中心的货物专用通道入场；（4）夜间抵达车辆可停泊在展览中心后的停车场内，如需要在非正常工作时间内入场，当事方须提前半天通知展览中心以便安排放行；（5）对违反上述规定的车辆，展览中心有权不予放行，或者将其清除出场等候处理，并向当事方收取相应费用。

第3节　旅游服务商的选择和管理

酒店、旅行、票务、接送、签证等旅游服务也是组展商为参展商和专业观众提供的重要服务内容之一。对于一个大型的展览会而言，数以万计的参展商和专业观众到达展览会举办地进行商务活动，必然会产生巨大的住宿、交通、旅游需求。为了解除参展商和专业观众的后顾之忧，使他们能够全身心地投入到展览会之中，组展商必须重视展览会的旅游服务。此外，参加专业展览会的参展商和观众绝大多数为商务人士，他们中的不少人在展览会前后会产生在举办地及周边地区旅游的需求，组展商可以将会展旅游服务作为吸引他们的一种营销手段。但是由于诸多原因，目前国内一些展览会的旅游服务水平和质量仍有待提高，不少展览会的旅游服务完全是走形式。一般来说，展览会旅游服务商主要包括展览会指定的接待酒店和展览会的旅游代理商。

一、展览会指定的接待酒店

展览会的大部分参展商和专业观众来自举办地以外的地方，对举办地的各个方面都不太熟悉，需要组展商在住宿、餐饮方面提供指引和帮助。为了给参展商和专业观众提供更好的服务，组展商一般都会与展览场馆周边的酒店合作，选择几家符合展览会要求的酒店作为展览会的合作接待酒店。组展商在寄送给参展商和专业观众的资料中会推荐展览会的合作接待酒店，有需要的参展商和专业观众可以填写相关的表格并且回传给组展商进行酒店预订。通常情况下，入住展览会合作接待酒店的顾客可以享受优惠的价格，免费乘坐酒店至展馆的往返班车。

1. 选择展览会合作接待酒店的标准

组展商在选择展览会合作接待酒店时，可以从以下三个方面考虑：

第一，酒店与展馆之间的距离。组展商在选择指定接待酒店时，应该首先考虑分布在展馆周边的酒店。如果展馆周边没有合适的酒店，那么应该考虑离展馆所需车程时间比较短、交通较为便利的酒店。这样可以减少参展商和专业观众花费在交通上的时间、精力和成本，更好地投入到展览会工作之中。

第二，酒店价格和档次。展览会中的参展商和专业观众主要是商务人士，组展商在选择酒店时应该主要考虑中高档酒店。当然，不同的参展商和专业观众的消费能力不同，所以从三星级到五星级的酒店组展商都应该适当地有所选取。近几年来国内经济型酒店日益成熟，受到越来越多商务人士的青睐，因此也可以搭配一些品牌知名度较高的经济型连锁酒店。

第三，酒店所能提供的商务服务。参展商和专业观众在参加展览会期间，会产生一些商务方面的需求，如传真、打印、国际长途、机场接送等，展览会指定接待酒店应能够提供这些服务。

2. 合作接待酒店提供的主要服务

在展览会举办期间，与展览会合作的接待酒店将有机会接待众多参展顾客，获取巨大的经济收益。因此组展商可以与酒店协商，让其为参展商和专业观众提供更多的优惠措施和服务。优惠措施和服务主要包括：1）优惠价格。组展商可以与酒店进行协商，要求酒店为展览会客户提供优惠的协议价格，通过组展商预订以及持展览会有效证件的参展商和专业观众均可享受此优惠价格。2）班车接送服务。在展览会举办期间，展览会合作接待酒店应该为入住的参展商和专业观众提供从酒店到展馆的免费往返班车接送服务。3）商务服务。展览会合作接待酒店应该以优惠价格为展览会客户提供机场接送、传真、网络、打印等多种商务服务。除此之外，不同的酒店还可以根据自身情况，给展览会客户提供其他优惠措施，如会议室租赁、公司宴请方面的优惠等。

展览会选择合作接待酒店，对组展商、酒店、参展商和专业观众来说是一项多赢的举措。首先，对组展商而言，合作接待酒店能够解除参展商和观众住宿方面的后顾之忧，通过对酒店的筛选，组展商能够更好地控制酒店质量，以提升展览会的服务水平；其次，对于酒店而言，成为展览会的合作接待酒店意味着能够分享大量的展览会客源，带来可观的经济收益；最后，对于参展商和观众而言，入住展览会合作接待酒店可以享受优惠的价格以及酒店提供的一系列增值服务。

二、展览会旅游代理商

展览会旅游代理商是指组展商指定的为展览会的参展商和专业观众提供旅行、住宿、票务、签证等旅游服务的机构。其中，为参展商和专业观众安排展览会前后的旅游和考察活动是展览会旅游代理商最主要的工作。参展商和专业观众主要是商务人士，他们在展览会前后或希望去产业和市场集中的地区进行实地考察，或希望到举办地的风景名胜区进行观光游览。为了更好地满足客户的需求，组展商有必要将旅游作为展览会的一种附加服务加以提供。

1. 展览会旅游

展览会旅游可以在展览会前、会中和会后三个阶段进行。展览会举办前和展览会举办期间进行的主要是商务考察，展览会结束后进行的旅游则既有商务考察也有休闲观光。

（1）商务考察。商务考察是指以收集有关商品信息、了解市场行情为主要目标的商务活动。展览会作为商业贸易的平台，虽然积聚了大量的行业信息，但是并不能完全反映整个行业，或者某个企业的所有信息。为了进一步获取和了解这些信息，参展商和观众会希望亲自到市场或者企业内部去考察，商务考察的需求由此而生。商务考察的目的主要有两个：一是考察商品专业市场或大型的商场，主要是为了收集诸如商品销售价格、商品设计和流行款式、消费者需求等市场信息；二是考察商品的主要生产地和企业所在地，主要是为了进一步了解行业规模、企业实力以及生产技术等相关信息。

（2）观光休闲。观光休闲旅游一般都安排在展览会结束之后。参展商和专业观众在完成展览会工作后，通常会游览举办地风景名胜、文化古迹等旅游景点，以达到放松身心、增长阅历的目的。在大型国际性展览会中，许多参展商和专业观众来自海外的国家和地区，他们对举办地的名胜古迹和风土人情有所耳闻但从未亲身体验，因此，在紧张的展览会工作之后，会产生在当地进行旅游活动的需求。

如果说商务考察是展览会的一种补充，那么观光休闲就是展览会的一种延伸。需要注意的是，商务考察和观光休闲之间存在一定的差异：商务考察的主要目的地是商品生产地或销售地，观光休闲的主要目的地是名胜古迹。因此，在筹划旅游线路时要特别注意了解客户的需求，否则效果会适得其反，使客户对展览会产生负面的印象。很多时候，客户往往具有商务考察和观光休闲的双重目的，因而在安排旅游线路时要注意做到两者兼顾。此外，组织者在安排和筹划展览会旅游时，必须明确这些旅游行为是依托于展览会并服务于展览会的，不能脱离展览会而单独存在。

2. 展览会旅游代理商的选择

大多数展览会倾向于将展览会旅游服务委托给专业的旅行社进行安排，自己则专心做好展览会的组织和管理工作。由于参展商和专业观众往往把展览会旅游看作展览会的一部分，因此组展商一定要选择信誉好、能力强、业务全的旅行社，保证其能为客户提供良好的旅游服务。国际性展览会规模大，客户来自不同的国家和地区，因此展览会可以分别指定一个海外旅游代理商和一个国内旅游代理商。如果某旅行社实力特别强，也可以将海外和国内旅游业务都交给它经营。

综上所述，由于展览旅游的客户主要是商务人士，不同于一般的旅游者，他们的商业意识、消费能力、时间观念等较强，文化素质较高，在参加旅游活动时通常有比较强的独立性，不愿受人支配，追求放松和自由，因此要特别强调旅游代理商的个性化服务能力。通常情况下，组展商可以从以下三个方面来考察旅游代理商：

（1）旅游产品是否符合展览会旅游者的需求。众所周知，展览会一般都是在经济比较发达的大城市举办，所以最好推出商业性较强的投资考察游等专项旅游产品。在旅游过程中，旅游代理商还可以安排专业性的参观，到举办地的专业市场和生产地进行考察，也可以安排专业性的咨询，提供当地的市场行情、法律法规及经济政策方面的信息。根据旅游者独立性强的特点，可以采用半包价、小包价等多种形式，让旅游者根据自身需要，机动灵活地选择相应的旅游产品。在日程安排上要以半日游、一日游、两日游这样的中短线旅游产品为主，以适应展览会旅游者闲暇时间比较少的特点。除了商务考察性质的旅游之外，展览会旅游者也会希望参加观光休闲旅游，在展后放松身心，丰富人生的阅历。一般来说，每种区域文化都有区别于其他文化的特征。展览会旅游者的文化素质比较高，到异地旅游时更愿意领略当地的文化和风情，因此在设计观光和休闲产品的时候要注意突出地域文化特色。

（2）旅游代理商产品和服务的价格是否合理。通常情况下，参展商和专业观众参加旅游的费用占全部参展费用的比例不大，但是旅游代理商的不合理收费会引起参展商和专业观众的不满。作为现场配套服务的一部分，这种不满可能会从旅游代理商转嫁到展览会的组织者。因此，组展商在考察旅游代理商时应该要求其提供产品和服务的报价，由组展商对价格进行比较，防止旅游代理商过度牟利。

（3）旅游代理商能否提供其他配套服务。会展旅游者特别是进行商务考察的海外参展商和专业观众，除了一般的旅游产品之外，往往还会有诸如车辆租赁、语言翻译、新闻发布、商务拜访和宴请等各种旅游之外的需求。他们需要在有限的时间里最大限度地进行商业活动，因此展览会的旅游代理商除了常规的旅游业务之外，还需要拥有一定的公共关系能力，与餐饮业、交通业、娱乐业等行业部门有一定的业务联系，能够帮助有需要的展览会客户处理相关事宜。

第 4 节　展览会的其他配套服务商

一、展览会餐饮服务商

餐饮服务是展览会中必不可少的服务项目，组展商一般将餐饮服务外包给专业餐饮公司或酒店，由它们为参展商和专业观众提供餐饮服务。

1. 对餐饮服务的要求

展览会餐饮服务的重点是现场的午餐服务，此时大部分参展商和专业观众都在展馆内，用餐时间集中，人数多，场地有限，组展商必须认真对待。为了保证展览会举办期间参展商、专业观众和其他人员正常的餐饮供应，展览会现场餐饮服务商必须达到以下要求：

（1）食品及饮料干净、卫生、安全；

（2）按规定的时间足量供应；

（3）按规定的价格足量供应；

（4）按规定的品种足量供应；

（5）供应的方式方便快捷；

（6）按指定的地点供应；

（7）服从展览会的统一协调和安排；

（8）保持供应现场的清洁和卫生。

展览会是大型的公共活动，安全和卫生问题是展览会风险管理的重点。为了确保餐饮的安全卫生，一般不允许非展览会指定餐饮服务商在展览会现场提供餐饮服务。除了现场的午餐服务外，展览会需特别关注的餐饮服务就是咖啡供应。为了给商贸洽谈创造更好的环境，国际展览会一般都会设置咖啡供应点，提供咖啡、饮料和茶点，给客户提供环境更优雅的休憩和洽谈的场所。

2. 餐饮服务商的选择

展览会举办期间选择现场餐饮服务商的方法有三种：指定餐饮服务商、推荐周边餐饮服务设施以及既指定餐饮服务商也推荐周边餐饮服务设施。

（1）指定餐饮服务商。这种方法适用于展馆设有专门餐饮服务区，或者组展商专门划定餐饮服务区的情况。这时组展商可以通过公开招标等方式，根据展馆设施和展览会规模选择一家或几家符合要求的酒店或者专业餐饮服务商进入展览会设立供应点。一般来说，展览会现场需根据客户的不同需求，提供商务套餐、快餐、点心餐、咖啡及各种饮料等多种餐饮服务。由于以上餐饮都是在现场提供，因此组展商必须注重价格的控制，过高的现场餐饮价格将引起参展商和观众的不满。

（2）推荐展馆周边的餐饮设施。如果展馆没有专门的餐饮服务区，展览会场地不大，或者展览会规模较小，则展览会无法或没有必要在现场提供餐饮服务，组展商需要推荐展馆周边的餐饮服务设施，或者引入餐饮的外送服务，以满足参展商和观众的餐饮需求。展览会推荐的餐饮服务设施必须距展馆比较近，档次较齐全，价格也比较合理。组展商必须将所有供应时间、方式、种类等信息详细地告知参展商和观众，以供他们进行比较和选择。

（3）既指定餐饮服务商也推荐展馆周边餐饮设施。这种方法适用于规模较大，同时展馆周边餐饮设施较多的情况，以便给参展商和观众提供更多的选择。

二、展览会安保服务商

展览会安保服务商的工作主要包括四个方面：消防安全、人员安全、展品安全和公共安全。

1. 消防安全

展览会在一定的时间和空间内聚集了大量的人员和财物，一旦发生消防事故，后果不堪设想。展览会的消防问题贯穿展览会的全过程，从开始布展直至撤展完毕都应该引起组展商的高度重视。在展览会布展之前，展览会的消防安全计划必须送交有关部门审批，得到批准后才可开始布展工作。布展时，组展商要严格按照展览会和展馆的消防规定监督展位的搭建工作，包括使用符合消防要求的搭建材料和化学用品，遵守用电用火规定，等等。同时，展位和展区规划要考虑到消防安全的需要，准备足够的消防设施，预留充足的消防通道。展览会举办期间同样不可掉以轻心，要注意纠正参展商不符合消防规定的行为。必须特别明确的是，从布展到撤展的整个过程中，展馆里面一般都是禁止吸烟的。

2. 人员安全

为防止意外事故的发生，组展商必须制定安全保卫规定，并且采取一定的保障措施，如布展期间加强对展位搭建的监督，防止违规搭建和操作行为，展览会举办期间杜绝闲杂人员进入展览会现场，严格执行安检制度等。组展商应建议和督促参展商为其参展人员购买保险，以保障他们的安全。

3. 展品安全

展览会的展品安全问题由参展商自行负责，组展商只负责协助参展商保护展品的安全。但是展品在布展、展出、撤展期间出现损坏、丢失等问题，将影响参展商的展出效果，进而影响参展商的满意度，因此组展商必须重视展品的安全问题。布展和撤展时，展馆内各出入口要配有足量的安保人员，监督展品的搬运工作，严格执行展览物品的放行管理制度。展出时，组展商需要派专门的安保人员在展场内巡视，协助参展商保护展品的安全。为了降低展品的安全风险，组展商可以建议参展商为其展品购买保险。

4. 公共安全

展览会的公共安全保卫工作一般外包给展览会安保服务商负责。组展商必须要求展览会安保服务商派人员 24 小时巡视会场，保证会场内所有人员的财物和人身安全，防范和消除各种公共危机事件。

在进行展览会安全管理时，组展商不仅要注意与安保服务商、参展商、展馆管理方分工合作，还要分清责任，制定措施，防患于未然。为防止意外，组织者还要制定相关危机管理计划，以便在出现安全问题时可以及时采取补救措施，将损失降到最小。

三、展览会清洁服务商

随着展览会规模不断扩大、分工不断细化，组展商一般都将清洁工作外包给专业的清洁公司负责。展览会清洁服务商的工作主要包括两方面的内容：一是负责布展和撤展时的垃圾清理以及展出时的会场清洁工作；二是负责展馆通道和公共区域的清洁工作。

1. 布展和撤展期间

展览会搭建和展品布置时会产生大量的垃圾，如废弃的包装物、剩余的搭建材料等。参展商必须负责自己展位中垃圾的处理工作。大部分参展商会将垃圾堆放到指定的垃圾处理区域，展览会清洁服务商需要及时将垃圾清理出现场，以免造成堆积和堵塞，影响布展和撤展工作的进行。如果参展商不进行垃圾处理，可以委托展览会清洁服务商进行处理。此外，布展期间展览会清洁服务商还需要负责展馆公共区域（如洗手间、过道等区域）的清洁工作。

2. 展览会举办期间

展览会开幕之后，观众所携带的物品、参展商宣传品、现场餐饮的废弃物等将给展览会带来庞大的清洁工作量。如果清洁工作不到位，会严重影响展览会的形象。在实际操作中，许多展览会对展出时的清洁工作进行如下划分：

展馆通道和公共区域的清洁工作，由展览会清洁服务商负责。展览会举办期间，清洁服务商必须每天派出专门工作人员在展馆内定时巡回处理展馆通道和公共区域的垃圾，保证这些区域的干净、卫生，并且在每天展览结束后对展馆内的垃圾进行彻底清理。

各参展商展位内的清洁工作，由参展商自行负责，并且不得将垃圾随意丢弃到展馆通道和公共区域，有需要的参展商可以付费委托清洁服务商代为清理。

□ 本章小结

展览会的举办涉及展品运输、展台搭建、旅游接待安排以及餐饮供应、安全保卫等多个环节，展览会的组织者既没有可能也没有必要从事所有环节的经营，因而服务外包已经成为展览行业的常规运作模式。

本章从展位搭建商、运输代理商、旅游服务商、餐饮供应商以及清洁服务商等多个层面，比较详细地分析了组织者选择供应商的基本准则、主要方法以及需要注意的问题，并为读者提供了相应的实用案例。

□ 关键术语

主场搭建商
特装搭建商
运输代理商
来程运输
回程运输
旅游服务商
指定酒店
旅游代理商
餐饮服务商
安保服务商
清洁服务商

□ 复习思考题

1. 如何认识展览会配套服务商在展览会组织工作中的地位和作用？
2. 展览会对展位搭建商有哪些基本要求？如何进行展位搭建商的选择？
3. 国内和海外运输代理商工作的主要差别有哪些？
4. 选择展览会指定接待酒店的标准是什么？
5. 与观光旅游相比，展览会旅游的主要类型和特点是什么？
6. 如何有效管理展览会的餐饮、安保和清洁服务商？

□ 阅读材料

第一部分　××展览会餐饮服务方案

为确保展览会期间为广大参展商和观众及内部员工提供安全卫生的餐饮，特制定本餐饮服务方案。

一、餐饮供应点

1. 餐饮地点：在××馆的北边，面积××平方米，设5个供应点，有5家指定餐饮服务商经营，约能供1 000人同时用餐。

2. 餐饮项目：商务套餐、快餐、点心餐、咖啡。

二、商务套餐

1. 设点：在××馆的北边内侧，设2个供应点，有2家指定餐饮服务商经营，约能供200人同时用餐。

2. 经营项目：提供较高级的商务套餐。

三、快餐

1. 设点：在××馆的北边外侧，设2个供应点，有2家指定餐饮服务商经营，约能供700人同时用餐。

2. 经营项目：提供各种快餐以及食品。

四、点心餐

1. 设点：在××馆的北边外侧左边，设1个供应点，有1家指定餐饮服务商经营，约能供50人同时用餐。

2. 经营项目：提供各种点心。

五、咖啡供应点

1. 设点：在××馆的北边外侧右边，设1个供应点，由1家指定餐饮服务商经营，约能供50人同时用餐。

2. 经营项目：以现场制作的咖啡、奶茶、独立包装的糕点、面包以及各种饮料为主。

六、饮水

1. 每天为参展商按展位配送瓶装矿泉水。

2. 在展览会服务功能区设置饮水机，供有需要者使用。

第二部分　××展览会安全保卫规定

为维护本展览会的良好秩序，防止发生各类事故，确保展览会安全，依据社会治安以及展馆的有关管理规定，特制定本安全保卫规定。

一、展览会聘请××安保公司负责展览会的公共安全及保卫工作。

二、展览会实行安全保卫责任制，按照“谁主管，谁负责”的原则，制定安全保卫方案和措施。

三、展览会加强安全方面的宣传教育和管理，提高与会人员的安全防范意识，确保大会安全。全体与会人员须高度重视安全工作，自觉遵守大会各项规定，共同维护大会秩序，预防事故发生。

四、从布展之日起到撤展完毕，所有进入展览会现场的人员都必须携带大会有效证件并服从和配合安保人员的检查。所有人员都不得将展览会证件转借他人或带无关人员进馆，违者将按有关规定给予处罚。

五、妥善保管好展品和个人随身物品。每天闭馆前，要将贵重展品妥善存放。参展商应按时进馆并不要提前退馆，以确保展品的安全。

六、剧毒品、易燃易爆品和放射性等展品只能使用替代品，严禁携带实物进入展馆，违者将按有关规定给予处罚。

七、展位的搭建、装修、布展和撤展等工作，参照《××展览会防火规定》和《××展览会用电安全规定》执行。

八、展馆内严禁吸烟。各参展商要切实贯彻《××展馆防火规定》，注意认真做好防火工作。

九、布展和撤展期间，运送展品的车辆必须按指定的地点临时停放，卸（装）货后即驶离展览会管制区。各类车辆必须服从展览会交通管理人员的指挥，按规定路线行驶，按指定位置停放。

十、展品撤出展馆，须凭展览会放行条，经门卫人员查验后放行。

以上规定，请大家严格遵守，共同维护大会秩序，确保大会安全。

第三部分　××展览会清洁管理方案

为确保本展览会展馆内外的清洁，特制定本方案。××清洁公司在展览会期间的工作，由我展览会××先生负责监督、检查。

一、展馆内清洁

展馆内各展区、通道及公共区域采用循环保洁的形式，具体工作由展览会清洁服务商××清洁公司负责。

二、展馆卫生间保洁

包括展馆内所有的卫生间，清洁标准参照五星级酒店卫生间的清洁标准执行；运作方式同展馆内清洁。

三、展馆内垃圾清运

定制10部垃圾清运车，布展、撤展期间在展馆内巡回收集垃圾并倾倒在馆外指定地点，然后由垃圾运输车运走。

展览期间，展馆内两端的大门侧面各停1部外观美观的加盖垃圾清运车，展览会垃圾由多功能垃圾车到展位上收集后，集中倾倒在垃圾清运车内。之后的处理方式同布展、撤展期间的处理方式。

四、展馆外清洁

采用循环保洁的形式，具体工作由展览会清洁服务商××清洁公司负责。

五、环境美化

1. 展馆墙壁、玻璃及塑钢等的表面清洁，由展览会清洁服务商××清洁公司负责。

2. 展馆内外的绿化以及环境美化工作，由展览会清洁服务商××清洁公司协助××园林公司完成，具体方案另拟。

资料来源：华谦生．会展管理．广州：广东经济出版社，2008.

第 6 章

展览会的宣传和推广

本章要点

- 展览会宣传和推广的目标对象
- 展览会宣传资料的准备
- 宣传媒介选择
- 营销过程管理与绩效评价

展览会宣传和推广是展览会营销过程中的重要环节，在招揽参展商、普通观众、专业观众以及树立展览会形象等方面能够发挥举足轻重的作用。展览会的宣传和推广需要调动多方面的积极性，选择正确的宣传推广对象和经济有效的宣传方式，真正做到有的放矢，讲求实效。

第 1 节　展览会宣传和推广的目标对象

一、选准宣传和推广目标对象的必要性

会展企业在宣传与推广展览会时需要准确选择目标受众，主要有两方面的原因：一方面，展览会本身有一定的主题限制，绝大多数展览会是专业性展览会。不管展览会的组织水平有多高，总体规模有多大，任何展览会都不可能包揽一切。具体的某个展览会通常只是为某个行业服务，只有与展览会主题相关的企业和个人才会关注展览会。因而，展览会的宣传和推广只有准确针对目标受众，才可能达到预期的目标。另一方面，组展商的宣传和推广工作需要付出成本。组展商作为自负盈亏的经济实体，付出当然要讲求相应的回报。如果组展商不划分目标市场、不针对自己的

目标受众而不加区分地进行盲目的宣传与推广，不仅会加大企业营销成本，而且无法达到预期的宣传效果。

由此看来，展览会营销人员在制定宣传和推广计划时，需要依据展览会主题，选定自己的目标市场，切忌不分对象，胡乱推广。此外，组展商即使划分了目标市场，确定了营销群体对象，群体内部的具体营销对象仍需要进一步细分。因为对于组展商来说，只有分别对大客户与小客户以及新客户与老客户等采取不同的推广策略，才能够起到更加有效的促销效果。

二、选择目标对象的一般方法

展览会市场细分是组展商选择目标市场的基本方法。市场细分是指组展商根据主要目标顾客群体对展览会产品和服务的不同需求，把展览会客源市场划分为若干具有相同或相似特征的亚市场。事实上，从事展览业的企业与从事其他行业的企业在市场细分方面十分相似。任何一家组展商都不可能包揽所有主题，同一主题下也不可能涵盖所有客户，这意味着任何展览会都会有自己的细分市场和客户定位，展览会宣传和推广工作必须根据展览会的细分市场和客户定位来选择宣传和推广的具体对象。那么，组展商如何进行市场细分呢？通常情况下，按照企业特征进行市场细分是大多数参展商采取的主要标准。这些特征包括：

（1）行业类别。绝大多数展览会都是按照行业类别划分的，如服装展览会、汽车展览会、照明器材展览会、化工产品展览会等。因此，在对展览会进行宣传与推广时，依据展览会主题确定的相关行业类别就成为市场细分的一个重要标准。

（2）企业规模。除了诸如中小企业投资洽谈会等展览会以企业规模作为市场细分依据外，大多数组展商对参展商的要求并没有规模方面的限制。不过，在展览会宣传和推广过程中，对待大企业的策略和对待中小企业的策略确实有所不同。展览会营销人员应该学会通过企业规模细分市场，并针对不同规模的企业制定不同的推广措施。

（3）企业地域。组展商的实力、市场定位以及展示的产品类别不同，决定了很多组展商只能组织区域性的展览会。无论是参展商还是观众，都主要集中在某一区域，从而形成了一个区域性的展览会细分市场。显然，对区域性展览会的宣传和推广，无论是广告投放还是人员促销，都需要局限在某一限定的区域内，超出这一区域，就会浪费企业的人力、物力和财力，无法达到预期目的。

（4）企业参展目标。参展商的参展目标是根据参展企业的发展战略和市场条件制定的，参展目标可以分为销售类和非销售类两种。销售类目标是实业界普遍重视的展出目标，重点为签订贸易、技术、投资、经营等方面的合同或协议；非销售类目标主要是介绍新发明、了解新产品、展示新成果等。参展目标不同的参展企业，对展览会提供的产品和服务的要求也各不相同，会展企业的宣传推广人员应当事先了解参展企业的展出目标，并以此为依据进行宣传和推广，为参展企业提供展出咨询以及其他有针对性的服务。

以上从企业特征方面介绍了办展机构选择目标对象的一般方法，实践中，展览会市场还会有更多的细分标准。展览会营销人员学习展览会市场细分方法的主要目的，是通过市场细分从庞大的市场受众中选择出需要重点宣传和推广的对象。一般来说，展览会宣传和推广的目标对象范围越小、宣传和推广的目标客户密度越大，宣传和推广的效果就越好。

对于一般商品来说，销售人员能够非常容易地回答谁是他们的顾客，因为谁购买了他们的商品，谁就是他们的现实顾客；谁有可能购买他们的商品，谁就是他们的潜在顾客。但是，在展览会宣传和推广中，并非所有的人都清楚他们该把展览会推介给谁。因为按照传统的思维，他们会习惯性地认为谁付款谁就是顾客，从而可能把自己的顾客说成是参展商。出现这种状况的主要原因是组织者没有深刻理解展览会的本质功能。展览会是一种旨在构筑贸易平台的特殊商品，而贸易是参展商和专业观众的互动行为，不是其中任何一方单方面能够完成的。所以，作为展览会的宣传推广人员，不但要把展览会推介给参展商，还要把展览会推介给观众（尤其是专业观众）。由此看来，展览会的顾客主要包括两个部分：参展商和专业观众。当然，由于参展商和专业观众在展览会中扮演的角色不同，因而展览会营销人员向他们推介的重点和最终目的也有明显区别。

总之，展览会的宣传和推广不仅要针对潜在的参展商，还要针对潜在的观众尤其是专业观众。在针对专业观众进行推广时，有时还需要向他们提供一些优厚的条件，如在往返机票、酒店住宿以及参加展览会同期的专业会议和活动等方面给予他们补贴甚至免费待遇。

知识链接

中国（北京）国际商务及会奖旅游展览会（CIBTM）特邀买家计划

1. 什么是特邀买家计划？特邀买家计划是我们为展商精心设计的板块，旨在专门邀请对商务旅游、会议、行业展览、奖励旅游、新品推介、员工培训等活动具有决策、组织、预算的负责权和影响力的专业买家到会观展，并与参展商展开一对一的邀约洽谈，促成供应商与采购商的合作，也是最直接有效的商业洽谈新模式。

2. 邀请的买家。CIBTM2006将邀请210名在华跨国公司、本地精英企业、政府机关、行业协会以及国内外专业活动策划公司的顶级买家到会观展，与展商面对面邀约洽谈。

3. 特邀买家的权利。（1）买家的资质经过评估确认后，部分买家将全额享受我们为其提供的免费往返机票、酒店住宿以及参加展会同期的专业会议和活动；（2）另外一部分买家将可以部分享受上述提及的除往返机票以外的所有服务。

4. 特邀买家的义务。特邀买家需要参与到邀约计划中，在展出时间里完成预先安排好的与展商面对面邀约洽谈的任务。

资料来源：中国（北京）国际商务及会奖旅游展览会网站．www.cibtm.com.

第 2 节　展览会宣传资料的准备

宣传资料是营销人员向目标客户传递展览会信息的载体，资料准备得充分与否将直接影响会展宣传的效果。宣传资料的准备要以“5W”（who，when，where，what，why）要素为基础，根据不同的媒介需要和目标对象的差异，设计不同的宣传资料。通常情况下，宣传资料设计的内容主要包括展览会的行业背景、组织者的历史业绩、展览会的历史数据、以往参展商和观众对展览会的评价、本届展览会的特色等基本资料。这些资料可以根据具体需要分别整理成新闻稿、网站宣传资料、广告素材以及宣传册资料等。

一、展览会宣传册

1. 宣传册的内容

展览会的宣传册在展览会主办方的营销宣传工作中必不可少，它向展览会参与者提供参加展览会时所需的基本信息。大多数组展商使用的宣传册通常包括如下内容：展览会名称、举办地点、时间、办展机构、展览场地基本情况、展览的特色、展览会规则、招展招商情况、展览会服务、相关活动与会议、联系方式等。

2. 宣传册的编制原则

宣传册是组展商向目标顾客寄送和分发的重要文件资料之一，在设计和制作中务必做到如下四点：

（1）简明扼要。宣传册各方面内容的说明和叙述应该简洁，文字不要太多，篇幅不要太长，做到言简意赅。

（2）美观大方。宣传册要求版式美观，印刷考究，不能出现错别字和其他印刷错误；制作和用纸要与展览会的档次和办展机构的品牌与声誉相符。

（3）专业。宣传册的遣词造句要符合行业习惯和规范，要使用行业熟悉的语言，术语要规范。

（4）国际化。如果是国际性的展览会，或者展览会有向国际化方向发展的打算，则宣传册的内容编排和制作也要符合国际目标客户的需要，如将宣传册翻译成准确的外文。

二、展览会宣传光盘

光盘是数字时代最好的宣传资料之一，它能够存储图片、文字、声音、视频等多媒体资料，便于携带与保存。组展商应该很好地利用这一媒介手段，通过刻录往届现场图像、组织专家点评、采访参展商和专业观众评价等多种方式，全方位地展示展览会的辉煌历程和贸易效果，增进目标客户对展览会的了解。

三、附带的赠送资料

附带的赠送材料是指与直接邮寄、杂志广告以及其他促销活动一起使用的材料，如通讯简报、明信片和小型纪念品等。

附带赠送材料和其他广告活动最大的区别在于直接性。报纸和广告受众面广，但针对性不强，赠送材料则更具体，目标直接对准相关决策人。附带赠送材料不仅能让客户加深对展览会的认知，还可以用来帮助营销人员增强销售陈述效果。与宣传册一样，所有这些材料都需要认真策划，使之成为展览会总体市场营销和广告策略的一部分。附带赠送资料设计上要美观漂亮，内容上要突出展览会特色，可以为客户带来利益和价值。

赠送材料中应包含标有展览会名称、标志和联系电话的特色物品，这一点非常重要。这些物品可以是钥匙链之类的小礼品，也可以是印有展览会图标的玻璃器皿、毛绒玩具或运动衣等，还可以是台历、签字笔或咖啡杯等办公室人员经常使用的物品。借助这些物品，能使展览会的名称不断出现在目标顾客眼前，强化他们对该展览会的印象。另外，在选择特色物品时，应选择最能强化目标顾客对展览会形象认知的物品，不要一味追求低成本。

四、邀请函

邀请函是办展机构根据展览会的实际情况编写的用来对展览会进行宣传与推广的一种重要工具。邀请函一般通过直接邮寄的方式发送到目标顾客手中，针对性强，宣传和推广的效果比较理想。邀请函的主要内容包括：展览会的名称、举办地点及时间、办展机构、展览会的简单介绍、展览会特点和优势、展览期间举办的相关活动、回执表等。

实用案例

第十七届中国（寿光）国际蔬菜科技博览会
邀 请 函

时间：2016 年 4 月 20 日至 5 月 30 日

地点：中国·山东·寿光国际会展中心

主办：中华人民共和国农业部、商务部、科技部、环境保护部、国家质量监督检验检疫总局、中国国际贸易促进委员会、中华全国供销合作总社、国家外国专家局、中国农业科学院、国家旅游局、中国科学技术协会、国家标准化管理委员会、中国农业大学、山东省人民政府

协办：联合国粮农组织、欧盟委员会驻华代表团、中国农村专业技术协会、印中联盟等国际组织、外国驻华使馆、知名商协会

中国（寿光）国际蔬菜科技博览会（菜博会）是经国家商务部正式批准的年度例会，是国内唯一的国际性蔬菜产业品牌展会，每年 4 月 20 日至 5 月 30 日在著名的中国蔬菜之乡寿光市举行，大会以服务“三农”为宗旨，以推动社会主义新农村建设和现代农业发展为目标，2000 年以来已经连续成功举办了十六届，先后共有来自 50 多个国家、地区和 30 个省、市、自治区的 2 200 多万人次参加展览会，实现各类贸易额 1 919 亿元，在国内外农业及相关产业领域产生了巨大影响，党和国家领导人胡锦涛、江泽民、吴邦国、贾庆林、李长春、习近平、回良玉等先后亲临视察，并给予了高度评价。菜博会已经成为集展览展示、技术推广、商贸合作、理论研讨、文化交流于一体的农业盛会。

第十七届中国（寿光）国际蔬菜科技博览会将以“绿色·科技·未来”为主题，展销范围包括：种子、肥料、农药、苗木、农膜、农机、园艺设施、温室材料、蔬菜瓜果、农产品、农副产品、加工产品、地方特色产品、高新技术成果项目及其他相关行业产品。主会场总面积达 45 万平方米，其中室内 16.5 万平方米，设有 12 个展馆、大棚优质高效生产示范区、蔬菜博物馆及广场展位区，共展出国内外蔬菜品种 2 000 多个，新增品种 200 多个，新技术 100 多项，栽培模式 30 多种。

菜博会期间，还将举办种子/肥料/植保产品订货会、地方特色产品交易会以及一系列涉农论坛、研讨会、现代农业实用技术培训班、涉农赛事评奖等活动，全面展示农业现代化、国际化和标准化发展水平。

在阳光明媚的春天里，我们诚挚地邀请您莅临美丽寿光，参展参会，加盟协办，洽谈贸易，共谋发展！并预祝您取得丰硕成果！

中国（寿光）国际蔬菜科技博览会组委会

2015 年 10 月 6 日

联 系 人：菜博会组委会招商部　×××　×××
地　　址：中国・山东・寿光国际会展中心（山东寿光蔬菜高科技示范园）
电　　话：0536-××××××××　传　真：0536-56×××××　邮　编：262705
网　　址：www. sgcbh. com　电子信箱：shouguang2002@163. com
资料来源：第十届中国（寿光）国际蔬菜科技博览会 . www. sgcbh. com.

五、新闻稿

新闻稿是会展企业提供给媒体的新闻资料，通过媒体在报纸、杂志上刊登新闻的形式来达到宣传和推广目的。一般来说，新闻报道的费用较低，可信度较高，宣传效果有时比直接做广告要好。因此，通过新闻发布会等形式加强新闻报道通常是组展商宣传展览会的重要方式之一。值得注意的是，这种带有明显推广性质的“新闻”与传统意义上的“新闻”有所区别，这种新闻的最终读者是参展企业和目标观众，因此要了解他们的兴趣，按照他们的兴趣安排具体内容。

通常情况下，在展览会的不同阶段，组展商都会推出不同的新闻。在筹备阶段，组织者会通过新闻发布会的形式，向目标受众传达展览会的特色与进展；在开幕式当天，通过新闻的形式，介绍贵宾参观以及讲话等情况，还可以附上贵宾和观众参观展览的照片；在闭幕后，还要发布新闻，总结展出成果，展望未来发展。因而，新闻宣传工作贯穿展览会的始终。为了确保新闻发布的有序性，组织者需要对每一次新闻发布撰写一份新闻通稿，新闻通稿的行文风格和格式最好与媒体一致，以方便记者使用。

第3节　宣传和推广的媒介选择

会展企业选定宣传和推广的目标对象以及准备好宣传资料后，下一步的工作就是选择怎样的宣传和推广媒介把相关信息传达给目标受众。那么，哪些媒介手段比较适合展览会的宣传和推广呢？下面将详细分析。

一、大众传媒工具

大众传媒工具通常是指印刷媒体、电视媒体、广播媒体三种最主要的传统媒体和近几年异军突起的网络媒体。

1. 印刷媒体

印刷媒体主要包括报纸和杂志两大类。不同类别的印刷媒体针对的目标读者通常有较大差异。有的报纸和杂志是面向普通百姓的，而有的报纸和杂志主要是面向专业读者的。与企业领域需要进行市场细分一样，印刷媒体通常也有相对固定的细分读者群。那么，展览会的宣传与推广通常需要借助哪些报纸和杂志呢？显然，这与展览会的类型以及面对的主要目标观众和参展商密切相关。例如，汽车展不仅需要通过汽车类报纸和杂志等专业媒体来宣传，而且在市场占有率高的大众性报纸杂志上投放广告也是非常必要的。因为汽车展不仅针对汽车的制造厂家和经销厂家，广大车迷观看车展的门票费通常也是组展商的重要收入来源。相反，铝工业展、制冷展、印刷展等专业性的工业品展览会，通常更多地需要在专业报纸和杂志上做宣传，利用一般性的市民报纸或者娱乐性杂志进行宣传和推广没有实际价值。

2. 电视媒体

电视媒体主要包括中央和地方电视媒体。同一家电视台的不同频道以及不同地方的电视台都会有不同的风格和市场定位，但无论如何，电视都无法回避其大众性的特征。在收看电视的广大受众中，关心某一专题展览会的人数并不多。因而，在展览行业中，除了少数形象类以及消费类展览会以外，绝大多数组展商不会选择在电视媒体上投放广告。当然，展览会通常是社会经济生活中比较有影响力的事件，而且展览会举办期间通常有许多值得报道的素材，因而电视台经常报道展览会的盛况，这些新闻报道对提高展览会的知名度发挥了非常重要的作用。但是，这与组展商主动投放广告明显不同。

3. 广播媒体

伴随着电视、互联网等信息传播途径的发展，广播受到较大的冲击。但是，在特定的时间和特定的场所，广播依旧是一种重要的媒体工具。例如，现代城市中，数量庞大的汽车驾乘人员在驾驶和乘坐汽车的时候，依然青睐广播这一传播媒介。不过，从总体来看，展览会组织者在宣传和推广展览会时，较少选择广播媒体。当然也有例外，例如利用城市交通广播电台推广一些汽车、家居等方面的展览会，通常也会收到比较理想的效果。

4. 网络媒体

互联网是 20 世纪后半期以来发展最快的媒体，以其传播成本低、传播速度快、不受时空限制等优势，给报纸、电视、广播等传统媒介工具带来了巨大的挑战。会展企业作为一种服务于工商企业中高层人士的经济组织，其目标顾客对现代网络工具有较高的依赖性。相应地，互联网也成为展览会最重要的宣传和推广媒介之一。展览会营销人员利用网络宣传和推广展览会主要通过两种途径：一是专门为展览会构建一个独立的网站；二是在其他相关网站上发布展览会广告。

展览会组织者利用上述大众传播媒介进行宣传和推广展览会时，一方面可以采取通过上述媒体投放广告的方式，另一方面要尽量争取这些媒体以新闻报道的形式宣传展览会。

二、特种媒体工具

特种媒体工具主要是指会展企业利用海报、户外广告、小型纪念品等形式，自己制作相应宣传资料进行展览会的宣传和推广。这些媒介工具依靠组展商自己的宣传渠道对外推广，而不是通过报纸、杂志、电视、广播、网络等大众媒体进行传播。特种媒介工具通常包括以下三类。

1. 户外广告

户外广告是指会展企业在都市的楼顶、墙体、路牌、路灯、地铁以及人流量较大的高速路道桥等特种媒介工具上发布展览会广告。在这些媒介上发布的广告大多是涉及普通观众比较多的消费品展览会，如服装展、体育用品展等，专业性较强的工业品展览会通常不会利用这些媒介进行宣传和促销。

2. 特种宣传资料

特种宣传资料是指会展企业专门印制、单独派送的展览会特种广告，主要采取展览会宣传册、海报等形式。这类宣传资料有的以信件方式直接投递给目标参展商和观众，有的则在会展企业策划的公关活动现场派发。

3. 依附于小型纪念品的宣传媒介

作为一种辅助宣传手段，组展商通常制作一些物美价廉的小型纪念品，如手提袋、领带夹、水果刀、收音机、小玩具、日历、明信片等，在这些纪念品上印制展览会名称、主办机构、联系方式等信息，并在老客户回访、市场调查、抽奖活动等场合派发给目标受众。这些小型纪念品虽然价值不大，但是如果会展企业将其制作得精美可爱，同样可以让目标受众爱不释手，并长期保留。在这种情况下，这些小纪念品就会起到比较好的宣传效果。

三、公共关系促销工具

利用公共关系促销是指展览会组织者通过策划和实施一些能够引起公众注意的公共关系事件来达到宣传和推广目标的营销方法。会展企业常用的公共关系促销方法包括五种：

1. 会议演说

会议演说主要是指组展商通过在权威的行业会议中发表演说等形式宣传和推广展览会。这种方式的最大优点是行业内的专业人士比较集中，受媒体的关注度高。如果会展企业自己的专家或者外聘顾问能够有机会在这样的场合以中立者的身份点评和推广本企业举办的展览会，就能够大大提高会展企业的美誉度，达到比较理想的公共关系营销效果。当然，会展企业的这种做法有时候可能得不到行业会议主办方的支持。在这种情况下，一方面会展企业可以通过会议赞助、协办等方式宣传自己；另一方面，在资金实力和营销预算允许的情况下，可以自己组织诸如此类的会议，并通过会议进行企业形象和展览会品牌的宣传，这同样是一种切实可行的做法。

2. 新闻发布会

为了引起媒体的广泛关注，召开新闻发布会介绍展览会的筹备情况，并通过发布会把会展企业的亮点和展览会的吸引力发布出去，也是会展企业常用的宣传和推广手段。新闻发布会不像纯粹的广告那样“赤裸裸”地宣传自己的产品和服务，而是以新闻发布和记者专访的方式来推广展览会，不仅有利于降低会展企业的促销成本，而且有助于提高其可信度。

3. 公益赞助

公益赞助是指企业通过赞助贫困儿童、残疾人、学术团体等受到公众关注的公益事业而达到宣传展览会或者提高会展企业美誉度的目的。为了提高宣传和推广效果，会展企业在赞助公益活动时需要注意两点：一是选择热点领域；二是争取媒体配合。因为热点领域在企业赞助之前已经引起了社会的广泛关注，在此基础上提供赞助，有可能达到比较理想的宣传效果；另一方面，企业作为一个经营机构，不会做“无名英雄”，因而在赞助公益事业的同时争取媒体配合并进行正面报道，无论对会展企业形象的树立还是展览会本身的促销，都会收到非常理想的效果。

4. 联合促销

虽然展览会的主办方在展览会的促销与宣传中居于中心地位，但是为了达到更加理想的推广效果，展览会组织者要注意动员包括政府、协会以及使领馆等多方面的力量进行联合促销。可以发挥对展览会进行宣传推广作用的相关组织主要包括以下四种类型：

（1）政府有关部门。展览会主办者应该善于利用政府渠道的信息资源，扩大展览会的推广效果。例如，通过政府有关部门不仅可以获取国际专业买家的相关信息，而且可以将重要的国际买家组织到展览会上来，还可以依靠政府的协助，在不同的国家或地区寻找销售代理商等。对国内展览公司来说，经常打交道的有外经贸系统、各级贸易促进委员会、旅游局等。

（2）行业协会、学会等非政府组织。主要包括两类：一类是会展行业内的国际性或区域性的专业协会，如国际大会和会议协会（ICCA）、全球展览业协会（UFI）、国际展览与项目协会（IAEE）等。能够得到这些权威性组织的指导和推荐，无疑会有效地提高国内组展商的美誉度，增强展览会的吸引力；另一类是行业协会，如世界旅游组织、中国纺织行业协会、中国汽车工业联合会、中国模具协会等，若能得到这些机构的认可，展览会主办单位除了可以享受技术支持和行业资源优势外，还能够迅速提高展览会的可信度。

（3）驻外使领馆、各种友好组织的国外联络处以及其他政府机构在国外设立的办事处等。例如，在举办国际旅游交易会时，承办单位应该与国家旅游局的驻外办事处合作，充分利用其熟悉当地社会经济情况的优势，选择适当的招展、招商渠道及手段。

（4）专业化商业中介组织。对组展商（尤其是会议或展览会的主办单位）而言，这里的专业化商业中介组织主要包括实力雄厚的管理咨询公司、公关公司、市场调查公司和营销咨询公司等。这些组织大都具备很强的获取市场信息的能力，并掌握特定的客户资源，从而能够为展览会的宣传推广提供强有力的支持。

5. 路演

路演源自英语“road show”，在展览行业是指展览会组织者为了招揽更多的参展商和观众参加展览会，在目标顾客密集的地区和城市邀请潜在参展商和专业观众参加关于展览会的专业会议、新闻发布、专家讲座等，加强组织者与潜在参展商和专业观众的交流与沟通，以期得到他们支持和参与的专业性宣传促销活动。为了让读者更加清楚地了解展览会的路演活动，在此以 2005 年慕尼黑上海电子展为例加以说明。

为了吸引参展商和专业观众对 2005 年慕尼黑上海电子展的参与，主办方于 2004 年 12 月分别在新加坡、深圳、北京、上海和苏州五个电子行业非常发达的城市开展了集中路演活动，这次活动以专家演讲和推介为主要形式，邀请了多家重要参展商和有影响力的媒体参加，使得慕尼黑上海电子展在电子元器件、组件、光电技术及生产技术领域的展览会中的领先地位得到了巩固。根据 2005 年慕尼黑上海电子展官方网站的报道，路演活动取得的成果包括：（1）使参与者之间的关系更加密切；（2）使慕尼黑上海电子展的品牌和理念更加深入人心；（3）吸引了新的参展商；（4）使组织者的数据库更加完善全面；（5）获得了更积极的信息反馈和更全面的讨论结果。

四、人员促销

人员促销是指会展企业利用自己的专职或者兼职营销人员向目标客户宣传和推广展览会的方法。人员促销主要通过以下途径进行：

1. 电话

电话营销是会展企业最常用的营销手段，展览会营销人员需要花费很多时间给客户打电话，通过电话，会展企业与目标顾客能够进行直截了当的沟通。因此，会展企业对电话营销人员的培养非常重视，不少企业设有专门的电话中心，其基本职能就是不断地利用电话与目标客户取得联系。

2. 传真

传真是与电话配合使用的一种促销工具。电话只是一种口头的沟通与交流，为了获取更加确凿的信息，那些有意向参展或者参观的目标客户通常还会要求营销人员通过传真形式传递正式的文字资料，尤其是具体的交易资料（如预定的展位面积、广告位等），绝大多数都需要通过传真件来确认。

3. 直邮

直邮就是将各种资料直接邮寄给潜在的参展商和观众，邀请他们参加展览会。直接发函简单易行，是展览业使用最广泛的宣传方式，是一种成本较低、效果比较理想的展览会宣传方式。对那些经营多年的展览会来说，组织者通常都有比较稳定的参展商和目标观众的数据库，可根据所举办展览会的性质、特点确定目标客户群体，这样便于提高直邮的针对性。除此之外，在邀请观众的时候，还应该注意一些小的技巧，以吸引更多的观众来参观。比如，在发函的同时寄发小礼品、贵宾卡或可以在展览会领取奖品的奖券。这些方式成本不高，可以起到较好的促销效果。比如，接到贵宾卡的顾客就有一种被重视的心理满足感，从而更愿意来展览会参观。不过，对会展企业来说，虽然每封邮寄资料的制作费以及邮递费可能并不高，但是如果数量巨大，通常也会是一笔不小的开支。所以，采用邮递方式营销时，务必找准目标顾客，避免浪费。

4. 电子邮件

电子邮件是伴随着互联网的普及而迅速成长起来的现代化信息沟通和交流方式。电子邮件具有传送信息量大、传递速度快、使用成本低等优点，已经成为会展企业不可缺少的营销工具。会展企业的目标客户主要集中在企业的中高层管理人员，这些人是电子邮件使用率非常高的群体，因此会展企业营销人员与客户的沟通中电子邮件的使用频率非常高。

5. 登门拜访

登门拜访是指会展企业营销人员通过直接走访的形式与目标客户进行面对面沟通的营销方式。直接走访不仅能够让客户感到受到了重视，而且营销人员通过与目标顾客面对面的交流也有利于增加顾客对展览会的认识，因而是一种非常理想的营销方式。但是，这种方式的最大缺陷是运行成本高，对同一城市的目标客户登门拜访比较切实可行，如果对异地客户进行走访，成本会大大增加。所以，在实际操作中，会展企业往往只是针对 VIP 客户通过走访的形式进行促销。

第 4 节　新媒体在展览项目推广与营销中的应用

随着科技的迅猛发展以及移动设备、智能终端的普及，我们已经步入数字化时代。以大数据、云计算等新兴技术为载体，各类新媒体应运而生，对传统媒体造成了猛烈冲击。新媒体的出现在改变人们日常生活习惯和消费方式的同时，给商业领域的业务往来、贸易洽谈和客户关系管理带来了更多便利。现如今，就展览业而言，各类新媒体的应用不断普及，已经成为主办方进行展览项目推广与营销的重要工具。本节将结合新媒体的类型及特点，向从事或者学习展览会组织工作的读者介绍如何运用新媒体进行展览项目的推广与营销以及相关注意事项。

一、新媒体的主要类型

新媒体的概念与广播、电视、报纸和杂志等传统媒体的概念相对应，指的是以数字网络技术和移动技术为载体，以互联网、有线网络和无线网络为信息传播渠道，借助电脑、手机、平板电脑以及其他智能移动设备，为受众提供各类信息的媒体形态。

可以从以下几个角度来理解新媒体的“新”：首先，从出现的时间上看，距离现在较近的媒体可以称为较新的媒体，网络相对于电视是新媒体，电视相对于报纸是新媒体；其次，从信息传递的形式看，新媒体依靠数字网络进行信息传播，而传统媒体依靠文字印刷和无线电波等进行数据传输；再次，从媒体的社会功能上看，传统媒体以传递新闻、广告、资讯和娱乐等为主要功能，而新媒体除信息传播功能外，还具有社交和互动功能。

依据媒体的功能，可以将新媒体划分为人际传播新媒体、大众传播新媒体和自媒体三种类型。

1. 人际传播新媒体

人际传播指的是个人与个人之间的信息交流，既可以面对面直接进行，也可以以媒体作为中介进行间接沟通。人际传播新媒体包括 QQ、微信等实时聊天工具，这些新媒体依靠网络技术将信息通过文字、图片、语音和视频等形式进行点对点传播。与电话和短信息相比，用户只需支付信息发送所产生的流量费用，并且无线局域网络 WIFI 的大范围覆盖和普及进一步降低了信息交流的成本，提升了交流的效率。

2. 大众传播新媒体

大众传播指的是某一社会组织通过一定的传媒工具，对受众进行大规模的信息传播活动。传统的媒体大多充当大众传播的功能，将某一信息传递给广泛的受众。大众传播新媒体包括官方网站、官方微博、微信公众号、APP 等。其中，运用官方网站进行信息传播需要受众自行登录网站查看或下载相关信息，因此，信息是否能够被接收取决于受众的主动性。官方微博和微信公众号则需要受众提前关注，只有关注后才能接收到运营方推送的消息。目前，这一类型的新媒体在展览项目推广和营销中的应用最为广泛，主办方能够在短时间内以较低的成本将信息精准地推送给目标群体。

3. 自媒体

随着信息技术的不断发展，一种新的媒体形态应运而生，使得每个人都可以通过媒体工具表达自己的看法和观点，并将其传播给特定的受众。自媒体又被称为

“个人媒体”，具有私人化、自主化和平民化等特点。近年来兴起的自媒体平台包括国外的脸书和推特，国内的微博、博客、人人网、百度贴吧、论坛/BBS、QQ空间、微信朋友圈等。通过这些网络媒体平台，个人可以对感兴趣的新闻、话题、视频及其他信息进行评论和转载，亦可发布原创文章，表达看法、抒写心情、分享愉悦。自媒体的出现颠覆了传统媒体的单向传播模式，信息接收人同时也可以成为发送人，使信息传播去权威化、去专业化。

二、新媒体的特点

新媒体是信息技术和科技发展的产物，是传统媒体的有效补充和创新。与传统媒体相比，新媒体在信息传输、信息接收、信息处理和信息反馈环节均发生了翻天覆地的变化。具体而言，与传统媒体相比，新媒体主要呈现出以下特点（见表6－1）：

表6－1　传统媒体与新媒体对比

	技术					受众			运营主体
	传输介质	速度	质量	设备	传播方向	受众特征	接收信息	接收地点	运营主体
传统媒体	模拟信号/纸媒	慢	低	笨重	单向	非用户	被动	限制大	权威机构/专业机构
新媒体	数字信号	快	高	智能	互动性	用户	主动	限制小	企业或个人

1. 技术变化

高新技术的充分运用是新媒体区别于传统媒体的首要特征。传统媒体依靠纸质介质或无线电信号等进行信息传播，传播速度较慢，接收和发送信息的设备笨重（如收音机、电视机等），尤其是广播信号易受干扰，影响了信息传输的质量，信息单向传播，接收方与发送方互动较少。新媒体依靠高速网络进行信息传播，保证了信息传播的速度和质量，接收和发送信息的设备智能化，有的能够随身携带，受众接收到信息以后可以与信息发送方进行及时沟通和互动，提升了信息沟通的效率。

2. 受众变化

与传统媒体相比，新媒体在信息受众方面也发生了巨大变化。传统媒体的受众多为普通公众，本身并不是媒体的用户，被动接收发送者通过媒体工具发送的信息，信息接收地点受限制（一般而言，电视播送的信息大多数在家里才能够接收；广播信息仅限本地接收；报纸刊登的信息只能在发行范围内才能获取）。新媒体的接收者通常也是该媒体的用户，自行检索或者关注之后才能收到特定组织或个人推送的信息，是否接收和阅读信息可以自行选择，主动性较强，随着智能终端（如智能手机、智能手表、平板电脑、掌上阅读器等）的普及，受众接收信息的地点几乎可以遍布日常生活的每个角落。

3. 运营主体变化

传统媒体的运营主体多为专业的传媒机构，为广大受众提供新闻、娱乐、教育等有价值的信息，同时也接受第三方的委托，在媒体上发布广告以获取利润。新媒体的运营主体除了专业传媒机构外，还包含企业或个人，通过向软件开发商支付费用以获得特定功能（有些简单的功能可以免费使用），进而获取账号的所有权，向特定受众推送信息。以展览会的主办方为例，通过免费（或付费）开通官方微博或微信公众号，后台登录后就可以向所有关注微博或微信公众号的受众发送信息。个人也可以通过注册的方式获取账号，进行人际交流或者发送、分享个人喜欢的信息。

三、运用新媒体进行展览项目推广和营销的优势

在新媒体出现之前，展会主办方主要通过电话、群发邮件或短信、登门拜访等方式进行展览项目的推广和营销。这些传统的展会营销方式具有很大的局限性：受众面窄且客户群的真实性很难把控；营销成本较高；缺乏互动性。新媒体的出现对展览行业的传统营销方式产生了很大的冲击。在互联网方面，企业做一个自己的官方网站成本有时低至几千元，并且可以长期展示公司的产品，时效性更强。而微博、微信等新媒体的诞生，以迅雷不及掩耳之势席卷了各个行业，刷新了信息的传播速度和传播成本，而且方式多样，目标精准。例如，新媒体环境下，一条消息可以在几分钟内转发至几万甚至几十万个终端，这对于展览公司的诱惑力是极大的。

目前，微信已经成为国内展览公司进行展览项目推广和营销过程中的重要工具之一。本节的后续部分将以微信这一广泛应用的新媒体类型为例，介绍新媒体在展览项目推广中的优势、方法以及注意事项。

运用新媒体进行展览项目推广和营销的优势主要体现在以下几个方面：

1. 运营成本低

传统的营销方式一般需要借助大众媒体或策划面对面的交流活动进行展览项目推广，周期长且花费较高。很多从事展览业务的企业规模较小，资金力量不足，难以负担高额的营销费用。与传统营销方式相比，新媒体营销成本低廉，除了需要使用极少的流量费用外，基本上不需要其他费用。以微信公众号为例，企业注册公众号首先需要提供一个邮箱地址，在申请注册过程中上传企业的资质证明，审核通过后即可开始微信平台的运营。在微信平台上实现和特定群体的文字、图片、语音等全方位沟通、互动，整个过程不收取任何费用。此外，团队组建、团队运营、监控管理的成本也相对较低，并不需要大量的人员去维护和运营，降低了企业的人工成本。

2. 营销目标精准

对于展会的组织机构而言，整个展会项目的关键一步是做好招展工作。如何在有限的时间内从众多企业中选择优质的参展商，对主办方提出了严峻的挑战。例如，出境展览市场中，一个国际性的展会有来自世界各国的参展商，而分给中国的展位

数量一般只有几十个。因此，组展机构的目标就是将这几十个中国区展位销售完成。面对中国十几亿人口和上千万家公司，如何找出这几十家参展企业如同大海捞针。传统营销方式所推送的范围太过宽泛，缺乏明确的目标受众，而新媒体则很好地解决了这一问题。运用微信的后台推送功能，可以把展会的最新消息以最快的速度推送到参加展会的客商手上，这样不仅能够有效地促进参展商、采购商和主办方之间的互动，还能够提高客户黏性。

由于用户在关注微信公众账号时已经明确标识了用户的年龄、性别、区域等属性，可以通过后台的用户分组和地域控制，实现用户的分组设置，从而更精准地根据用户属性实现消息的精准推送，更精准地配置营销资源。同时 LBS（基于位置的服务）营销还可以清楚地知道目标客户群体的大概位置。也就是说，可以有针对性地向某一用户推送消息，也可以针对某一个地域或某一个点进行消息的推送。同时，微信的群发功能也非常便利，可以随时随地分组建群，使信息能够简单、精准地传播到已分类好的客户群体，这些特色功能正好契合了组展机构的目标需求。

3. 营销方式人性化

首先，用户可自主选择信息的接收方式。展会营销想要达到良好的效果，就不能让客户接收信息的时候产生厌烦情绪。传统的邮件群发和短信群发都是近乎强制性的内容推送，客户被迫接收，没有选择余地，因而容易产生反感情绪，进而将信息当作垃圾信息处理。利用微信平台进行展会营销最大的优点是信息的推送比较人性化，亲民而不扰民，用户可以自由选择是否接收信息。微信公众号的内容推送既可以主动推送，也可以把接收信息的权力交给用户，让用户自己选择感兴趣的内容，比如回复某个关键词就可以看到相关的展会介绍或参展流程，使展会的营销过程更加人性化。

其次，信息推送的频率固定。保持适当的展会信息推送频率也是展会营销取得成功的关键，不可为了急于求成而盲目大量推送信息，这样只会适得其反。微信公众账号限制每天最多只能群发一次消息，一次最多 8 条，给用户带来了更大的选择空间；微信公众平台服务号一个月能群发 4 条信息，服务号群发信息时，用户手机会像收到其他好友发来的消息一样接收到服务号推送的信息，显示在用户的聊天列表当中；微信公众平台订阅号每天可以群发一条信息，但是群发的信息不会有单独的消息清单，而是直接出现在订阅号文件夹中，用户将不会收到消息提醒。这样的信息推送频率和信息接收提醒方式的设置可以充分维护客户的利益，能够很好地实现组展机构的展会营销目的。

4. 互动性强

与传统的媒体类型相比，新媒体具有很强的互动性。微信的互动方式具有多样化和人性化的特点，丰富的微信表情、文字、语音互动，适合各类群体使用。对于打字不熟练的客户，可以通过语音互动；对于不方便语音的客户可以通过文字进行互动，也可以通过语音转文字功能将语音信息转化为文本；互动中的各种表情也可以很好地表达双方的情绪，避免因为单纯的文字表述造成不必要的误会。同时，通过微信可以与客户互相发送照片、文件等内容。照片可以作为与客户交流的依据，对于部分文件在没有高清晰度要求的情况下，完全可以通过微信进行互动。这对于几乎时刻在办公室办公的展览从业人员来说，具有非常高的适用性。此外，在开展期间，工作人员在展会现场也可以利用微信随时随地与客户实现沟通和交流，完全突破了时间和空间的界限，比传统营销方式更加及时和有效。

此外，客户在接收到推送消息时如果有任何疑问可以直接回复问题，微信公众号运营人员在后台看到客户反馈后又能够在短时间内予以答复，提高了双方沟通的效率。

四、运用新媒体进行展览项目推广的方法

如何运用新媒体帮助展览组织机构更好地宣传展会项目，建立与客户之间的信任，树立自己的展会品牌，使客户黏度得以提高，展览项目得以长期稳定的发展，已经成为组展机构亟须解决的问题。一般而言，运用微信公众号进行展览项目推广的方法包含以下几个方面：

1. 增加微信公众号的关注数量

展会主办方在建设好微信公众号之后，下一步工作就是不断增加公众号的关注度，即增加受众的数量。如果公众号没有关注量或关注量较小，推送的信息显然影响范围太小，达不到营销效果，那么公众号的运营就没有任何意义。通常，展览主办方可以借助传统的营销方式和展会现场宣传两个途径增加公众号的关注数量。

在任何一种业务推广的过程中，与客户进行电话、邮件、QQ 等交流都是必不可少的。尤其是展览行业，面对的客户并不局限于本地，而是全国性的甚至是全球性的，这种远距离且分散的客户分布无法实现经常性的面对面交流，而且从企业经营成本上考虑也是不允许的。因此，电话营销辅助邮件、QQ 等方式是几乎所有企业的共同选择。在跟客户的电话沟通中选择合适的时机推荐客户关注主办方的微信公众号，可以通过直接搜索公众号名称或微信号查找并关注，也可以通过邮件或者 QQ 等工具将公众号二维码发送给客户，邀请其关注。

此外，展会现场是主办方向客户推广微信公众号的最佳时机。因为展会现场集聚了大量的行业客户，资源最集中，也最优质，而且展会现场企业工作人员与客户面对面进行沟通，宣传解说公司的微信公众号也是客户接受度最高的一种方式。通常可以将公司的微信二维码张贴在咨询台以及印制在展会宣传袋、会刊、观展指南等印刷品上，在展会现场发放宣传资料时进行宣传。推介过程中可以适当准备一些小礼品赠送给配合度较高的客户，用较低的花费获得客户的认可。

除此以外，主办方内部员工通过微信朋友圈、QQ空间等自媒体转发和宣传展会的微信公众号也能够增加账号的关注度。

2. 对客户进行分组管理以实现精准营销

随着关注数量的不断增加，微信公众平台的后台管理者一定要根据客户的情况做好信息备注，以便进行分组管理，建立用户数据库。如果不实行分组管理而广泛群发消息就有可能使客户产生厌烦情绪，此时就有取消关注的危险。同时，对于企业而言，关注量并不是越多越好，还要注重质量。目标客户、潜在客户、同业人员数量的增加对企业而言才有重要的意义，单纯意义上用户数量的增加，需要企业付出更多的精力和成本进行客户的分析、维护、梳理甚至剔除。

在进行分组之后，就需要针对不同的群组发送特定的推送信息，以实现精准营销。针对不同特征的客户编辑推送不同的消息虽然对微信平台运营方来说比普通群发更费时费力，但是收效会大大提高。依据客户群组所属行业的不同而推送的行业市场分析、行业展会项目推介等，必然会引起客户的重视，对企业的微信平台产生好感，继而引导他们的参展意向，这是组展机构所喜闻乐见的。当然，并不是所有的信息都需要进行分组发送，对于所有客户都关心的展位价格、参展范围、往届盛况等信息，则可以采用整体群发的方式。

3. 与客户互动并了解客户的真实需求

微信朋友圈相比其他的社交软件或即时通信软件具有更强的私密性，互为好友才可以看到彼此发布的动态。这种私密性一方面限制了信息传播的广度，又增加了信息的可信度。公众平台的粉丝将平台上发布的信息转发到个人朋友圈，可以与圈中好友互动，特别是潜在客户，拉近距离，也完成了信息从点到面的扩散性传播。

展会主办方工作人员通过与客户互相关注成为好友，可以看到客户随时更新的朋友圈信息，比如新产品的发布、倾向的市场选择、参加的展会情况等，这些都是有效的信息传递，让主办方随时了解客户动向与需求，以便根据客户需求随时调整平台消息的推送内容。另外，客户成为组展机构员工的微信好友后，也能看到该员工的日常生活记录，从而拉近彼此的心理距离。

通过微信主动与客户沟通生意进展情况、参展意向，询问其参展需求，帮助客户分析适合其产品的市场及展会，站在朋友的角度去经营与客户的关系，节日期间给客户发送祝福等，都是行之有效的维护客户关系的方法。

4. 助力主办方的招展工作

传统招展流程中，展会主办方主要通过登门拜访、发邮件、打电话等方式进行展会的宣传推广，搜寻意向参展客户，信息单向传播且普及面较窄。企业有意向报名参加展会或者有疑问需要咨询也只能通过电话或邮件等方式提交报名表，很多时候因为时间上的延误，导致企业意向减弱或者转向竞争对手报名参展。微信公众号的建立，可以使信息在第一时间推送到意向客户的微信终端，客户有问题可以随时在线咨询，甚至可以在线提交参展意向表，这不仅提高了信息的传递效率，也降低了客户的流失率。主办方需要下发到企业的文件资料等也可以直接上传到公众号进行推送，有需要的客户直接下载即可，随时随地进行文件传输，大大降低了员工的工作量。除此以外，展位图、展商名录、交通路线图、酒店推荐信息等都可以通过微信客户端推送。

需要指出的是，微信等新媒体并不能完全取代传统的招展方式，必要时仍然需要与客户见面洽谈相关事宜，而不能完全依赖新媒体。因此，新媒体与传统招展方式相结合才能够有效地促进主办方的招展工作，二者互为补充，需要根据实际情况选择最恰当的招展方式。

五、运用新媒体进行展览项目推广需要注意的事项

微信、微博等新媒体因为其突出的优势迅速成为现代商业贸易领域重要的沟通工具。但新媒体并不是完美无缺的，使用者在享受科技带来的便利的同时需要注意相关事项。想要更好地利用新媒体让企业的展览项目推广和营销工作变得顺利，就需要目光敏锐，客观地看待新媒体营销，正视新媒体营销存在的不足，提前做好应对准备。在运用微信等新媒体进行展览项目推广和营销时需要注意以下几点：

首先是激情关注的问题。微信平台的粉丝量不是越多越好，而是应该注重质量。在微信平台推广过程中，许多展商或者观众冲着“扫一扫，得礼品”等活动而扫码关注，但是实际上客户本身对这个展会甚至这个展览公司并没有兴趣，即这样的粉丝并非展览公司要寻找的意向展商。据粗略统计，利用扫码得礼品的方式获得的粉丝大概有三成会在短时间内流失，原因就在于他们当中的很大一部分属于非目标受众，即使他们不取消关注，微信平台所推送的信息对他们也达不到传播效应。另一方面，展览公司在搭建微信平台时存在盲目跟风问题。许多展览公司，在见到同行企业纷纷建立起公众微信号后，在没有充分考虑企业自身的情况下，甚至在还没有充分理解微信运营的时候，就盲目跟风搭建微信平台，甚至花钱推广，只为“涨粉”，而没有在微信平台的维护和信息推广上下功夫。

第二，要注意信息推送的质量。要想吸引更多的粉丝关注，必须能够提供更多粉丝所需要的价值。增加微信公众号的关注量其实并不难，展会上一个小纪念品就能换取一个粉丝，但难的是降低粉丝的流失率，获得订阅客户的持续关注。什么样的内容能够精准地表达企业的价值？什么样的内容能够吸引并留住粉丝？什么样的内容能让粉丝如获至宝，进而对企业产生强烈的认同感，成为企业真正的客户？这都是企业在搭建微信平台时需要着重考虑并花费心思的地方。大部分展览公司的微

信运营都没有特定的团队，信息的推送不定期，内容编辑不精细，要么长时间不推送信息，要么反复推送同样的展会推介广告甚至从别处转载而来的消息，对于客户来说并没有吸引力。

第三，需要注意信息推送的频率，过高或过低的推送频率都是不可取的。微信平台的信息传递方式是通过一对一的实时推送来完成的，这样的设计能保证每一条信息都让用户接收到。但是如果企业信息推送过于频繁，且内容重复、没有创新、缺乏独特性和吸引力，则会对用户造成困扰甚至引起反感，不仅达不到营销的效果，严重的还会失去用户对企业的关注。如果信息推送频率较低或不及时，那么客户就可能忽视微信公众号的存在，这样的公众号也会失去其应有的价值。

第四，虽然微信营销的各种优点成就了其在移动终端的领先地位，但是微信在PC端的辐射力差也是不容忽视的。纯移动产品的信息显示容量和功能的丰富性都比不上PC端，这在一定程度上可能会限制微信营销被用户接受的程度和长期关注的程度。关于这一点，可以将微信公众平台与企业的官方网站相结合，互相推介，信息共享。微信上做大致介绍，详情介绍可链接至企业的官方网站，让客户一应俱全地看到所有内容。

最后，要注意信息回复的及时性。微信对于企业而言是一个很好的与客户沟通的平台和工具，可以作为实时的在线客服，但是如果用户数量过于庞大而企业没有合理的应对措施，客户反馈的问题得不到及时的回复，无疑会造成客户对展览公司的满意度下降，这样，微信公众号的开发就会发挥相反的作用。当然，如果公众号的关注量巨大，客户反馈信息过多，加之员工工作繁忙等原因，不能及时回复信息的情况有时不可避免，这时就应该注意沟通技巧，注意礼貌用语并向客户说明未能及时回复的原因，请求客户的谅解。

可以预见，未来展会主办方传播信息、获取客户的通道都会转向移动新媒体，谁更重视、更懂玩转新媒体，谁就会拥有更多的机会。

知识链接

杭州某展览有限公司的微信营销策略

杭州某展览有限公司是一家成立于2005年的民营企业，公司位于浙江杭州，是一家致力于海外参展的综合服务提供商，其业务涵盖三大板块：组展业务、设计搭建业务、商旅业务。公司自成立以来，平均发展速度每年超过70%，目前员工人数超过100人。公司组织架构全面，合作机制完善，在展览行业精耕细作多年，建立了良好的客户口碑，已经成长为颇具实力和代表性的会展公司。公司最初以汽配行业展览起家，逐渐衍生至轮胎展、五金及紧固件展、管件线材泵阀展、照明灯行业展，并纵向开发了展台搭建业务和商旅业务，逐渐发展为自成一体的展会综合服务提供商。

该公司是行业内微信营销运营比较成熟的展览公司，其成功的因素可以归结为以下几点：

一是有专门的微信运营团队。微信平台推送的每一条消息都需要后台工作人员精心收集材料并编辑，以合适的形式展现，把握合适的时间与机会，这些都是看似微不足道，实则处处体现心思之处。微信运营重在微信客服，这也是微信区别于其他平台的一个鲜明特点，有专门的客服团队对于客户与平台的互动也是至关重要的。

二是注册时间早，把握先机。该公司于2013年5月开始注册微信订阅号，2013年5月24日群发第一条信息，并于2015年年底升级为服务号。公司注册微信公众平台时微信为4.5版本，如今已升级为6.3版本，是行业内较早利用此平台开展展览项目推广和营销的会展企业。

三是微信推送的内容丰富。纵观公司的历史群发消息，内容涉及面很广，包含展会介绍、展会现场播报、公司活动及文化宣传、行业及市场分析、行业热点讨论、民俗文化讲解、幽默搞笑、励志鸡汤等，内容丰富多彩，形式图文并茂，让受众耳目一新，避免了视觉疲劳。公司在其微信的运营中适时穿插有奖竞答、有奖参与等活动，此类活动能够在很大程度上吸引客户眼球及兴趣，保持客户的热情，与客户达到有效互动。

四是微信消息更新速度及时。公司的每一次展会出团，领队都会在展会现场及时进行当前展会的情况播报，实时更新展会动态，让客户能第一时间接收到展会一线的情况，如身临其境。

五是微信消息定期发送，信息量大。回顾公司的微信公众平台的历史消息，其订阅号基本保持每月10～15条信息的发送频率，升级为服务号后每月4条信息。

第5节　宣传与推广工作的管理

宣传与推广工作的管理是指组展企业为提高宣传和推广效果而对宣传与推广工作进行的计划、组织、协调以及控制等方面的管理。理解这一概念，关键要把握两点：第一，会展企业宣传与推广管理的实施主体不是每个具体的宣传和推广工作人员，而是整个组展企业；第二，会展企业宣传与推广管理的内容不是指展览项目的产品设计、定价方法以及推广策略等具体问题，而是整个组展企业关于宣传与推广工作的计划、组织、协调以及控制。

根据上述宣传与推广管理的定义，我们认为会展企业宣传与推广工作的管理过程主要包括如下六个环节（见图6-1）。

1. 分析宣传与推广环境

分析宣传与推广环境是会展企业选择宣传与推广战略的基础工作。宣传与推

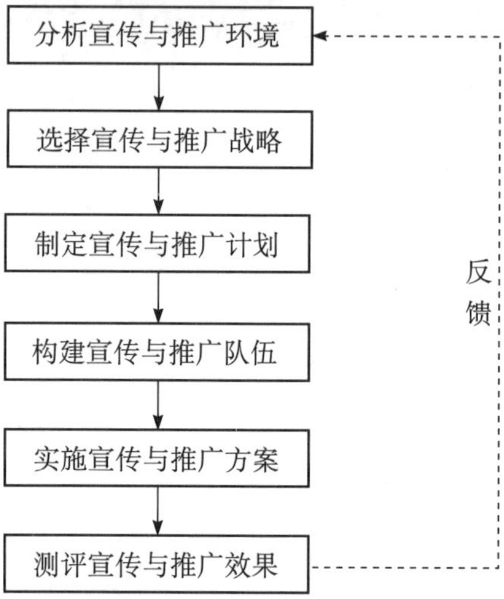

图 6－1　会展企业宣传与推广的管理过程

广环境分析的内容通常包括：（1）宏观层面的政治、经济、文化以及法律环境；（2）产业层面的对外开放格局、同行业竞争态势等；（3）微观层面的企业管理水平、行业地位以及竞争优势等。分析会展企业宣传与推广工作的环境主要目的是了解企业的优势、劣势、机遇以及挑战，为会展企业制定宣传与推广战略提供决策参考。

2. 选择宣传与推广战略

宣传与推广战略是会展企业未来一定时期内关于宣传与推广的工作定位、总体目标以及实现目标的途径等方面的总体谋划。宣传与推广战略是会展企业制定宣传与推广计划和策略的总体指导方针。

3. 制定宣传与推广计划

宣传与推广计划是会展宣传与推广人员根据企业宣传与推广战略制定的具体方案。宣传与推广计划既是对具体宣传与推广工作的事前设计，也是最终考核宣传与推广效果的主要参考依据。宣传与推广计划通常按照会展企业的财政年度为基础进行设计，当然也有不少企业按照展览项目的运作周期进行设计。

4. 构建宣传与推广队伍

宣传与推广队伍是实施会展企业宣传与推广战略、落实宣传与推广计划的主体。能否建设一支精干高效的宣传与推广队伍，是决定会展企业宣传与推广工作成败的关键环节。因而，会展企业宣传与推广队伍的构建是会展企业宣传与推广管理的重要工作，具体包括宣传与推广人员的招聘、培训、激励以及考评等环节。

5. 实施宣传与推广方案

实施宣传与推广方案是指会展宣传与推广人员根据既定的宣传与推广战略和宣传与推广计划将宣传与推广工作付诸实施的过程。会展企业作为一种经营机构，讲求实效是其最大的特点。不管是多么好的战略以及多么周密的计划，如果不付诸实施，都将成为一纸空文，无法转化为企业的效益。因而，采取切实有效的管理手段，促进会展宣传与推广方案的落实，是会展企业宣传与推广管理的核心工作。

6. 测评宣传与推广效果

从管理学的基本原理看，任何一项管理工作几乎都需要经过决策—计划—实施—测评四个环节，会展宣传与推广管理也不例外。会展宣传与推广效果的测评是对会展企业宣传与推广决策、宣传与推广计划以及宣传与推广实施过程的总体评价。会展宣传与推广效果测评结果，既是考评和奖惩宣传与推广人员的主要依据，也是进一步改进宣传与推广管理工作的重要参考依据。

□ 本章小结

会展企业的产品和服务只有通过一定媒介宣传和推广出去，才能够被目标受众了解和接受，才能够吸引更多的参展商和观众前来参展和参观，因而展览会的宣传与推广是会展企业非常重要的工作内容之一。

由于展览会是一种贸易促进平台，主要是为机构客户服务的，因而会展企业在制定宣传和推广方案的时候，首先需要进行市场细分，明确宣传和推广的目标对象；其次要根据展览会的宣传和推广需要，准备宣传册、新闻稿、光盘等宣传资料；最后要从众多的媒介工具中，选择适合展览会的媒介进行宣传和推广。

作为企业管理活动的重要组成部分，会展企业既要注重宣传和推广的效果，也要加强过程的监管。因此，会展企业必须加强宣传和推广工作的计划、组织、协调以及控制工作，确保过程有监控、效果有保障。

□ 关键术语

目标市场　　新闻发布会
展览会宣传册　　公益赞助
大众传媒工具　　联合促销
会议演说　　路演

□ 复习思考题

1. 为什么组展商需要加强展览会的宣传和推广工作？
2. 如何制作展览会的宣传与推广资料？
3. 展览会宣传和推广过程中通常选择哪些媒介？这些媒介各自有什么特点？

4. 如何加强展览会宣传和推广工作的过程管理?

□ 阅读材料

2016（第十四届）北京国际汽车展览会（Auto China 2016）

一、本届北京车展概况

作为本年度全球最重要的汽车展事之一，2016（第十四届）北京国际汽车展览会将于2016年4月25日至5月4日在北京中国国际展览中心（天竺）新馆和中国国际展览中心（静安庄）老馆隆重举行。新国展主要展示国内外乘用车、商用车、豪华改装车，部分媒体也将在此参展，老国展将以零部件和新能源车辆展示为主。作为全球最受瞩目的A级车展之一，本届车展吸引了来自全球14个国家和地区的1 600多家参展商，总展出面积将达到22万平方米。2016北京车展顺应汽车产业发展趋势，以“创新·变革”为主题，汇集并展示全球汽车工业的最新发展特点、汽车制造的创新理念、现代汽车工业与自然环境和互联网技术相结合的新成果和新突破，共同见证汽车工业为人类生活带来的便利和美好，促进中外汽车业界的交流与合作。两年一届、举世瞩目的北京国际汽车展览会（Auto China）将再次拉开华丽、盛大的帷幕。我们诚挚欢迎中外汽车业界、新闻界、广大汽车爱好者和社会各界人士参观本届车展。

本届车展的主办单位有：中国机械工业联合会、中国机械工业集团有限公司、中国国际贸易促进会、中国汽车工业协会；承办单位有：中国国际贸易促进委员会汽车行业分会、中国汽车工业国际合作有限公司、中国国际展览中心集团公司、中国汽车工程学会。

二、本届车展参展情况

1. 乘用车参展情况

几乎所有跨国公司都将北京车展作为除本土车展之外的全球最重要的展会。保时捷、法拉利、兰博基尼、劳斯莱斯、宾利、玛莎拉蒂、阿斯顿·马丁、迈凯伦等著名品牌悉数参展。在新国展E3、E4馆外东侧专门设立了豪华改装车专区，巴博斯、劳伦士、卡尔森、吉姆西、星客特等国际顶级豪华改装品牌，以及飞驰、九龙、新凯、中欧等高端商务改装及房车将在此集中展示汽车多样化的魅力。

国内厂商如一汽集团、东风集团、上汽集团、长安集团、北汽集团、广汽集团，这些国内大型汽车集团均组织本集团旗下所有品牌和全系列产品以超大规模参加本届车展。吉利、长城、奇瑞、华晨、比亚迪等国内品牌也将给观众带来最新研发的技术及产品，与国际品牌阵容同台展示，交相辉映。

除了特斯拉和腾势等电动车品牌，互联网汽车乐视、两轮电动车凌云智驾、前途及宝沃、凯翼等品牌也首次在北京车展登台亮相。

2. 商用车参展情况

商用车展区展出面积26 000平方米，国内主流商用车生产商，一汽集团、东风商用车、上汽集团、北汽福田、兵器集团、江淮汽车、东风柳汽、四川现代、中欧汽车等均已报名参展。参展的商用车包括国内外主流卡车、客车、专用车及零部件企业，产品覆盖重卡、中卡、轻卡、专用车、特种车、房车、客车、新能源车等众多车型，其中包含新能源产品展示、新动力展示，以及商用车在轻量化、节能和环保等方面的新科技、新产品。

3. 零部件参展情况

本届车展零部件展区展览面积7万平方米，共有来自10余个国家和地区的1 000多家零部件企业参展。除展出汽车驱动和底盘、车身及附件、电子电器、汽车用品等外，特别新增新能源展区及装备制造展区，吸引了包括新能源、智能化、装备制造、车网互联等相关企业参展，将充分展示中外汽车零部件行业在新能源及智能汽车等方面的最新成果。

参展的国际著名零部件企业有：Alpine，BOSCH，Dixie等。韩国及中国台湾展团携众多企业参展。大陆零部件巨头也将以强大的阵容、高品质的展台形象集体亮相本届车展，参展的企业包括：海纳川、富奥、北汽福田等。此外，中国兵器工业集团、中汽车用电机电器委员会等也以展团形式组织了众多厂商参展。

作为全球最受瞩目的A级车展之一，本届北京车展共展示车辆1 179台；全球首发车112台，其中跨国公司全球首发车33台、跨国公司亚洲首发车21台、概念车46台、新能源车147台。在展车数量和展车品质上继续保持全球领先水平。

三、展会同期活动

除了丰富的产品展示外，主题众多的专业性技术交流和论坛将在本届展会期间集中推出。整个展会期间共有几十场高层研讨交流活动，如2016中美汽车产业高峰论坛、业内知名的国际汽车变速器及驱动技术研讨会（TMC 2016）和C-NCAP评价结果发布。

本届车展加大了零部件展区同期活动的举办力度，就行业发展趋势将举办多场次高峰论坛及技术交流活动。内容涉及车联网创新、汽车零部件技术发展、汽车后市场发展等。主办方还邀请了部分主机厂、汽配城、经销商、4S店、维修厂、维护保养电商、海外商协会及使领馆商务处等单位到场，加强国内及海外专业观众组织力度，提高展会效果。这些交流活动的举办将进一步增加本届车展的含金量和影响力。

本届车展主办方将与中国社会福利基金会自闭症儿童救助基金共同举行关爱自闭症儿童主题公益活动，让观众有机会了解自闭症儿童的内心，呼唤社会各界人士关注自闭症儿童，为车展增添一份爱心和温情。

四、本届车展时间和场地安排

本届展会根据实际需要，将媒体日由上届的一天调整为两天，4月25日、26日是新闻媒体日，专门接待海内外的媒体记者到场参访，不对外售票；4月27日、28日是专业观众日；4月29日至5月4日是公众参观日。

1. 中国国际展览中心（新馆）

整车展区展出时间是4月25日至5月4日，共展出10天。

媒体日的第一天，即4月25日，展出时间是9：00～18：00。

从4月26日开始直到5月3日，每天展出时间是10：00～18：00。

5月4日是展会最后一天，展出时间是10：00～15：00。

2. 中国国际展览中心（老馆）

零部件、新能源汽车展区展出时间是4月25—29日，共展出5天。

4月25日，展出时间是9：00～17：00。

4月26—28日，每天展出时间是10：00～17：00。

4月29日，展出时间是10：00～15：00。

五、票务工作

本届车展门票进一步提升安全等级，采用在奥运会和世博会等大型活动中广泛应用的无线射频识别技术（RFID），将含有购票信息的芯片封装在PVC介质门票中，并在门票上加设副券，采用多种票面防伪技术印刷，有效杜绝假票。

本届车展门票种类：

1. 专业日门票：4月27—28日　票价：每张100元。

2. 公众日门票：4月29日至5月3日　票价：每张50元。

3. 青年节公众日门票：5月4日　票价：每张30元。

上述门票均为当日一次有效。

前往中国国际展览中心（静安庄）展区参观的观众可于4月24日中午12点前登录车展官方网站（www.autochinashow.org）、中展集团官方网站（www.ciec-expo.com），在网上登记个人信息，在现场自助打印参观证件，直接入场，也可在展会现场填写观众登记表或使用自助办证机现场办理观众证件后入场。老国展的票证仅限在老国展使用。

本届展会购票方式分三种：

1. 网上购票。观众可登录主办方网站或直接登录北京车展直营淘宝网店（www.shop70989749.taobao.com）购票。在车展官方网站（www.autochinashow.org）和中展集团官方网站（www.ciec-expo.com）购票的，在北京市范围内免费送票上门；在淘宝网上购票的，可根据淘宝网上相关说明选择送票上门或者到现场取票。其他已全额支付票款的观众（全国范围）可付费通过快递领取门票，也可到现场售票处领取。由于系统与配送条件的限制，网上付款订票参观新国展（天竺）的截止日期为4月30日下午17点。

2. 团体预售票。团体票预售不接受票务代理、中介等，50张起订。

有团体购票需求的可登录车展官方网站（www.autochinashow.org）、中展集团官方网站（www.ciec-expo.com），提交订单后系统将自动发送订单至订票人邮箱。成功付款后到老国展（静安庄）领取门票。领取时间：2016年4月8—26日（工作时间9：00～16：30，周六、日及节假日休息，26日中午12点停止领票）。领取地点：老国展（静安庄）服务楼208室。4月27日起，参展企业可在新馆（天竺）南登录厅以现金或刷卡方式付款领票。

3. 现场售票。4月25—29日在老国展（静安庄）1号门西侧的票房开设购票窗口；4月27日至5月4日在新馆各登录厅外购票亭对观众售当日票。

资料来源：2010北京国际汽车展览会网站 . www.autoshowchina.org。为适应教学需要，内容略有删改。

第 7 章

展览会招展与观众组织

本章要点

- 招展管理的工作流程与主要步骤
- 展览会产品和服务的定价技巧
- 代理商的选择与管理方法
- 展览会观众组织的方法与技巧

作为一种重要的贸易平台，衡量展览会成功与否的重要标准是贸易的效果。贸易是买卖双方相互选择的结果，只有买方或者只有卖方的市场，根本无法达成交易。因而，展览会的组织与运营中，一方面要做好招展工作，另一方面要做好观众组织工作。只有参展商和买家在数量和市场定位等方面相互匹配，展览会才能取得理想的贸易效果。

第 1 节　招展管理的一般流程

展览会招展是指组展商通过各种方式将与展览会主题相符的制造商、供应商、技术成果拥有者、服务提供者等吸引到展览会，让其在展览会上展示和推广自己的产品、服务和技术成果的行为。一般来说，招展工作划分为以下五个主要步骤：(1) 建立目标参展商数据库；(2) 进行产品和服务的定价；(3) 编制招展邀请函；(4) 建立招展渠道；(5) 进行招展进度管理。

一、目标参展商数据库的建立

招展工作的第一步是通过广泛收集目标参展商的信息，建立一个完整实用的目标参展商数据库，为展览会招展做好基础性的准备工作。如果没有一个完整实用的目标参展商数据库，招展工作的展开就像是缘木求鱼。一个好的目标客户数据库不仅是展览会招展的基础，也是进行展览会规模预测和制定展览会招展方案的基础。

1. 收集目标参展商信息

目标参展商是组展商认为可能会来参加展览会的企业和其他机构。这些企业主要是该展览题材所在行业的企业，也有少数是从事与该展览题材密切关联行业的企业。展览会招展是在掌握展览题材所在行业企业的数量、特征和分布状况的前提下进行的，展览会的展位营销工作主要针对这些企业开展。要建立一个有价值的目标参展商数据库，首先必须广泛收集目标参展商的有关信息。一般来说，目标参展商的有关信息可以通过以下途径来收集：

（1）通过行业企业名录收集；

（2）通过商会和行业协会收集；

（3）通过政府主管部门收集；

（4）通过专业报刊收集；

（5）通过同类展览会收集；

（6）通过外国驻华机构收集；

（7）通过专业网站收集；

（8）通过黄页电话号码簿收集。

对目标参展商的信息，除了要收集它们的名称、地址、联系电话、传真、E-mail、网址、联系人等基本信息外，还要收集关于它们生产及需要采购的产品的种类、目标市场、企业规模等信息，因为这些信息对以后的展览会招展工作有重要的参考价值。在收集目标参展商的信息时，组展商除了要掌握每一个具体企业的基本信息外，还要从宏观上对这些信息加以分析和把握，如分析该行业企业的产品构成状况，分析该行业企业的地区分布状况，了解行业的市场特点等，这些信息对于进行招展策划大有帮助。例如，了解企业的地区分布特点，就可以将那些企业比较集中的地区作为展览会招展的重点地区；了解该行业企业的产品结构状况，在进行展览会展区划分时就会更合理。

2. 建立目标参展商数据库

借助电脑和网络技术，可以建立一个很好的目标参展商数据库。目标参展商数据库，是将所有目标参展商的有关信息按照一定的规则建立的数据库。目标参展商数据库是以后招展工作中目标客户的重要来源，要想使目标参展商数据库能对以后的招展工作有所帮助，在建立这个数据库时必须遵循以下基本原则：

（1）数据库要有一定的数据量。这是对目标参展商数据库最基本的要求。我们将所有关于一家目标参展商的信息称为一条数据，一个目标参展商数据库所包含的数据量要尽可能多，这样在以后招展时才会有足够的目标参展商资源，如果数据库所包含的数据量不够多，在以后招展时就可能会出现目标客户资源枯竭的现象，对招展产生不利的影响。

（2）分类科学合理。对数据库各条信息按招展分类的要求进行科学的分类，这一点十分重要。因为以后的数据检索和招展工作就是根据这些分类来进行的，如果分类不当，数据检索的结果可能无法使用，将影响招展工作的顺利进行。例如，产品范围分类的错误可能导致大量的企业根本检索不到，而如果检索不到这些企业，组展商就可能漏掉对它们的招展工作。这样一来，它们来不来参展就完全取决于自己能否从别的渠道获知本展览会的信息了，这意味着组展商在对这些企业招展时就失去了主动。

（3）数据真实可靠。在建立数据库时，不仅要尽量使数据库的数据量足够多，而且要尽量使各条数据所包含的基本信息真实、准确和完整，这样的数据库才更实用。在收集目标参展商的信息时，由于来源渠道不同和来源渠道较多，有些数据可能不真实，有些数据可能重复，有些数据可能不完整。因此，在建立数据库之前就要对这些数据进行甄别，将不完整的信息补充完整，将重复的信息删除。否则，当以后按照数据库的数据去对某企业进行招展时，现实中该企业却不存在，这不仅浪费了人力和物力，还会打击工作人员的积极性。

（4）便于查找和检索。数据库建立起来以后，出于招展工作的需要，会在不同的时间对数据库所包含的企业信息进行多方检索和查找。例如，查找某地区所有目标参展商的数量以及每个参展商的具体信息，查找生产某一类产品的所有目标参展商的数量以及每个参展商的具体信息等。如果数据库不支持这样的检索，组展商在查找这些信息时就会一筹莫展。

（5）可以及时修改。随着以后招展工作的推进，组展商可能会对数据库的信息进行必要的删减增补，或者进行局部的分类调整等，如剔除一些已经倒闭破产企业的信息，增加一些新成立的企业信息，完善一些原来暂时无法完善的信息等。为方便对数据进行修改，数据库的设计应当合理，并且在修改某一数据时不会威胁到数据库中其他数据的安全。

二、产品和服务的定价

展览会的产品和服务包含多种类型，如展位的租赁、广告、赞助以及入场券等，每一类产品和服务都需要制定一个价格体系。在此，我们以基础的展位定价为例加以说明，其他产品和服务的价格可以参考展位的定价方法和技巧做出决策。

制定合适的展位价格是一项十分复杂的工作。要制定出合理、可行的展位价格，就必须在充分考虑顾客、成本和竞争的基础上，参照办展机构的具体价格目标，采用合理的定价策略。通常情况下，为了制定最合理的展位价格，组展商需要注意以下几点：

（1）要充分考虑竞争的因素来定价。制定展位价格时，要充分考虑那些与本展览会有竞争关系的同类展览会的价格状况。有时候，它们的价格可作为制定展位价格的重要参考标准。组展商要充分评估本展览会在市场上处于什么样的地位。如果处于市场领先地位，就可以将价格稍微定得高一些；如果处于跟随地位，就必须将价格定得低一些。

（2）要结合展览会的价格目标来定价。对于不同的价格目标，展位价格也不尽相同。展览会一般有五种定价目标，即利润目标、市场份额目标、撇脂目标、质量领先目标和生存目标。在制定展位价格时，这些目标是组展商需要考虑的重要因素。例如，如果展览会的定价目标是以生存为主，那么展览会的盈亏平衡点价格就是其定价的基本依据。

（3）要结合展览会发展阶段来定价。每个展览会都会有一个从培育、成长、成熟到衰退的发展阶段。在展览会的培育阶段，展位价格不宜太高；在展览会的成长阶段，展位价格可以适当提高；在展览会的成熟阶段，展位价格基本固定，不宜变动；在展览会的衰退阶段，展位价格应该较低。展览会的发展阶段对展位价格有着十分重要的影响，在制定展位价格时必须充分考虑这一点。

（4）要结合展览会的价格弹性来定价。价格弹性是指在其他条件既定的条件下，当价格每变动 1%时，展位销售量变动的百分比，它是用来表示展位价格的变动对展位销售量影响大小的参数。如果展览会的价格弹性较大，展位价格的小幅降低就会引起展位销售量的大增；如果展位的价格弹性较小，展位价格的小幅降低对展位的销售就不会产生什么影响。因此，展位价格不能随意确定，必须考虑展位价格弹性的大小。

（5）要考虑展览题材所在行业的状况。主要是考虑该行业平均利润率的高低和该行业的市场发展状况。行业平均利润率的高低决定了该行业内的企业可能的盈利水平和支付能力。如果行业平均利润率较低，展位价格过高，企业将无法承受；反之，展位价格就可以相应定得高一些。另一方面，如果该行业处于买方市场状态，企业参展的积极性较高，展位价格就可以定得高一些；如果该行业处于卖方市场状态，企业参展的积极性较低，展位价格就应该定得低一些。

（6）要考虑展区具体位置的差别。组展商一般执行“优地优价”原则，即位置比较好的展位的价格要比其他展位的价格高。

（7）要注意国外参展商与国内参展商的差别。我国目前普遍实行价格“双轨制”，即对国外参展商与国内参展商推出不同的展位价格。国外参展商的展位价格一般要比国内参展商的展位价格高。不过，随着我国展览业国际化程度的提高，越来越多的组展商开始采取国内外统一价格的策略。

以上只是组展商在制定展览会产品和服务价格时需要考虑的一些重要因素，在现实的价格制定过程中，组展商还要结合展览会的运作特点，推出一系列旨在敦促参展商按时付款、鼓励参展商扩大认购展位面积、多家联合参展以及连续参展等方面的价格策略，详细的方法和技巧将在本章第 2 节中作出进一步的说明。

三、招展邀请函的编制

招展邀请函又称招展说明书，是组展商向目标参展商传递的最重要的招展文件之一。招展邀请函可以通过邮局或快递公司向目标参展商邮寄，也可以通过电子邮件向目标参展商发送。通常情况下，招展邀请函的内容主要包括以下几个方面：

（1）展览会简介。展览会简介是用简洁的语言，对展览会做一个轮廓性的描述，它要向参展商扼要地说明展览会的宗旨、层次水平、功能和发展前景。主要包括以下五个方面的内容：

1）展览会的名称与标志，展览会的举办时间与地点。这两项内容一般放在招展邀请函封面最醒目的地方。

2）展览会组织者。展览会组织者即展览会的组织机构，包括主办单位、承办单位、协办单位、支持媒体等。

3）展品范围。在招展邀请函中要明确说明展览的内容和展品范围，潜在的参展商可以据此决定是否来参展。关于展品范围介绍的详略，人们有不同的看法。有的认为应该尽可能详细些，以便参展商更好地做决策；有的则认为不必过于烦琐，建议视具体情况而定。

4）办展目标与历史业绩。办展目标即主办方计划要办成一个什么样的展览会，如计划规模有多大、预计有多少观众等。同时，历史业绩的回顾非常重要。经验告诉我们，第一次举办的展览是很难吸引参展商前去参展的。因为展览是一种远期要约，人们无法事先预期展览会的质量、举办单位是否有诚信等。因而，向他们介绍以往成功的展览案例是说服潜在参展商的最好办法。

5）参展收费标准。参展收费包括多个项目，其中主要是展览场地出租费。这是展览举办方的主要收入之一，当然也是参展商的基本支出。展位的出租单位分两种：一种是标准展位（3m×3m）；另一种是光地，对光地出租一般有最低起租面积限制。

（2）市场状况介绍。一般包括两个方面的内容：一是对展览题材所在行业的状况作简要介绍，如行业的生产、销售、进出口及发展趋势等；二是简要介绍展览会市场辐射范围所包含的地区市场状况。

（3）展览会宣传推广计划和观众组织状况。一般包括两个方面的内容：一是宣传推广手段、办法、范围和渠道以及展览会计划采取的扩大其影响的措施等；二是详细介绍观众组织工作的计划和实施方案，包括通过什么渠道、什么方式组织专业观众等。

（4）相关活动和服务。内容主要包括：展览会举办期间将组织哪些相关活动、各种活动的举办时间和地点以及参展商参加活动的联系方式等；展览会组织者将向参展商提供的各种服务。特别需要强调的是，在招展邀请函中，应向参展商说明哪些服务是免费的，哪些服务是收费的。一方面使参展商有所计划和准备，另一方面避免不必要的纠纷。

（5）参展办法和注意事项。参展办法和注意事项主要包括以下三个方面：

1）如何办理参展手续。告诉目标参展商，如果计划参展，该怎样办理各种参展手续。

2）参展申请表。招展邀请函应附参展申请表，供参展商填写，以便展览会组织机构掌握参展商的信息和具体要求。参展商将参展申请表填报给组展商，表示该参展商已经有意向参展，但真正参展要以支付展位费等相关费用为标准。

3）其他有关事项。招展邀请函的最后还必须将一些参展的具体事项告诉潜在参展者，如展览的日程安排与展览组织机构的联系方式，以及参展费用的汇款方式和途径等。日程安排一般包括布展日期、撤展日期、展出日期及每日对外开放的时间。汇款事宜包括汇款对象公司名称、开户银行、银行账号等。

（6）各种图片。如展馆图、展馆周边地区交通图、往届展览会现场图片等。这些图片既可以对展览会相关情况做进一步说明，又可以美化招展邀请函。

四、招展渠道的选择

招展渠道是指展览会的产品和服务从组织者手中销售给参展商的过程中所经历的环节和通道。

1. 展览会招展渠道的类型

通常情况下，按照展览会产品和服务从组展商到参展商之间经历环节的多少，可以划分为直接渠道和间接渠道两种类型：直接渠道是指组展商直接将展览会产品和服务销售给目标客户，不经过任何中间环节，即没有中间商的存在；间接渠道是指组展商通过中间环节的辅助而将展览会产品和服务销售给终端客户，其间至少经过一个中间环节。

直接渠道的优点主要包括：（1）不经过中间环节，不需要中间流通费用，有利于降低展览会产品和服务的成本；（2）组展商与参展商直接沟通，信息交流充分，有利于减少价格、展位划分等方面的业务冲突。

间接渠道的优点是：有利于突破组展企业的自身资源限制，从更广阔的层面上调动企业外部力量为本企业的市场开发服务，从而提高本企业的市场渗透速度。但是，间接渠道的缺点也非常明显：一方面，经过中间环节进行销售，需要向中间商支付相应的费用，提高了展览会产品和服务的成本；另一方面，组展商与参展商之间通过第三方进行沟通，可能导致信息失真，甚至引发业务协调方面的冲突。

2. 展览会招展渠道的特点

通常情况下，展览会的招展渠道具有如下四个特点：

（1）从渠道长度来看，展览会产品和服务的销售以组展商面对参展商的直接销售为主。展览会经营者面对的目标客户相对集中，特别是对已经举办多届的展览会组织者来说，他们已经建立了比较完整的客户数据库，而且每届展览会的参展商中老客户都会占据一定的比例。在这种情况下，组展商通常会设置专门的机构和人员，加强与客户的沟通和交流，以直销的方式进行招展。当然，展览会的规模和目标客户的地域范围不同，决定了组展商对分销商的依赖程度不同。一般来说，一些大型的展览会，尽管组展商拥有庞大的客户数据库，但具体的招展工作仍然需要依靠中间商；对一些大量涉及海外业务的组展商来说，基于语言、文化以及社会关系网络等方面的需要，他们对海外代理商将具有较高的依赖性。不过，对于一般商品（尤其是日用消费品）展览会而言，产品和服务的销售链条非常短，在大多数情况下，组展商主要依靠自己的内部员工组织招展，即使在雇用中间商代理销售的情况下，在一个特定地区的代理商层级一般也不会超过两级。

（2）从渠道宽度来看，在同一区域内以独家代理的窄渠道为主。组展商在选择代理商时，可以采取多种形式。在同一区域内，既可以只确定一家代理商，也可以选择多家代理商。但是，从现实中组展商的选择看，绝大多数企业最终采取独家代理的方式。展览会产品和服务的销售工作之所以以窄渠道为主，是因为展览会主要以企业等机构团体为招展对象，目标客户的专业领域相对集中，目标客户的绝对数量不多。如果在同一区域选择多家代理商，这些代理商可能共同开发同一客户，从而引起代理商之间的竞争，如果在服务以及价格等方面出现不同承诺，还可能进一步损害组展商的信誉。所以，为了避免代理商管理方面可能出现的冲突，绝大多数企业倾向于在同一区域只选择一家代理商的策略。当然，为了更好地开发市场，也有部分组展商保留了自己在同一区域内的招展权。

（3）在与中间商的销售合作中，以代理业务为主。展览会组织者与中间商的合作方式主要有两种：一是代理；二是包销。

代理是指分销商按照与组展商签订的合同，在组展商规定的权限内代理招展，并按照实际招揽参展商数量和成交金额的多少提取相应比例的佣金。在无法完成预期招展目标的情况下，损失由组展商承担。

包销是指分销商从组展商手中承包一定数量的展位，然后在组展商规定的权限内自主招展，不管能否招满约定的展位数量，包销商都需要向组展商支付约定的展位费。

显然，与代理商相比，包销展位对中间商来说面临的风险更大。为了保障选择包销业务的中间商利益，组展商通常会以高于代理商佣金比例的价格折扣将展位分包给包销商。从现实来看，为了规避经营风险，绝大多数从事展览会分销业务的中间商选择代理招展方式。

(4) 隐性代理与显性代理相结合。现实中的展览会组织者为了动员各方面的资源，通常采取多种渠道综合招展。在这些招展主体中，有的采取显性代理的合作方式，有的采取隐性代理的合作方式。通常情况下，与具有资质的正规中间商的合作，组展商通常采取显性代理的方式，通过签订正式合同等形式，明确双方的权利义务关系，确保招展工作的有序进行。对那些同样拥有客户资源但不便于签订正式代理合同的招展主体，组展商通常会通过口头许诺等非正规的隐性代理方式，委托它们招展，并给予相应比例的佣金。这些主体一般包括展览会合作机构、合作机构中的某些个人以及其他具有市场开拓能力的人员。

五、招展进度管理

展览会开幕的时间必须符合展览题材所在行业产品的产销时间特点，因此展览会招展的启动时间安排要合理，在各企业的年度营销计划、产品推广计划和企业形象广告计划制定之前，就要充分考虑到展览会招展在时间方面的需要，预留充足的时间以提高展览会成功举办的可能性，并要根据展览会举办的历史及所在行业的特点，重点把握招展工作的黄金时段。对招展进度进行控制，一方面可以根据目标参展商是否已经参展为主要监控对象，另一方面也可以根据展馆的展位是否已经划出为主要监控对象。最常用的方法是将两者相结合，以便同时掌握目标参展商的参展情况和展位的划出情况，据此发现问题，调整进度，制定进一步的招展策略。

为了保证展览会按时举办，确保展览的效果，展览会的主办者有必要对展览会筹备过程中的一些事务作出安排，如展览场地租用截止日期、展台设计报送审批日期、用水用电申请截止日期、展览会会刊资料截止日期等，以表格的形式通知参展商，以帮助参展商及时安排相关事宜，为展览会筹备工作的顺利进行打下基础。

第 2 节　展览会产品和服务定价技巧

如前所述，展览会产品和服务的价格是指展位、广告、赞助、入场券等一系列产品和服务的价格，本节仅以展位的定价为例，简要说明组展商在给产品和服务定价时常用的一些技巧。

组展商在制定展位价格时，需要注意一些常用的定价技巧。这些技巧的适当运用，不仅有利于敦促参展商按时付款，而且对于鼓励参展商扩大认购展位面积、多家联合参展以及连续参展等都具有明显的效果。下面从折扣定价和差别定价两个视角，结合具体案例，简单介绍组展商常用的定价技巧。为了让读者更加清晰地了解展览会定价技巧的具体构成，本书在两种视角下将展览会定价技巧简单汇总为七种方法（如图 7－1 所示）。

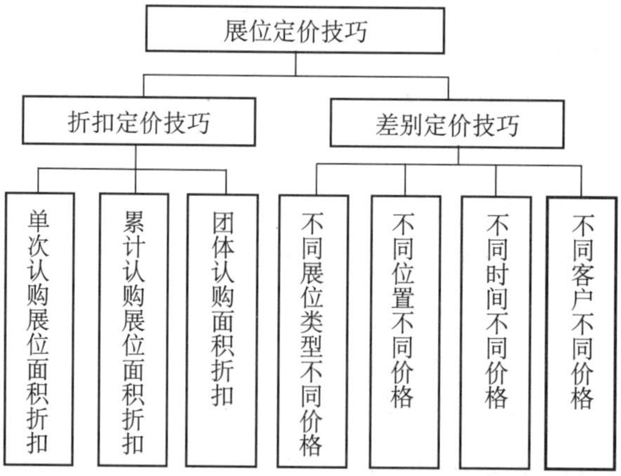

图 7－1　展位定价技巧

一、折扣定价技巧

折扣定价技巧是指展览会组织者为了鼓励参展商尽可能多地订购展位而采取的“认购面积越大，支付价格越优惠”的定价策略。根据组展商对参展商认购面积计算方法的差异，折扣定价策略通常可以划分为三种类型。

（1）单次认购展位面积折扣。是指在一次具体的展览会上，只要参展商认购的展位面积达到一定数量，就可以享受一定比例的优惠。单次认购展位面积折扣策略对于促使参展商扩大单次参展认购面积具有积极作用。下面结合 2005 年中国国际铝工业展览会价格折扣方案，具体说明这种策略的含义以及在实际中的应用。

中国国际铝工业展览会（ALUMINIUM CHINA）是励展博览集团主办的 ALUMINIUM全球性系列品牌展览会的亚洲盛会。首届展览会于 2005 年 5 月在上海新国际博览中心举行，展出面积达到 11 500 平方米，有 204 家国内外大型企业参展，吸引了 4 878 名专业观众参观。2005 年该展览会推出的价格折扣方案见表 7－1。

表 7－1　2005 年中国国际铝工业展览会价格折扣方案

折扣额度	折扣条件
5%	展位面积在 48～100 平方米
10%	展位面积超过 100 平方米

资料来源：2005 年中国国际铝工业展览会招展材料，有删节。

从表 7－1 中可以看出，在这个展览会中，组织者采取了批量折扣的定价策略。该展览会规定，参展商订购的展位面积越大，获得的价格优惠越多。具体来说，方案规定参展商订购展位面积在 48～100 平方米之间的，优惠折扣率为 5%；订购展位面积超过 100 平方米的，优惠折扣率为 10%。

（2）累计认购展位面积折扣。累计认购展位面积折扣是组展企业给予老客户的特别折扣，通常可以根据客户参加主办方组织的历届展览会的累计面积给予相应折扣。老客户累计认购的展位面积越多，获得的折扣越大。

（3）团体认购面积折扣。为了鼓励行业协会等机构集体组团参展，展览会组织方通常给予团体联合认购展位的参展商一定比例的价格优惠。一般来说，团体认购的面积越多，获得的价格折扣越大。

二、差别定价技巧

差别定价技巧是指组展商利用展位的类型、展览场地位置、客户类型、报名和支付时间等方面的差异而采取的旨在获取更高收益或者争取更多客户的定价策略。常用的差别定价技巧有四种：

（1）不同展位类型不同价格。是指组展商将展位划分为不同的类型，根据不同的展位类型制定不同的展位价格。一般来说，展览会组织者会把展位划分为标准展位和特装展位两种类型。当然，以上两种展位类型只是常规的划分方法，具体到某个展览会，组展商会从实际情况出发划分出更能满足参展商需求的展位类型。表 7 - 2 是第 17 届中国（深圳）国际钟表珠宝礼品展览会提供的展位类型及报价，读者可以从中了解到不同类型的展位在价格上的差异。

表 7 - 2　　第 17 届中国（深圳）国际钟表珠宝礼品展览会展位类型及报价

展位类型	展位说明	展位价格
A	$9m^2$（3m×3m），三面挡板（标准展位配置）	6 600 元
B	$9m^2$（3m×3m），两面挡板（标准展位配置）	7 200 元
C	$12m^2$（3m×4m），三面挡板（标准展位配置）	9 200 元
D	$12m^2$（3m×4m），两面挡板（标准展位配置）	10 200 元
E 型	$12m^2$（3m×4m），两面挡板（除标准展位配置外，含 5 个高柜）	16 000 元
特装展位	参展商租用空地自行搭建展位	680 元/平方米（48 平方米起订）

资料来源：中国（深圳）国际钟表珠宝礼品展览会网站．http：//www.szwatchfair.com.

（2）不同位置不同价格。是指组展商根据展览场地的不同位置，给展位制定不同的价格。通常情况下，对靠近门口、通道等有利于观众参观的特殊位置，组织者会制定较高的价格出售，在曝光率低的角落，展位的价格相对要低一些。下面通过 2006 上海国际专业灯光音响设备与技术展览会展位的报价方案来了解不同位置不同价格的定价策略。

上海国际专业灯光音响设备与技术展览会是由上海国际展览中心有限公司和法兰克福展览（香港）有限公司共同举办的专业性展览会，是为娱乐技术业界搭建的专业性和国际性营销及采购平台。该展览会已被业内人士公认为国内企业进入国际市场的最佳外销平台。2006 年该展览会汇聚了来自中国、法国、德国、韩国、马来西亚、挪威、新加坡、英国、美国等国家的 170 多家展商，吸引了 73 个国家的专业买家。该展览会 2006 年制定的部分价格方案参见表 7－3。

表 7－3　2006 上海国际专业灯光音响设备与技术展览会展位报价方案

区域/类别	光地价格	标准展位价格（3m×3m）
优越区（显要位置）	2 000 元/平方米	23 000 元/9 平方米
普通区	1 400 元/平方米	17 000 元/9 平方米
国内区	880 元/平方米	8 800 元/9 平方米

资料来源：2006 上海国际专业灯光音响设备与技术展览会网站．www.prolightsound.com。有删节。

从表 7－3 可以看出，2006 上海国际专业灯光音响设备与技术展览会根据展览场地的不同位置，划分了优越展区、普通展区和国内展区三类展览区域，优越展区的光地价格为 2 000 元/平方米，普通展区的光地价格为 1 400 元/平方米，而国内展区的光地价格仅为 880 元/平方米，不同层级的展区价格之差异由此可见一斑。

（3）不同时间不同价格。是指组织者根据参展商报名参展和支付费用的时间不同，给予不同的价格优惠。通常情况下，参展商决定参展的时间越早，获得的价格折扣越大；参展商支付参展费用的时间越早，获得的价格折扣越大。这种定价策略的根本目的是鼓励参展商尽早注册、尽早缴费。2006 第二届大连国际动力传动与控制、空压机暨通用零部件制造装备展览会价格优惠方案是一个关于不同时间不同价格的实际案例，读者可以从中掌握不同时间不同价格定价策略的含义以及在实践中的应用。

2006 第二届大连国际动力传动与控制、空压机暨通用零部件制造装备展览会是由中国机电产品进出口商会和中国五矿化工进出口商会等机构联合在大连世界博览广场举办的专业性展览会，其价格方案参见表 7－4。

表 7－4　2006 第二届大连国际动力传动与控制、空压机暨通用零部件制造装备展览会价格优惠方案

优惠条件	优惠措施
2005 年 12 月 31 日前报名参展	惠赠免费会刊彩色广告 1 页或原展位价格优惠 15%
2006 年 3 月 30 日前报名参展	惠赠免费会刊黑白广告 1 页或原展位价格优惠 10%

资料来源：大连安联工商展览策划公司．www.anlian-expo.com。有删节。

从 2006 第二届大连国际动力传动与控制、空压机暨通用零部件制造装备展览会的价格方案中可以看出，组展商采取了报名参展时间不同享受的价格优惠不同的定价策略。参展商决定参展的时间越早，获得的价格折扣越高；相反，越临近展览会召开日期，获得的价格折扣越低。

（4）不同客户不同价格。该策略是指组展商为了获取更多商业利润或者为了鼓励目标顾客持续参展而采取的区分不同客户类型制定不同展位价格的定价策略。通常情况下，同样展位销售给国内客户与国外客户价格会有所不同，同样展位销售给新客户和老客户价格也会有所不同。下面以第二届中国国际礼品展览会展位价格方案为例，帮助读者具体了解不同客户不同价格这种定价策略的含义以及在实践中的应用。

第二届中国国际礼品展览会是由中国轻工业联合会主办的专业性礼品展览会。根据中国轻工业展览网（www.qgzl.org）提供的信息，组展商制定的展位收费标准为（内容有删节）：

1）内地企业：标准展位（3m×3m）为5 300元、净地500元/平方米（净地36平方米起租，不配备任何设施，由参展单位自行委托设计、装饰）；

2）国际企业：标准展位（3m×3m）为1 300美元，特装修净地120美元/平方米（净地36平方米起租，不配备任何设施，由参展单位自行委托设计、装饰）。

3）第一届中国礼品展览会参展商及会员单位享受5%的优惠（由大会组委会确认）。

从这一案例中可以看出，组展商采取了不同客户不同价格的定价策略。一方面，从参展商的地域来源区分了内地企业和国际企业两种客户，并制定了不同的展位价格；另一方面，从参展商与组织者的以往业务联系区分了“老客户”“会员客户”与“普通客户”，并给予老客户和会员客户5%的特别优惠。

此外，需要特别指出的是，在我国的大多数展览会中，虽然长期沿袭针对国内企业和国外企业制定不同参展价格的传统做法，但是这种歧视性的价格策略与世贸组织的基本精神相悖，随着我国展览业国际化程度的提高，国内企业和国外企业参展价格的并轨将成为不可阻挡的趋势。

第3节 代理商的选择与管理

展览会的销售工作是组织者借助政府、协会、代理商、媒体、个人等多种渠道共同完成的。在这些渠道中，代理商处于毋庸置疑的中坚地位，其他主体虽然在展览会招展过程中也可能发挥非常重要的作用，但是他们的稳定性和工作努力程度通常要逊于代理商。因而，组展商能否建立一支稳定高效的代理商队伍，是决定展览会招展工作能否顺利完成的关键环节。

一、代理商的选择

1. 选择代理商应遵循的原则

从本质上讲，代理商的工作是组展商内部招展工作的外向延伸。组展商之所以选择外部机构代理招展，主要是因为企业内部人力、财力、物力以及社会关系等方面资源的限制，导致许多目标市场无法拓展。既然代理工作从严格意义上来说是内部招展工作的外部延伸，代理商的选择就必须遵循以下三个原则：

（1）有利于组展商的业务拓展。企业是务实的经营实体，对组展商来说，代理商不是“花瓶”，代理商的选择首先要有利于组展商预期业务的拓展。为此，代理商首先应该拥有比较丰富的客户资源，此外还需要具有勤恳敬业的市场开拓精神。如果代理商不能比组展商自己招展做得更好，长时间没有实实在在的业绩增长表现，最终只能被淘汰。

（2）代理商认同组展商的价值理念。虽然组展企业与代理商在法律上是对等的法人实体，双方依靠契约来实现业务上的合作，但对组展商来说，代理商的工作应该是其全部经营工作的有机组成部分，虽然在共同商定的契约中主要以经济利益为基础约定了双方的权利与义务，但是组展商与代理商的合作还需要遵循共同的价值理念。代理商一旦与组展商确立合作关系，代理商就成了组展商直接面对客户的窗口，代理商的行为将直接影响组展商的市场形象和信誉，所以组展商在选择代理商时，不仅要找有能力的代理商，还要确保代理商能够认同自己的价值理念。

（3）双方的合作关系保持适度弹性。由于代理招展是组展商通过合约关系建立起来的资源外取业务，因此对组展商来说，代理商是一个难以有效控制的风险因素。一方面，代理商的客户资源、工作努力程度以及由此产生的经营业绩无法通过短期的合作加以有效判断；另一方面，代理商能否按照组展商的经营理念开拓业务、是否会出现急功近利等问题，组展商事前往往无法预测。所以，组展商在选择代理商时，一定要为自己留有余地，使自己与代理商的合作关系保持适度弹性。例如，在某一地区选择一家独家代理商时，组展商应当与代理商事前约定，如果代理商在规定的期限内销售业绩没有实质性的进展，组展商可以保留中止代理关系等方面的权利。

2. 申请成为代理商的基本条件

为了确保代理商能够顺利完成预期的分销目标，组展商在选择代理商时，通常根据以上原则拟定具体的代理商申请条件，从符合条件的代理商中确定自己的合作伙伴。

代理商的申请条件通常包括注册资金、经营年限、经营范围、销售团队、信用级别、以往业绩等基本要素。在向组展商提出代理申请时，需要向组展商提供能够证明上述要素的资料原件以及复印件，并向组展商提供代理商诚信保证。

在现实中，不同组展商可能根据自己的展览会类别、经营实力等因素对代理商提出不同要求。表 7－5 是某组展企业提出的代理商申请条件，供读者参考。

表 7-5 ××展览有限责任公司代理商申请条件

● 境内注册的合法公司，具有法人资格认定，注册资金50万元以上
● 拥有不少于15人的销售团队，对展览会销售工作有一定的市场经验
● 讲求诚信，有极高的合作热情和极强的责任心
● 认同我公司的价值理念，严格执行我公司的价格体系及区域划分规定
● 有能力完成我公司要求的销售目标
● 有良好的展览会代理销售业绩的企业优先考虑

二、代理协议的内容与格式

（1）代理协议包含的内容。通常情况下，组展商和代理商签订的代理协议包含但不局限于如下内容：

1）合作主体的名称及联系方式；

2）合作背景与宗旨；

3）组展商和代理商各自的权利和义务；

4）佣金的计算办法、支付时间以及支付方式；

5）违约责任及调解办法。

（2）代理协议的格式。虽然不同组展商与代理商签订的代理协议具体条款有所不同，但是从总体上看，展览会的销售代理协议大致遵循类似的格式。以下是北京某国际会议展览有限公司拟定的标准代理协议格式，供读者参考。

实用案例

代理协议

编号：

甲方：北京××国际会议展览有限公司

乙方：

甲乙双方经友好协商，就甲方授权组织的活动（以下简称“活动”）的招展代理事宜达成如下协议：

一、合作宗旨

1. 发挥各自优势，发掘各自资源条件，优势互补，互惠互利；

2. 双方均应遵守国家有关法律、法规和活动规定。

二、甲方责任

1. 甲方对活动的合法性和质量承担全部责任；

2. 负责向乙方提供与活动有关的资料、文件；

3. 甲方负责活动的组织、承办工作；

4. 甲方根据约定向乙方支付佣金，为客户统一出具正式发票。

三、乙方责任

1. 按活动的总体要求进行招展，并定期向甲方通报招展情况；

2. 在报名截止日期前，将会议费或展位费汇入甲方指定账户；

3. 执行统一标准收费，不得向参加活动的代表收取额外费用；

4. 自行承担招展过程中的一切费用。

四、佣金的计算

活动内容	招展数量	佣金	备注
	人/展位以下		
	人/展位以上		

注：甲方在活动结束后的 3 日内向乙方支付佣金。

五、其他

1. 协议自甲乙双方签字盖章之日起生效，有效期至活动结束为止；

2. 本协议一式两份，甲乙双方各持一份，具有同等效力。

甲方：北京××国际会议展览有限公司　　　　乙方：

代表：　　　　　　　　　　　　　　　　　代表：

年　月　日

三、代理商的管理

虽然组展商在与代理商签订的代理协议中已经明确规定了代理商应该享有的权利和承担的义务，但是这种框架性的合作协议通常仍然难以确保招展工作的顺利完成。在实际工作中，组展商除了通过代理协议等法律手段管理代理商的行为外，还需要辅以其他方面的措施来约束代理商的行为，并防范由代理商的因素产生的经营风险。这些措施主要包括：

（1）建立代理商的定期书面报告制度。为了及时了解代理商的工作进度以及招展过程中遇到的困难和问题，组展商会要求代理商每隔一段时间向组展商以信函或者传真等形式提交书面工作报告。报告的内容主要包括代理商招展工作的开展情况，代理商负责区域的目标参展商对展览会以及组展商的意见和要求等。组展商通过整理、分析和综合各地代理商提交的工作报告，能够从总体上把握展览会的招展进程，并对招展过程中出现的问题做出及时的反应。

（2）严格落实代理商招展权限和价格制度。从现实情况看，组展商在委托中间商代理展位销售时，最容易出现的问题主要有：

1）突破代理区域界线，跨地区招展。由于代理商的市场网络通常并不一定局限于自己代理销售的授权范围，为了获取更多的代理佣金，很多代理商往往有突破授权区域的内在冲动，进行跨区域招展。

2）无视组展商价格体系，私自打折或收取额外费用。很多组展商为了调动代理商的积极性，通常采取累进佣金比例措施，鼓励代理商扩大销售数量，这样就提高了业务量大的代理商的佣金比例，从而给代理商私自打折带来了空间。另一方面，在组展商只选择一家代理商代理某一区域业务的情况下，代理商对本区域的客户具有明显的信息优势，为了获取更多的收益，代理商可能利用信息不对称的特点，向参展商收取额外费用。

3）对展位划分的控制不严，造成展位分配的混乱。通常情况下，几乎所有的参展商都希望能够租用最有利的展馆位置，所以展位的划分是展览会经营中的重要环节。为了争取更多的客户，部分代理商可能承诺客户在展位划分中可以与组展商通融，并承诺给予参展商位置优越的展区，但是事实上，展位的紧张可能导致代理商最终无法实现这种承诺，从而带来展位划分中的纠纷。

总之，不管是代理商超越代理区域招展、私自改变价格还是代理商私自承诺展位条件，这些违规行为都可能给组展商带来麻烦，并影响到组展商的信誉。所以，加强代理商工作权限管理，维护统一的价格体系，是代理商管理中的关键环节。

（3）加强资金管理，防范资金流失。一般情况下，在展览会的资金管理方面，代理商无权负责客户资金的收缴，大多数代理协议明确规定代理商发展的客户需要将参展费汇入组展商指定的账户。在展览会结束后的约定时间内，组展商把代理商应该获取的佣金汇入代理商指定的账户。当然，也有相反的情况。对有长期合作关系、信誉非常好的代理商，组展商也可以委托其直接收缴客户参展费，并在合同约定的时间内将参展费扣除佣金后汇入组展商账户。一般来说，采取前一种结算方式，组展商面临的资金风险较小，而在后一种结算方式中，组展商面临的资金风险较大，因而在与代理商约定参展费管理方式时，务必谨慎行事，以防代理商卷款潜逃。

（4）构建代理商绩效评价体系，客观评估代理商的表现。为了更好地发挥代理商在招展过程中的作用，嘉奖表现出色的代理商，组展商需要建立一套综合性的代理商绩效指标评价体系，对代理商的表现进行客观评估，并以此作为组展商奖励、惩罚和调整代理商的决策依据。为了全面反映代理商的绩效表现，在具体的评价体系中应该包含以下两类指标：一是销售量或者销售额。即代理商招展数量和实际销售的展位面积，这是考核代理商业绩的核心指标，因为代理商的核心业务就是代表组展方招展，如果展位销售工作达不到预期目标，无论如何也无法成为理想的合作伙伴。二是违规频次。尽管有些代理商市场开拓能力很强，在最终的展位销售中有突出的业绩表现，但如果在招展过程中出现虚假承诺、越权招展、擅自打折等违规行为，同样不能算作优秀的代理商。所以，组展商要从展览会的整体利益出发，从过程和结果两个方面全面考评代理商的绩效表现，根据考评结果界定代理商的等级，并以此作为组展商调整代理商政策的决策依据。

四、代理商的激励

市场经济是一种契约经济，契约的形成需要以签约双方都能够达到各自的期望值为前提。组展商和代理商作为在法律上对等的经济实体，双方合作关系的维持必须建立在双赢的基础上。这意味着组展商不仅需要从自己的利益出发管理和控制代理商，而且要采取相关措施，对代理商的招展工作提供业务支持，通过建立激励相容的游戏规则，激发代理商的工作积极性。为此，组展商要做到如下三点：

（1）配合代理商招展需要，对展览会进行全方位的宣传促销。宣传促销是组展商提高目标受众对展览会认知度的重要措施，但是宣传促销工作不仅需要投入大量的资金，而且宣传效果具有明显的非排他性，从而决定了这项工作只能由组展商“埋单”，而不可能把责任推给代理商。即使代理商确实认为在自己代理的区域内开展某些公众性促销活动是必要的，通常也需要得到组展商的认可和资金支持。所以，组展商的整体宣传促销力度，是影响代理商招展工作的重要因素。组展商对展览会的宣传促销力度越大，越有利于代理商招展工作的开展。

（2）加强代理商人才培训，提高代理商业务水平。会展销售是一项专业性很强的工作，展览会的销售人员不仅需要具备常规的营销知识，还需要了解展览会的行业背景以及某个特定展览会的目标顾客的需求特点。这些知识对组展企业内部的营销人员来说也许并不陌生，但是代理商的销售团队未必同样了解这些内容。所以，加强对代理商销售团队的培训，全面提高代理商销售人员的素质，对代理商卓有成效地开展代理工作是一个极大的支持。

（3）建立佣金比例累进制度，提高代理商业务拓展的积极性。除了为代理商提供展览会整体宣传促销配合以及培训专业销售人员外，组展商能否建立一套科学的佣金管理体系，是决定代理商是否具有内在驱动力的关键环节。组展商在与代理商签订代理协议时，可以采取两种佣金计算办法：一种是固定比例佣金计算方法，即代理商按照一个固定的比例计提佣金；另一种是累进比例佣金计算方法，即按照代理商销售累计额设置不同的佣金比例，销售额越高，计提佣金的比例越高。显然，在制度设计上，累进比例佣金计算方法对代理商的激励作用要大于固定比例佣金计算方法。但是，累进比例佣金计算方法在实际执行过程中容易出现制度性风险，需要组展商加强事前防范。这些风险主要包括两类：一是为扩大销售量以争取更高的佣金比例，代理商可能采取直接或者变相提高参展商优惠折扣比例等措施，从而扰乱组展商的价格政策；二是在同一地区存在两个以上代理商时，为了共同的利益，双方可能把最终的营业额累加在一起上报组展商，以获取更高比例的佣金，在这种情况下，组展商在特定地区的业务总量没有上升，支付的佣金数额却会因此而增加。

第 4 节　展览会的观众组织

展览会观众组织是与招展相对应的一个概念。展览会观众组织主要是指办展机构通过各种办法和渠道吸引那些对展览会有需求且感兴趣的采购商和其他观众参观展览会并进行采购的行为。参展商是展览会的重要目标客户，观众是支持参展商参加展览会的动力和源泉，因而组展商应把展览会招展和观众组织放在同等重要的位置。

一、观众组织工作对展览会的重要性

参展商和专业观众是展览会非常重要的两个方面。参展商是展览会存在的根基，没有参展商，展览会就失去了存在的基础；专业观众是参展商的目标客户，是参展商最想见到的群体，没有观众，展览会就没有了发展的后劲。拥有一定数量和质量的专业观众，是展览会成功的重要标志之一。

招展与观众组织是相互影响、相互作用的。参展商参展的目的是希望在展览会上结识更多的买家，专业观众则希望能在展览会上了解本行业的最新技术，集中获得更多新产品信息，采购到最合意的产品。对组展商而言，如果专业观众组织得好，到会专业观众数量多、质量高，参展商的展出效果就有保证；相反，对于专业观众来讲，如果展览会的招展效果好，参展企业尤其是行业知名企业多、产品丰富、信息集中，观众到会参观就会更踊跃。

随着展览市场竞争的日趋激烈，越来越多的展览公司开始认识到观众组织的重要性，以往只注重招展、只紧盯展位收益的公司也逐渐改变思路，不断加大观众邀请力度，把工作的重点放到观众的组织上来。一般来说，知名度高的展览会，通常不愁找不到参展商，就怕专业观众的数量少、质量差。从某种意义上讲，买家是展览会的生命线，展览会的成功与否，既要看参展商的数量，也要看专业观众的组织情况。

二、目标观众数据库的建立

和招展一样，展览会观众组织也必须首先建立一个完整实用的目标观众数据库。为此，需要重点做好如下工作：

1. 观众分类

按照不同的分类标准，展览会的观众可以划分为不同的类型：

（1）专业观众和普通观众。专业观众是指从事展览会所展示的某类展品或服务的设计、开发、生产、销售等方面的专业人士以及上述产品和服务的用户。普通观众就是除专业观众以外的其他观众。一般来讲，如果不是展览会有意控制，一个展览会往往既有专业观众，又有普通观众。在国内外展览行业的实际操作中，为保证展览会的效果，有些展览会只对专业观众开放而不允许普通观众进场参观，如广交会。也有些展览会虽然既允许专业观众参观又允许普通观众参观，但对普通观众的参观时间有所限制。如广州国际汽车展，在展览会开幕的第一天和第二天只允许专业观众入场，第三天才允许普通观众入场。

（2）有效观众和无效观众。有效观众是指到会参展的专业观众以及参展商所期望的具有潜在贸易价值的观众，他们对展览会来讲不可或缺。无效观众是指参展商没有对其产生期望值的观众，他们对展览会来说可有可无。由此可见，展览会观众并不是越多越好。对于一个专业展览会来说，如果无效观众过多，可能对展览会的正常商务活动带来不利影响，如展览会现场太嘈杂、秩序混乱、影响商务谈判等。因此，如果允许普通观众入场参观，展览会就要努力使有效观众达到一定比例。如果专业观众比例过低，展览会的质量和效果很难得到保证。不过，从另一方面讲，无效观众对展览会也不是没有任何作用，实际上只要数量适中，他们对增加展览会人气、活跃展览会气氛、扩大参展商的广告效益和知名度同样具有较高的价值。

展览会观众组织的重点是邀请到尽可能多的有效观众，这对展览会来说具有重要意义。首先，有效观众是参展商最主要的目标客户，如果不能保证有效观众的数量，就无法保证参展商的展出效果，会打击企业再次参展的积极性，给未来展览会的招展工作带来很大的困难，从而影响展览会的发展；其次，拥有一定数量和质量的有效观众是一个展览会成为“品牌展”的重要标志。

2. 确定目标观众的范围

目标观众主要是指专业观众和有效观众，这些观众可能是展览题材所在行业或与该题材所在行业有关联的行业的相关人士。目标观众是展览会观众组织主要的客户范围，展览会观众组织是在了解了上述观众所在行业、观众的基本数量及其需求特征和分布状况的前提下进行的。

一般来说，展览会目标观众的范围比目标参展商的范围更广，涉及的行业也更多。所以在进行观众组织时，目标观众的范围不能仅仅局限在展览会题材所在的行业，还要考虑到与展览题材相关的行业的客户。例如，体育用品博览会的目标观众除了体育行业以外，还有众多的健身休闲行业、房地产行业以及各种会所等。

3. 收集目标观众信息

收集目标观众信息的渠道和方法与收集目标参展商的渠道和方法有些相似，只是在收集信息时，除了要收集他们的名称、地址、联系电话、传真、E-mail 和网址等信息外，还要了解专业观众的职务、年龄、个性特征、购买影响力以及产品需求倾向等。

三、观众宣传资料

展览会信息只有通过一定的媒介传达给目标受众并引起目标受众的兴趣，才能最终吸引各类观众前来参观，因而加强展览会宣传是组织观众的重要环节。在第 6 章中，我们已经从总体层面对展览会的宣传和推广工作进行了阐述，本节将专门针对观众组织工作的宣传资料做进一步的说明。观众组织宣传资料一般主要包括展览会通讯、展览会画册和展览会宣传光盘等。

（1）展览会通讯。展览会通讯是展览企业根据展览会的实际需要编写的，用来向展览会的目标客户通报展览会有关情况的宣传资料，通常以小册子或报纸的形式出现。展览企业会以直接邮递或通过电子邮件的方式发给目标客户，并在展览会的专门网站上发布。展览会通讯一般包含展览会的基本内容、展览题材所在行业的市场信息和行业动态、展览会招展情况、宣传推广情况、相关活动举办情况以及参观回执表。展览会通讯的内容需要随着展览会筹备活动的进展不断更新。

（2）展览会画册。编印展览会画册是组展商运用图片等形式向目标观众宣传展览会形象，推介展览会优势的一种宣传方式。一般情况下，编印展览会画册的要点如下：首先，要认真策划。为了让目标观众对展览会特色及展览会举办地的投资领域和投资项目等充满信心，编印画册时必须高瞻远瞩，全面筹划，把能反映展览综合实力的优势表现出来，尤其要充分反映展览区域经济的特点，形成独特鲜明的优势，这样的画册才具有宣传价值，才能产生宣传效应。其次，要选好内容。画册的每一幅图片都要具有一定的代表性，要能够反映出展览的最佳状况，同时要进行科学归类、巧妙组合，做到图文并茂，从不同层面推介展览的优势与发展前景。最后，要精心制作。画册的内容固然重要，制作工艺同样不容忽视。如果制作精美，不仅能充分表现内容，达到宣传效果，还可以为内容锦上添花，且可以收藏。相反，如果画册制作粗糙，即使内容再好，也难以产生宣传效果，反而给人以工作马虎的感觉。所以，对画册的制作一定要精心细致，主题要突出，特色要鲜明，图片要精美，结合要恰当，色彩搭配要和谐、大气，讲究艺术效果。

（3）展览会宣传光盘。光盘具有图声并茂、视听兼备、介绍系统、宣传广泛、生动传神、感染力强等特点。利用现代科技手段和媒体，把宣传内容制成光盘，在特定区域或特别群体中进行广泛传播，能够收到比较理想的宣传效果。宣传光盘实际上是一部展览会综合形象介绍的纪实性电视片，光盘的设计和制作要求在内容上突出主题、特色鲜明，在形式上活泼新颖，以实现形式与内容的完美统一。此外，在光盘中还应对一些知名企业参展的情况加以介绍，说明展览会的优势、发展前景及参展商的收益。这样一来，宣传鼓动性和舆论引导性将更为强烈，宣传效果也就更为明显。

四、国内专业观众的邀请

组织者进行展览会国内专业观众的邀请，通常有以下六种做法：

（1）直接邮寄。可以直接把包含展览会信息的观众邀请函直接邮寄到目标专业观众手中，这种邀请方式针对性强、效果好。

（2）通过网络组织观众。组展商通过建立自己的网站或与其他有影响的网站合作，吸引专业观众前来参观。

（3）发布广告。根据内容和形式不同，广告可分为形象广告和具体广告。在对特定区域开展观众组织时，可采取双管齐下、齐头并进的方式，既发布形象广告也发布具体广告，从多个方面反复刺激受众的听觉和视觉，这样受众的印象才深刻，广告的效果才明显。形象广告要系统全面，要有区域个性，内容要精练完美，形式要新颖大气，手法要巧妙自然，引人入胜，让受众在无意中注意广告内容；具体广告要主题鲜明，内容简洁，不拖泥带水。发布具体广告可以多种媒体并用、交叉刊播、立体推进，做到广播里有声音、电视里有画面、报纸上有文字，让受众轮番接收信息，最终达到广告的宣传效果。

（4）举办观众说明会。在观众宣传工作中，举办观众说明会是最为有效的途径之一。举办观众说明会就是组展商在特定地区或行业把目标观众组织起来，向他们全面系统地介绍展览会的情况。这种面对面的宣传方式气氛热烈，能拉近组织者和观众（特别是专业观众）的情感距离，增进组织者和观众的相互了解，加深双方的友谊；同时，还能广泛搜集观众信息，联络更多的观众。

（5）举办展览会配套研讨活动。定位于展览会所属行业前瞻性话题的讲座和具有情报信息价值的研讨会等展览会配套活动同样能为展览会吸引大批潜在的专业观众。

（6）商旅服务。通过协助专业观众安排其商旅行程、为专业观众提供周到的商旅服务，同样可以加大专业观众的邀请力度。除此之外，对一些重要的专业观众提供一定额度的商旅补贴，也是很多组展商在专业观众邀请中通行的做法。

五、海外专业观众的邀请

海外观众的邀请主要有四种有效方式：第一，在目标地设立办事机构，为目标观众提供本地化服务。如德国展览公司在全球 80 多个国家和地区设有 400 余个分公司和办事机构，为其海外观众的邀请奠定了基础。第二，前往目标地举办新闻发布会等宣传推广活动，同样可以收到比较理想的宣传效果。第三，在互联网时代，建立展览会网站是每个展览会主办者必须做的事情，展览会网站以其传播速度快、性价比高等特点，成为很多组织者吸引海外观众的重要平台。第四，利用我国驻外使馆、商务机构等向海外目标观众发放邀请函，这是很多大型国际性展览项目的通用方式。

□ 本章小结

招展与组织观众是举办展览会的核心工作，在招展与观众组织工作中出了问题，展览会的一切前期准备工作都将化为泡影。

招展工作通常包括建立目标参展商数据库、进行产品和服务的定价、编制招展邀请函、建立招展渠道和进行招展进度管理五个部分，只有五个部分有序进行，才能确保招展工作的完成。

为了敦促参展商按时付款，鼓励参展商扩大认购展位面积、多家联合参展以及连续参展，组展商在制定展位价格时，需要注意常用折扣定价和差别定价技巧。其中，折扣定价技巧可分为单次认购展位面积折扣、累计认购展位面积折扣以及团体认购展位面积折扣三种类型；差别定价技巧可分为不同展位类型不同价格、不同位置不同价格、不同认购时间不同价格、不同客户类型不同价格四种类型。

招展工作是组织者借助政府、协会、代理商、媒体、个人等多种渠道共同完成的。在这些渠道中，代理商毋庸置疑处于中坚地位。代理商的工作是组展商内部招展工作的外向延伸。组展商之所以选择外部机构代理招展，主要是因为企业内部人力、财力、物力以及社会关系等方面资源的限制，导致无法对许多目标市场拓展。为了确保代理商能够按照组织者的意图完成招展工作，组展商一方面要加强代理商的激励，另一方面要加强代理商的规范。

展览会观众组织是与招展相对应的一个概念。参展商是展览会的重要目标客户，而观众是支持参展商参加展览会的动力和源泉，因而组展商应把展览会招展和观众组织放在同等重要的位置。

□ 关键术语

参展商数据库	折扣定价
价格弹性	招展代理商
参展商邀请函	普通观众
招展渠道	专业观众
差别定价	观众组织

□ 复习思考题

1. 展览会招展工作主要包括哪些内容？
2. 展览会产品和服务通常有哪些定价技巧？
3. 如何选择招展代理商？
4. 如何加强代理商的管理与激励？
5. 如何组织海内外专业观众？

□ 阅读材料

2015 中国北京国际新能源汽车电动车展邀请函

IEVE CHINA 2015

展览会名称：中国北京国际新能源汽车电动车展

地点：北京·中国国际展览中心（新馆）

时间：2015 年 9 月 8—10 日

批准单位：商务部

主办单位：中国机械工业联合会、中国汽车工业协会、中国汽车工程学会、中国能源汽车传播集团

承办单位：北京中贸捷成展览服务有限公司

支持单位：北京市人民政府、科技部、工业与信息化部、亚太电动车学会、动力锂离子系统标准委员会

合作媒体：中央电视台电动车频道、新华网、搜狐汽车、新浪汽车、网易汽车、节能与新能源汽车网、《电动车辆研究与开发》杂志、《中国电动汽车》杂志

随着能源消耗日益严重，石油价格日渐飙升，生态环境日趋恶劣，我国可持续发展与建设和谐社会面临严峻的挑战，如何破解困局、建设节约型社会？推动交通工具的节能减排是一场真正的绿色技术革命，发展新能源汽车已经刻不容缓。“2015 中国北京国际新能源汽车电动车展”将于 2015 年 9 月 8—10 日在中国国际展览中心（新馆）隆重召开。

参展范围

整车：电动（混合动力）客车、电动（混合动力）公交车、电动（混合动力）轿车、电动旅游观光车、电动高尔夫车、电动吉普车、太阳能电动车、电动客货车、电动清洁车、电动叉车、电动升降车、电动摩托车、电动三轮车及氢能源、天然气等各种新能源、清洁燃料、混合动力车辆及各种低排放、环保节能型汽车。

零部件：低排放节能型发动机、混合动力发动机及清洁燃料发动机；整车总线与控制

系统；各种动力电池与管理系统；电机电控系统；充电装置；储能装置等；能源管理系统；电力电容器、飞轮、逆变器、电热泵、电动助力转向、电动空调、功率模块等；相关材料、工艺、技术；相关检测、监控、试验、安全防护装备；维修、制造设备和工具；相关基础设施建设等。

其他：各地方政府有关机构、各相关企业、研究机构、大专院校等。

收费标准

标准展位（3m×3m）包括：展出场地、展位内地毯、三面展板、洽谈桌一张、椅子两把、展位照明、楣板文字、一个220V/5A的电源插座；

境内企业：RMB 15 000元/标准展位；境外企业：RMB 30 000元/标准展位；

光地：36平方米起租，无任何配置，如需地毯、射灯、电源及洽谈桌椅等设施，可另行租赁。自建展位布展施工管理费：20元/平方米/展期，由参展商直接向展馆交纳。

境内企业：RMB 1 600元/平方米；境外企业：RMB 3 200元/平方米。

广告价格

1. 宣传资料广告：

会刊封面：30 000元	会刊封二：15 000元
会刊封底：20 000元	票背广告：5 000元/万张
会刊封三：10 000元	请柬广告：10 000元/万个
会刊扉页：10 000元	包装袋广告：40 000元/万个
彩页整版：5 000元	参观证广告：14 000元/万个

2. 现场广告：

（1）气球：直径3米、条幅长15米×1.4米，10 000元/个，限6个；

（2）路旗：高1.5米×宽0.45米，院内行走路线，350元/面，限400面；

（3）地毯广告：长100米×宽3米，院门至1号馆，10 000元，限1条；

（4）户外墙体：主会标：长22米×高9米，42 000元/展期，1个；

1A（B）—1，长10米×高12米，33 500元/展期，2个；

1A（B）—2，长13米×高7.5米，29 000元/展期，2个；

1A（B）—3，长24米×高8米，40 000元/展期，2个。

（5）1号馆正门：门柱广告，宽0.81米×高3.88米，5 000元/个，4个；门楣广告：长17米×宽3米，20 000元/展期，1个；

（6）1号馆序厅：圆柱广告，周长4.75米×高2.75米，5 000元/个，4个；卷帘门门框广告，10 000元/个，6个。

推广宣传

主办单位通过多种形式向专业观众宣传和推广展览会，这些方式包括：

1. 媒体广告，主要利用中央电视台电动车频道、人民网、新华网、搜狐汽车、新浪汽车、网易汽车、节能与新能源汽车网（科技部“863计划”节能与新能源汽车重大项目办公室官方网站）、中国电动汽车网、《电动车辆研究与开发》（中国汽车工程学会电动汽车分会与中国电动车辆专业委员会的官方杂志）、《电动车商情》与《中国电动汽车》等合作媒体进行展览前期的信息发布、宣传报道；

2. 会前两个月左右召开新闻发布会，向行业主管部门、专业协会、参展企业、展览会合作媒体通报展览会进展，开始会前造势宣传；

3. 向买家和专业人士定向直邮；

4. 通过中国汽车工程学会电动汽车分会、中国电动车辆专业委员会、亚太电动车协会等专业协会和科技部、工信部的有关职能部门邀请业内人士参展、参观；

5. 到国内外同行业展览会、行业会议现场宣传本届展览会并收集有关行业内部资料；

6. 展览会前夕利用上述合作媒体密切关注、频繁宣传本次展览会；

7. 展览会期间除合作媒体外，还另外邀请《中国科技报》《参考消息》《北京晚报》等大众媒体及《中国汽车报》《营商电动车》《国际电源商情》等专业媒体全面报道开幕式及展览会现场盛况，并为行业内有影响力的参展企业作专题报道。

参观群体

主办单位将重点邀请包括国家发改委，科技部，工信部，国家环保局的各局、司、中心、所；各省市主管部门；国际、国内著名生产商、代理商、经销商、贸易公司、研究所、协（学）会；北京的公交公司、旅游公司、高尔夫球场、旅游景点、园林小区（房地产）、各大型企事业、机关单位、公园、娱乐场所、体育场馆、大专院校、医院、疗养院、车站、机场、码头等业内人士参观、参展，进行技术交流。

同期活动

展览期间将同期举办“2016中国北京国际新能源汽车电动车展发展展望”论坛，发改委、工信部、科技部等部门的领导将与会并发表演讲。各参展单位也可申请参会或发表主题演讲（主题自定），组委会负责安排交流场地及场次，并按专业组织听众。如参展商企业有其他特殊的要求，可与组委会商定。

收费标准：

参会：人民币1 500元/人；

主题演讲：人民币8 000元/场/20分钟。

参展程序

1. 参展单位请详细填写参展申请表，加盖公章后传真或交寄至大会组委会。

2. 报名后5个工作日内将参展费用汇入大会组委会指定账号从而确定展位，否则组委会有权调整或取消其所定展位。

3. 参展商在汇出各项费用后，请将银行汇单传真或将复印件寄往组委会以便核查；发票到会场财务组统一开取或根据要求邮寄。

4. 特装施工、会务接待、展品运输及住宿安排等事宜详见展商手册（会前两个月邮寄或传真给参展企业）。

组委会联系方式

地　址：北京市东城区××胡同×号×室

电　话：010-12345546　传　真：010-12346655

邮　箱：hehe3691988@126. com

网　址：www. ievechina. com

联系人：×××

资料来源：http：//cz. xcabc. com/News/13707. html，略有删改。

第8章 展览会现场管理与服务

本章要点

- 展览会布展管理
- 展览会开幕式管理
- 登记入场及其他工作的现场管理
- 展览会突发事件预防与处理

展览会现场管理与服务是指从展览会开始布展、展览会开幕、开放展览、观众参观直到展览会闭幕后撤展这一段时间中各项工作的计划、组织、控制和协调工作，具体包括布展管理、开幕式管理、展览会举办期间的现场管理及撤展管理。另外，展览会突发事件的管理也日益受到重视，成为展览会现场管理的重要内容。

展览会现场管理与服务对于展览会的成功举办起着至关重要的作用。办展机构从展览会主题策划、项目立项、宣传推广，再到招展和观众组织等前期筹备工作顺利完成，最重要的工作就是进行良好的展览会现场管理与服务，否则就可能使之前所做的努力付诸东流。

第1节 展览会布展管理

展览会布展工作包括两个方面：从组展商的角度看，是指对展览会现场环境进行布置并对参展商的布展工作进行协调和管理；从参展商的角度看，是指参展商为准备展览而在展览会开幕前对展位搭建、装饰、布置和将展品陈列在展位上的一系列工作。

一、布展前的准备工作

展览会布展是展览会开幕前的现场筹备工作，一般在展览会开幕前几天进行。在展览会布展前，需要做好以下几项工作：

（1）确定布展时间。展览会的题材不同，布展所需要的时间长短也不同，如航空展和大型机械展，布展往往需要一个星期；而一般消费类展览会布展通常需要2～3天。展品的复杂程度、展览会规模的大小也对布展时间产生一定的影响。展品的复杂程度越高，展览会规模越大，需要的布展时间越长。

（2）办理相关手续。根据我国对展览会的相关管理规定，办展单位在组织展览会布展前需要到工商、消防、安保和海关等部门办理各种报批和备案手续，手续办妥后展览会才能开始布展。如果展馆位于城市的中心地带，有些城市还需要办理外地车辆进城证件，以方便外地企业将展品运送到展览会现场。

（3）与相关服务商协调。在进行展览会布展前，办展机构还需要与展览会指定承建商和展品运输代理商公司进行协调和沟通，共同协商对展览会布展的指导思想、意见和建议，及时解决展品运输过程中可能出现的各种问题，避免出现现场布展格调不统一，或者展品迟迟未到等现象，以确保布展现场秩序井然。

（4）划分展览场馆功能区。场馆一般有以下功能区：展览区、人流通道、报到处或办证处、开幕式和闭幕式现场、安检处、商务中心、餐饮区、商洽区、现场服务中心和新闻信息中心。如有需要，在场馆现场还会设有其他的功能区，以方便参展商更有效率地参展，如设立海关办事处，在展览现场办理商品出入关手续；设立法律咨询处，现场咨询有关知识产权方面的纠纷等。

（5）展览区和展位的划分。展览区的划分主要有以下两种类型：一是按照商品类别进行分区，将相同或者相似商品合并在同一大类中进行展览和展示；二是按照地区进行展区划分，将相同地区的不同产品集中在一个展区集中展示。在展区划分完成之后，还要根据参展商的要求划分展位。通常情况下，展位有多种类型，从总体上可以划分为标准展位和特装展位两类。

知识链接

展位类型

根据国际展览与项目协会（IAEE）2005年颁布的展示规章制度指南规定，常见的展位类型有六种：

（1）线形展位：背面与两侧均与其他展位相连，只有一个开面面向人流通道的方位；

（2）周边展位：是线形展位的一种，但它的背面不是另外一个展位，而是建筑墙，是沿着建筑物搭建的展位；

（3）帽顶展位：由两个展位组成，有三个开面，一般位于线形展位的两头；

（4）半岛形展位：半岛形展位由四个或四个以上的标准展位组成，除背面与其他展位相连外，其他均为开面，展示面较大；

（5）分裂岛形展位：由两个半岛组成的展位；

（6）孤岛形展位：整个展位完全独立，与其他展位或建筑物外墙不相连，四个面均为开面。由于四面都面向通道，因此更容易吸引观众注意。

资料来源：张以琼．会展场馆管理与服务．广州：广东经济出版社，2007.

（6）展位画线工作。按照各参展商租用的场地面积和位置，画好每个展位的地域范围，确定租用展位的具体位置，方便参展商在展位内搭建和陈列展品。展位画线工作涉及每个参展商租用展位的具体位置和面积大小，组展商要认真仔细地按照事先对参展商的承诺如实办理。

（7）展馆地毯铺设。在展馆计划铺设地毯的地方，如展馆的入口处、公共区域等按计划铺设地毯。铺设的地毯要紧贴地面，美观实用，不能妨碍行人通行。

二、展位布展

除了特装展位由参展商自己搭建外，展览会一般还要负责搭建一些标准展位。对于参展商布展的管理主要有以下几个方面：

（1）监督和协调。不管是标准展位还是特装展位，组展商都要监督承建商按展览会要求搭建。对于展位搭建中出现的各种问题，组展商要及时协调处理。

（2）现场施工和管理。组展商还要派出专门人员管理各承建商的现场施工，如现场用电、用水、噪声控制、展位高度控制、电线电缆的安装和走向、灯光的设计和使用、搭建材料的防火性能、展位之间通道宽度的控制、重型机械的地面承重控制、标准展位的标准配置等，组展商要及时查验，避免施工现场秩序混乱和出现安全隐患。

（3）展位楣板的制作、安装、核对。在展位搭建过程中，组展商还要认真检查展位的楣板制作与安装。这些楣板上标有参展商的单位名称和展位号，有的还有参展商的 Logo 或展品商标，这些内容关系到参展商的切身利益，需要倍加重视。

三、展览会现场环境的布置

展览会需要布置的现场环境一般是指展览会的公共区域。现场环境布置得好，可以为展览会开幕和观众到会参观提供一个良好的氛围。通常情况下，展览会现场环境布置需要安排好以下各项内容：

（1）展馆序幕大厅环境的布置。在展馆序幕大厅里一般要布置好展览会简介牌，展馆、展区和展位分布平面图，服务网点分布图，各参展商及其展位编号一览表及名录牌，展区参观路线指示牌，展览会相关活动告示牌，入场通道设置图等。序幕大厅的布置要与整个展览会的气氛相协调。

（2）各展区公共区域环境的布置。在展览会各展区里，除了参展商的展位以外，组展商还要布置如下内容：各展区的主要展览内容提示牌、参观路线指示牌、本展区服务网点提示牌、至其他展馆（展区）的路线提示牌、本展区参展商及其展位编号一览表等。上述内容要布置在展馆（展区）比较显眼的地方或观众容易迷路的地方，这样更便于观众参观。

（3）嘉宾休息室或会客室环境的布置。很多展览会在展馆适当的区域开辟一定的空间作为展览会嘉宾的休息室或会客室。在休息室或者会客室里，除了要配备茶水、咖啡和小点心外，还可以放一些有关展览会的介绍资料；如果有必要，还应为休息室或会客室配备专门的服务人员和翻译。

（4）展览会一条龙服务点的布置。为了方便参展商现场租赁各种展具和申请额外的用水、用电，展览会可以在展馆适当的地方设立展览会布展一条龙服务点，集中处理参展商布展及展览会举办期间的各种事务。

（5）展览会新闻中心的布置。很多展览会都会在展馆适当的地方开辟一定的区域作为展览会的新闻中心，供各媒体和记者使用。新闻中心除了要配有电脑、传真机、写字台、纸笔等供记者写稿、发稿用的必要设备之外，还应配备茶水、咖啡以及小点心等。还可以在新闻中心放有关展览会的介绍资料，如展览会的办展背景、行业概况、展览会特点、相关活动安排计划以及展览会的相关数据等，方便记者在写新闻报道时参考。新闻中心一般只供媒体的有关人员使用，其他人员非请莫入。

第 2 节　展览会开幕式的管理

开幕式是一个展览会正式亮相的开始，是展览会的重要仪式，也是重要的公关工作之一。一个设计巧妙的开幕式不但是办展机构实力的体现，也能给参展商和专业观众留下耳目一新的感觉。因此，筹划好展览会的开幕式，对举办好展览会有着十分重要的意义。

一、开幕式的筹备工作

（1）开幕式参加人员的邀请范围。不同类型的展览会开幕式的参加人员会有所不同，但一般来说，参会人员包括政府官员、工商界名流、新闻界人士、外交使节、公司负责人等。由于这些被邀请的人士本身就具有相当大的影响力，因此组展商可以借助其影响，加强展览会的宣传和推广，提高展览会的知名度并扩大展览会的影响面，从而吸引更多的参展商和观众参加展览会。

（2）开幕式的时间安排。展览会开幕的时间不宜太早，否则不利于参展商进场准备和出席开幕式的嘉宾按时到场；展览会开幕式持续时间也不宜太长，否则容易让等待进场参观的观众产生厌烦情绪。如果在开幕式上安排表演活动，要注意安排好表演的时间。确定开幕式的时间和地点时，办展机构还应该充分考虑到当天的天气状况，如果恰逢高温或雨雪天气，应提前通知嘉宾、媒体记者等做好相应准备。

（3）开幕式的场地布置。开幕式的场地布置要突出展览会的特色。此外，还应根据当地有关规定通知相关部门安排好停车、引导、保卫、消防等工作，以免造成现场混乱。

（4）提前布置好会场。展览会开幕式现场需要布置好以下内容：

1）开幕背景板。在背景板上列明展览会名称，展览时间，展览会的主办、承办、支持单位名称等。

2）门楼或展览会横幅。

3）主持人和嘉宾的讲台。

4）铺设地毯。

5）嘉宾出场和开幕式结束后入场参观的通道。

6）为烘托现场气氛的环境布置。

7）广告牌。如果有单位或企业祝贺展览会或做现场广告，要布置好现场广告牌。

8）如果展览会开幕式有表演，应按表演的需要布置好表演场地。

（5）媒体的接待和管理。展览会开幕前，办展机构需要与有关媒体取得联系，为召开新闻发布会或邀请媒体记者进行采访做准备。

很多办展机构都会在展览会现场适当的地点开辟一定的区域作为展览会的新闻中心，供各媒体和记者使用。新闻中心要配备相应的设备和用品，发放有关展览会的介绍资料，以便记者在写新闻报道时参考。这些资料一般包括：展览会开幕新闻通稿、展览会背景和特点介绍、展览会会刊、展览会的统计数据、展览会相关活动安排计划、展览会参观指南，还可以有一些小礼品等。

（6）表演、烟花燃放等专项活动的管理。一般来说，这些活动应交给专业公司进行安排，既可以提高工作效率，又能取得较好的效果。

二、开幕式的程序

展览会开幕式的程序一般是：

（1）展览会工作人员引领国内外嘉宾至主席台就座。

（2）开幕式主持人介绍到会嘉宾。

（3）主持人请有关领导或嘉宾讲话。

（4）有关领导或嘉宾讲话。

（5）开幕式相关表演开始。

（6）某位重要嘉宾宣布展览会正式开始。

（7）主持人宣布开幕式结束并请各位领导、嘉宾和观众进场参观。

实用案例

2015 中国—东盟博览会旅游展开幕式流程

一、准备工作：8：00～8：30

贵宾室、剪彩现场全部布置好，音响、话筒、工作人员（陪同人员）、摄影/拍照、新闻媒体全部到位，礼仪人员和保安人员熟悉场地环境并各司其职。

二、迎宾：8：30～9：30

1. 礼仪人员：8 名，身着红色丝绒旗袍的礼仪人员分组迎宾。

（1）2 名礼仪人员负责贵宾室的接待；

（2）2 名礼仪人员负责贵宾室的签到、佩戴胸花，分发礼品；

（3）4 名礼仪人员在一楼 C 区电梯入口处迎宾并引导入贵宾室。

2. 军乐队：一支气宇轩昂的军乐队（24 人），整齐排列，奏着迎宾乐在门口迎宾。

3. 舞狮：金毛狮子，在锣鼓声中欢腾雀跃，鼓乐震天，在庆典前口吐吉言，热闹非凡。

庆典的前奏——迎宾活动隆重又热闹，各表演方阵交替轮换，集观赏性、宣传性于一体，令每位来宾都感染上喜庆的气氛。

4. 开幕式（9：30～10：00）

9：25　参加展览会开幕式的领导全部在背景板前就位，由专人负责引导就位（六位剪彩的领导站在第一排，其余人员站在第二排），主持人/翻译在讲演台上做好准备；

9：35　主持人宣布展览会开始，介绍展览会和参加展览会开幕式的嘉宾；

9：35～9：40　桂林市市长宣布开幕典礼开始，并致开幕词；

9：40～9：45　东盟博览会旅游展组委会会长致词；

9：45～9：50　礼仪人员及剪彩物品就位，主持人宣布剪彩仪式开始，并宣布剪彩领导名单；

9：50～10：00　主持人宣布开幕式结束，请参加开幕式的领导参观展厅。

顿时，五彩缤纷的冷焰火群起四射，2 015 个彩色气球飘向空中，鼓乐齐鸣，金狮齐舞，鞭炮声、锣鼓声、掌声雷动，开幕式在高潮中结束。

资料来源：http：//www.zz361.com，略有删改。

三、开幕酒会

开幕酒会是一项非常重要的公关活动，借此机会，展览会组织者可以加强与参展商、行业领导和其他有关人员的沟通和联系，因此，办展机构一定要精心筹备。

（1）开幕酒会的举办地点。开幕酒会的举办地点最好安排在离展馆不远的酒店。酒店的选择不仅要考虑酒会的规模和酒店的接待能力，而且要考虑出席酒会的人员到达酒店的便利程度。

（2）酒会的时间安排。酒会的时间安排相对来说比较灵活，可以是展览会开幕当天的中午或者晚上。在实际工作中安排在晚上举行的情况居多，这样有关嘉宾尤其是参展商代表可以更好地安排出席酒会的时间。

（3）开幕酒会的方式。开幕酒会有自助餐和围餐等形式。另外，在酒会开始之前还可以安排一个小型的鸡尾酒会供大家相互认识和交流。在酒会正式开始之前，办展机构领导应致简短的欢迎词，并邀请其他有关领导发表简短的讲话。酒会举行期间，可以播放音乐或安排表演活动，以活跃现场气氛。

（4）出席开幕酒会的人员。一般来说，出席开幕酒会的人员应当包括出席开幕式的领导和嘉宾、主办方的领导和代表、行业协会和商会的领导、参展商代表、行业主管部门官员、新闻媒体、工商管理部门的代表、有关外国驻华机构的代表等。对出席酒会的人员一定要全面兼顾，不能漏掉某一方。另外，出席酒会人员的总人数也要事先计划好，避免出现人员爆满或空场的尴尬场面。对于出席酒会的所有人员，组织者都要事先告知酒会的有关情况，并对他们发出参会邀请，派专人落实他们是否到会。

（5）酒会的预算。酒会的预算可以按照展览会的总预算做出具体安排，并根据这一预算做好酒会的详细预算。酒会预算可以按出席酒会的人数来计算，也可以根据酒会的桌数来计算。不管按什么标准，酒会的档次都要与展览会的定位相适应。

上面所讲的是开幕式的一些常规工作，各展览会应根据自己的特色酌情调整。另外，展览会是否举行开幕式受各国文化的影响较大，我国的很多展览会特别是政府主导的展览会，一般都要组织开幕式，但是在欧美一些展览业相对发达的国家，很多展览会特别是贸易类展览会并不专门组织开幕式。

第 3 节　登记入场及其他现场管理工作

一、展览会证件与门票管理

为了规范展览会入场秩序，展览会一般对各种入场人员实行证件管理，只有持有展览会认可证件的人员才能进入展馆。对展览会入场资格进行证件管理，一方面是为了确保展览会的秩序和安全，另一方面是出于展览会相关数据统计的需要。门票是一种广义的展览会证件，展览会出售门票，有些是为了限制非专业观众进场参观，有些是为了增加展览会的收入。

（1）展览会证件。根据实际需要，展览会一般有七种证件：

1）参展商证。供展览会参展商进出展馆时使用。

2）布（撤）展证。供展览会布展和撤展时，承建商和参展商的相关工作人员使用。布（撤）展证在展览会展览期间一般不能使用。

3）专业观众证。供展览会的专业观众使用，专业观众在填写专业观众登记表后领取该证，凭该证可以进入展馆参观展览会。

4）贵宾证。供到会参展和参观的嘉宾使用。

5）媒体证。供各记者及摄影等工作人员使用。

6）工作人员证。供展览会的有关工作人员使用。

7）停车证。供参展商、观众和到会嘉宾在展馆停车场停车使用。

（2）展览会门票。有些展览会对普通观众开放并出售参观门票，而专业观众凭专业观众证进馆参观；还有一些展览会对所有观众都出售门票，观众凭门票进馆参观。如果展览会出售门票，要事先与当地税务部门取得联系，在取得税务部门的同意后方可印制和出售。

二、针对专业观众的管理与服务

专业观众在展览会中具有重要地位，组展商一般对专业观众的到会情况都极为重视，并安排专门人员对到会的专业观众进行登记和现场服务。一般来说，专业观众入场参观的基本程序包括如下五个环节：

（1）专业观众登记。专业观众只需要递交名片或在现场填写一张登记表，就可以办理参观证件。这项工作也可以提前在网上完成。

观众登记表是用来收集专业观众信息的一种问卷调查表，专业观众需要完整填写才能取得进入展馆参观的专业观众证。观众登记表通常包括展览会基本信息、问卷调查和观众联系方式三个部分的内容。其中，问卷调查的问题具体包括：1）观众所在单位的业务性质；2）观众感兴趣的产品和技术种类；3）观众参观本展览会的主要目的；4）观众在产品购买中的角色；5）观众获知本展览会信息的渠道。其中，前两个问题主要是想了解本展览会的展品范围是否符合市场的需要，以便今后据此作出适当的调整；第三个问题主要是想知道观众为什么来参观本次展览会，以便更好地调整展览会的功能；第四个问题是想了解观众的层次和购买决策能力如何；第五个问题主要是想检测展览会宣传推广的效果，以便今后适当调整宣传和推广策略。

专业观众登记工作可以在展馆的序幕大厅或者专门的观众进馆大厅设立的观众登记柜台进行。很多展览会根据是否持有邀请函，可以将观众登记柜台和通道分为持邀请函观众登记柜台和无邀请函观众登记柜台。进行这样的区分，一是为了减少观众登记的现场工作量，提高登记效率；二是为了加强办展机构的客户管理。因为观众在展览会邀请函的附表中已经填写了展览会需要的信息，现场不必再次填写，可以节约大量时间。此外，有些展览会还会在专业观众证上打印条形码，以便在观众进出展馆时用读码机读取条形码来掌握专业观众进出展馆的次数和他们在展馆停留的时间。

（2）办理证件。专业观众完成观众登记手续后，就可以在观众登记处办理专业观众证件，凭证进出展馆。

（3）检查门票。检查观众的门票是展览会主办单位进行统计的需要，也是保证展览会现场安全的基本要求。其基本程序是：当观众从入口处进场时，工作人员将要求其出示证件和磁卡，并使用检票工具对磁卡进行扫描，以此在门禁系统中记录该磁卡的持证人已经进入展馆；当离开的观众重新进入展馆时，工作人员应要求其再次出示证件和磁卡，并再次使用检票工具对其磁卡进行扫描验证，以此确认该观众是否仍持本人证件和磁卡重新进入，并在门禁系统中再次记录该磁卡的持证人已经进入展馆。

（4）领取参观指南。展览会参观指南是组织者编印的，用来指引观众参观的一种小册子，主要向展览会的专业观众、媒体记者以及与会参观的嘉宾发放。主要包括以下四个方面的内容：

1）展览会的基本内容。包括展览会的名称、Logo，展览时间和地点，办展单位名称和展览会的展品范围等。

2）展览会的简短介绍。简单介绍展览会的规模、参展商数量和来源、展品的特点以及展览会的相关活动等。

3）展区和展位划分与安排。主要包括展览会的展区、展位划分情况，各展区的位置和范围，各参展商名录及其展位编号一览表等。

4）其他有关图表。主要有展馆在该城市中的位置及交通图、展馆内部交通图、展馆内服务网点的分布图等。

（5）免费赠送或出售会刊。展览会会刊是专业观众和相关机构获取参展商资料的重要渠道。展览会主要通过两种方式对外发放会刊：一是免费赠送，对象主要是与本展览会主题相关的行业协会、商会、外国驻华机构及所有的参展商；二是定价出售，其主要对象是专业观众。只有在极少数的展览会中，展览会组织者才会向专业观众免费发放会刊。

三、针对参展商的管理与服务

参展商现场管理分为两个阶段：第一阶段是展览会开始前的 2～3 天，即参展人员抵达展览会所在地的时间，同时也是展台搭建的进场阶段；第二个阶段是展期，即从展览会开幕到结束的整个过程。

（1）展览会开幕以前，对参展商的管理主要包括参展商注册登记与展台搭建方面的管理。由于布展方面的工作在本章第 1 节中已经做出了比较详细的阐述，因此此处主要针对参展商的证件管理方面的工作加以论述。通常情况下，参展商进入场馆的证件包括参展商证、参观证、工作证、保卫证、车辆通行证和布（撤）展证等。其中，参展商证是与企业参展直接相关的重要证件。参展商证是企业参展工作人员进门的凭证，办证的数量按展位的面积分配。标准展位在签订合同时，展览会主办方会标明提供多少证件，如果参展人数超出核定数量，需要参展商与展览会组织者协商解决。参展商证一般在开展前 1～2 天由参展商到展览会组织者处登记领取。参展商证是企业进入场馆的有效通行证，因此要保证参展团队在开展前尽快领取，以确保参展团队可以顺利进馆。

（2）在展览会正常展出期间，组织者对参展商的管理和服务主要包括以下几个方面：

1）与参展商现场联络。展览期间，所有的参展商都会亲临展览会。展览会应抓住这一机遇，派工作人员或负责人亲自到参展商的展位拜访参展商或者邀请参展商座谈，与他们联络感情，了解他们的需求，征求他们对展览会的意见和建议，及时为他们提供所需的服务。

2）参展商行为管理。对参展商的行为进行管理主要依据参展合同和参展手册的有关规定来进行，如对参展商展出时的表演、演示及可能产生的噪声的管理等，以维护大多数参展商的利益，保证展览会的顺利进行。

3）接待和处理投诉。展览会参展商众多，他们的需求千差万别，加上展览会各项工作千头万绪，现场难免会出现各种各样的问题，引起参展商的不满。组织者一定要认真接待和积极处理各种投诉，做好每一个细节。

4）参展商知识产权管理。主要包括两个方面的内容：一是保护参展商的合法知识产权；二是对违反知识产权相关法规的参展商进行处理。组织者需要安排专门人员负责知识产权的保护工作，当发生侵权事件时，可在展览会举办期间或结束后，配合国家知识产权保护机关对当事人做出相应处理。

四、其他方面的现场管理

1. 现场视察

在展览会正式开始之前，办展机构应当亲自或者责成相关负责人对展览会现场做最后一次视察。视察时，对现场的每一个角落都不能放过。下列区域是参会人员进入会场前必须视察的地点或项目：

（1）身份识别系统是否运行正常。

（2）负责登记工作的人员是否到位。

（3）在撤离时，展览会场馆或场所的大门能否从里面打开。

（4）舞台边缘是否用安全带做出标示。

（5）电源箱是否已经贴上警示标志。

（6）电缆接地是否良好。

（7）穿越公共区域的电缆是否被改动。

（8）电梯运行是否正常。

（9）灯光的亮度是否足以保证参会人员安全进出。

（10）灯光照明设备是否用安全链锁住。

（11）保安人员是否到位。

（12）标志牌是否醒目，是否牢靠。

（13）楼梯是否已安装栏杆，单独台阶的边缘是否用安全带标示。

（14）引导员是否到位。

上述这些地点或项目仅仅是展览会开始前需要视察内容的一小部分，为了防止出现意外，在视察工作之前应制定一份详细的检查表，以便系统地视察，或者在视察时记下那些需要在展览会举办之前加以改进的地点或项目。视察工作一般在展览会正式开始前1～2小时进行。

2. 公共区域的管理

公共区域，顾名思义就是展览会中不属于某个参展商独自使用的区域，比如展台间的过道等。展览会组织者为有序管理这一区域，在操作中应遵循以下原则：

（1）现场布置符合消防及政府相关规定，不得占用消防通道，不得阻挡消防设施、供电设施及通信设施。

（2）不得损坏展馆设施。

（3）所有布置应做到设置牢固，确保不会对现场人员造成伤害。

（4）露天场地及通道的布置不影响交通。

（5）参展单位如果在公共区域内设置任何标语、宣传牌、门楼、横幅等设施，都要提前申报，经许可后再行放置。

（6）展厅内所有立柱灯箱广告位使用者需按组展方事先制定的广告发布价格交纳费用。

3. 媒体接待与采访

展览期间，组织者还会安排一些媒体对展览会进行参观和采访，对于知名品牌的展览会，媒体还会主动要求采访。媒体的参与对于扩大展览会的知名度会起到重要的作用。因此，组展商应积极引导和安排各新闻媒体对展览会进行新闻报道，配备专人负责接待新闻记者，为各媒体记者提供必要的展览会资料，积极回答记者提出的各种问题，帮助协调媒体记者采访某些参展企业、目标观众或嘉宾。组织者应该根据不同媒体的需求提供不同的展览会资料，在保证报道基调统一的前提下，引导不同的媒体全方位地对展览会进行报道。

4. 车辆管理

任何一次展览会的举办都离不开车辆的支持，这些车辆包括展览会举办期间的货运车、参会人员的自驾车等。如果这些车辆的出入或停放无序，不仅会影响整个展览会的形象，而且会妨碍展览会的进程。因此，要十分注重对展览会举办期间车辆的管理。为此要注意以下几点：

（1）对布展期间的货运车辆需要在展览会举办期间停放的，应事先规定一个停放区域，需要收费的也应该事先拟定一个收费标准，并通知各参展单位。

（2）参加展览会的其他车辆需按车辆管理人员的规定整齐停放在展馆周围的停车区域，需要收费时也应事先拟定一个收费标准。

（3）撤展期间，展品及展览会货运车辆应在指定区域进行装车作业，并按指定路线出场，以保证撤展工作秩序井然。

5. 现场餐饮服务的管理

展览开幕以后，大量人员汇聚，在餐饮方面有就餐时间、人员和地点集中等特点，组展商不仅要对餐饮提供商进行管理，要求他们按合同规定提供餐饮服务，还要对就餐的人群进行管理，以保持现场良好的秩序和清洁。

6. 服务台与留言中心的管理

服务台与留言中心通常由一两个人负责，主要为参会人员提供展览会的基本资料及留言等相关服务。它虽然小，但对于一个展览会来说同样十分必要。中心设置的基本要求是：

（1）位于所有活动的中央区。

（2）柜台要有足够的空间放置留言板等工具。

（3）工作人员可接听电话，提供留言条，准备足够的笔和便笺等。

（4）准备展馆就餐指南以及地图和观光购物指南等。

7. 安全保卫工作

展览会现场安全保卫工作的重要性不言自明。展览会组织者除在展前组织阶段按相关规定投保相应险种外，在展览会现场的管理过程中还应该注意以下事项：

（1）成立专门的安全保卫部门。组展商应于展览会举办前至少一个月与场馆方保卫部门取得联系，协商制定展览会安全保卫工作方案及安全保卫措施，成立专门的保卫部门，并指定专人负责协调落实相关安全保卫事宜。

（2）展馆内严禁吸烟。

（3）通知展览会上各参展单位对其贵重物品、个人财产和展览品妥善保管，其安全由参展单位自行负责。个人财产和贵重物品应随身携带，如有需要，应置于展示柜内上锁保存。如需 24 小时看管，组织者在能力允许的情况下应尽力安排保管人员 24 小时值班，但事先双方应就此期间发生的相关保安费用等事宜达成协议。

8. 现场的清洁

办展机构一般都要负责展览会现场公共区域如通道等处的清洁卫生工作，展览期间以及每天闭馆后展览会组织者都应派出相关人员清洁和打扫这些区域。各展位内的卫生清洁工作一般由各参展商自己负责。

五、展览会撤展工作管理

当展览会按预定的天数举办完展览之后，展览会就进入了最后的撤展阶段。展览会撤展工作主要包括展品的处理、参展商租用展具的退还、展位的拆除、展览场地的清洁和撤展的安全工作等。

（1）展品的处理。展览会结束后，展品一般有四种处理方式：出售、赠送、销毁或回运。如果组织者规定不能现场零售，展品就只能在展览会结束后赠送给客户、代理商或其他人员。如果不愿赠送，也可以就地销毁；对价值较大的展品，如不出售或赠送，往往需要回运。无论采取哪一种方法，都要求参展商事先做好准备。如果回运的话，参展商要注意包装箱的存放及领取问题。为了展位整洁和防火安全的需要，通常在展览开始之前，主办者和展馆管理者会要求展览运输服务公司收走包装箱和材料，或者统一存放在指定的仓库。在撤展时，包装材料会退还给参展商或由参展商自行领走。

（2）展品的出馆控制。为了保证所有出馆人员带出展馆的展品是他们自己的物品，在展览期间及展览会结束后，组织者都要对所有的出馆展品进行查验后才能予以放行。为此，组织者可实行放行条制度，即对于那些需要出馆的展品，相应的参展商要向组展商申领放行条，组展商在查验展品与放行条一致时才准许其出馆。

（3）参展商租用展具的退还。这项工作一般在展馆服务部门与各参展商之间直接进行。如果出现问题，需要由展览主办方协调。

（4）展位的拆除。展览完毕后，各参展商的展位要安全拆除，这一工作一般在展品撤下展架后进行。对展位的拆除，办展机构必须正确预计工作量，留出足够的时间，避免因匆忙撤离造成失误和损失。如果参展商使用的是标准展位或者委托施工的展位，展位的拆除工作一般由承建商负责；如果参展商使用的展位是自己施工搭建的，展位的拆除工作就要由参展商自行负责。展位的拆除工作比布展更为复杂，也更危险，展览会组织者要监督各参展商或承建商按规定的程序进行展位的拆除工作，在此过程中要特别注意人员安全和消防安全。

（5）展览场地的清洁。撤展过程中展览场地的清洁是关系到展览会形象的大事，一定要予以重视。展览会的清洁服务商或办展机构要负责整个租用场地的清洁工作，对于有可能造成大量垃圾的展位一定要予以提醒，或通知参展商做好付费的准备。

（6）撤展的安全工作。撤展的安全工作既包括参展商个人和展品的安全，也包括撤展期间整个展馆现场的安全。所有的出馆物品都要经过严格查验才能予以放行，在国内举办的大型展览会，还要防止闲杂人员等乘撤展的忙乱之机随意进出展馆，以免造成不必要的损失。

第 4 节　展览会突发事件的预防与处理

展览活动的最大特点是人流量大、人群密度高、受关注程度高，从某种程度上说，人流量的大小是衡量展览会成功与否的重要标志。然而也正是由于这些特点，展览会现场随时可能发生的突发事件不仅能导致展览会的延期或夭折，更有可能带来不可预见的严重后果，因此要做好展览会突发事件的预防与处理。

一、突发事件的分类

为了更好地处理各种突发事件，应当先对各种突发事件进行分类。一般来说，展览会举办期间的突发事件可以分为两类：一是可预见的突发事件；二是不可预见的突发事件。可预见的突发事件是指火灾、人员伤害等在事前就可以预料到有可能发生的突发事件；不可预见的突发事件是指地震、火山爆发等灾害性天气以及恐怖袭击事件等事前根本不可能预料会发生的突发事件。当然，这里所说的可预见和不可预见在现实中都是相对的。

二、突发事件应对办法

根据以上对突发事件的分类，不同类型的突发事件，其应对办法是不同的。

1. 可预见的突发事件的预防

处理可预见的突发事件的原则是防患于未然，即在事故发生之前就做好防范措施，尽量避免事故的发生。

（1）在展览会未召开之前，大会组委会就应该成立突发事件应急小组，根据所使用展馆的特点制定应对紧急突发事件预案，其中最重要的是人员的疏散和撤离方案，如有必要，应在所使用展馆进行人员疏散测试及演习。在展览会举办期间，突发事件应急小组应当随时准备应对突发事件。

（2）设立专职的安全员。安全员的数量应视展览会的规模而定，其主要工作是协助展馆做好对参展商以及参观者的安全监督工作，在布展、展览和撤展的全过程，如果发现有不安全行为及隐患，应当及时制止和排除。

（3）根据展览会规模办理保险，将突发事件发生后的损失降到最低。

（4）展览会召开前，应与当地公安、消防及医疗部门联系，告知展览会召开时间及其他相关情况，以便突发事件发生后能及时得到相关部门的协助。应在当地聘请有经验的专业医生在展览会现场建立医务室，并备足常用药品和医疗器械。同时也应聘请公安和消防部门人员在现场协助组委会做好安全及消防等相关工作。

（5）展位搭建结束后，组委会人员应亲自检查展位搭建情况，其中包括检查防火通道及安全出口是否畅通、展位间的通道是否达到必要的宽度、所有消防器械周围是否无异物阻挡、所有消防器械是否能够正常使用等。除此之外，组织者还要确保组委会所有人员都熟悉展馆所有防火通道和安全出口的位置以及所有消防器械的位置。组委会所有工作人员在平时就应进行防火知识的学习，保证都能熟练使用各种消防器械。在参展商布展结束后，还应该全面细致地清理展馆地面，尤其注意清理地面上由于布展、特装而遗留的水渍、油渍以及其他可能给参观者带来人身伤害的物品。

（6）根据展览会的规模聘请安保人员，并预测参观人员数量，对于大型或热门的展览会，应将参观人员数量控制在展馆最大安全人员数量承受范围内，以避免由于人员的过度密集而发生人员伤害等突发事件。参观人员数量可以通过控制门票发售量等手段来实现。

2. 可预见突发事件发生后的处理

尽管采取了各种各样的防范措施，紧急突发事件有时还是会发生。如何处理突发事件呢？首先应保持冷静，根据不同的突发事件，采取不同的处理办法。具体地讲可分为：

（1）人员意外伤害事件。人员意外伤害事件是展览会中最常见的紧急突发事件，而这种事件往往都是由于当事人自己不小心造成的，所以也是展览会中最不容易防范的突发事件。当有意外伤害事故出现时，应立即将伤者送到展览会现场的医务室进行紧急救治，并视其伤势的轻重由医生决定是否拨打 120 送到当地的医疗机构进行救治。因其是在展览会现场受伤的，展馆和展览会的主办方都将承担相应的法律责任，所以对待伤者应尽量以安抚为主，并支付一定的医疗费用，如果主办方在展览会前已经办理了保险，此费用应当由保险公司承担。

（2）食物中毒。主办方从保障参展商和观众身体健康和安全的宗旨出发，在加强展馆常规管理的同时，应加强食品卫生管理，一旦发生人员疑似食物中毒事故，应立即采取以下措施：1）停止就餐活动，并向所在地上级主管部门和卫生行政部门电话报告；2）积极配合协助医疗机构救助病人；3）封存造成食物中毒或者可能导致食物中毒的食品及其原料、工具、设备和现场；4）配合卫生行政部门进行调查，按卫生行政部门的要求如实提供有关材料和样品；5）落实卫生行政部门要求采取的其他措施，把事态控制在最小范围；6）做好善后工作。

（3）火灾。发生火灾时，应在第一时间拨打 119 联系当地的消防队救火，拨打 120 联系当地医疗机构救治伤者，并立即启动紧急突发事件预案。一般来说，组委会成员应分为两个小组：一组到事发现场，用展馆内的消防设施救火以及协助医务室抢救伤者；另一组按事前制定的疏散和撤离方案组织协调现场人员安全撤离危险区域。事后要做好安抚伤者、向保险公司索赔并发放给伤者等善后工作。

（4）传染性疾病。如果在馆内发现有传染病的人员，突发事件应急小组负责人应立即亲临现场指挥，在第一时间利用展馆空闲的房间或就近隔离室进行隔离观察，并马上拨打 120 将病人送传染病医院诊治。同时，对传染病病人所在展位及所涉及的公共场所进行消毒，对与传染病人密切接触的人员进行隔离观察，迅速切断感染源，防止疫情扩散。

如传染病感染严重，应考虑是否暂停展览，并采取一切有效措施，迅速控制传染源，切断传染途径，保护易感人群。具体应做到：1）封锁疫点。立即封锁患者所在展位或展馆，暂停所在展馆的一切活动。停止馆内人员相互往来和与外界往来，等待卫生部门和上级主管部门的处理意见。2）疫点消毒。对展馆所有场所进行彻底消毒，消毒结束后进行通风换气。3）疫情调查。展馆密切配合疾控中心进行流行病学调查，对传染病人到过的场所、接触过的人员以及患者的家庭成员、邻居、同事等进行随访，并采取必要的隔离观察措施。展馆发现传染病人后，组织者应迅速向全体人员公布病情感染源及其采取的防护措施，让人们了解情况，安定人心，维护现场稳定，树立战胜传染病的信心。

3. 不可预见的突发事件的应对办法

处理不可预见的突发事件的原则是以人为本，即在事故发生之后在保障人员绝对安全的前提下，尽量减少财产的损失。

（1）地震、火山爆发等灾害性天气。该类突发事件发生后，应在第一时间拨打 120 联系当地医疗机构救治伤者，并立即启动紧急突发事件工作预案。按事前制定的方案组织协调现场人员安全撤离出危险区域，并协助医务室抢救伤者。

（2）恐怖袭击事件。一旦发生恐怖袭击事件，组织者应在第一时间拨打 110 联系当地公安机关，并立即启动紧急突发事件工作预案。

综上所述，对于展览会举办期间可能遇到的突发事件，主要应当加强事前预防，并制定相应的应急预案。只有这样，才能做到突发事件出现后不惊慌，并且冷静妥善地处理，尽量将突发事件导致的损失降到最低。

三、针对问题撰写总结报告

很多组展商认为，既然展览会已经结束，现场发生的事情已经过去，就没有必要再花费时间和精力进行总结和反思了。但是，从管理学的角度看，本次展览会的经验对于今后的工作有很好的借鉴作用，所以一定要写总结报告。对于现场活动的总结是指对展览会现场发生的问题所进行的系统的、客观的分析。通过认真的检查总结，找到问题发生的原因，总结出经验与教训，并通过及时有效的信息反馈对未来展览会的现场管理提出建议，从而达到提高管理水平的目的。总结是进步和成功的捷径，每一个展览会的主办者和工作人员都应在每次活动结束之后，认认真真地做一次总结。而且，这个总结并不仅仅是管理人员的总结，还应该是全体参与活动策划和执行的工作人员的总结。

□ 本章小结

现场管理与服务是展览会能否成功举办的关键环节之一。如果展览会现场管理工作出了问题，筹备期做出的所有努力都将付诸东流。

展览会的现场管理主要包括布展管理、开幕式的组织、注册登记、撤展管理以及突发事件管理五个主要的板块。除此之外，还包括媒体接待、餐饮、保安、保洁、停车等方面的管理。

做好展览会现场管理和服务，一要注重规则和程序，力争做到有章可循，秩序井然；二要注重细节，服务周到，尽量避免因细节问题引发的争执；三要加强对突发事件的预防，同时提升各种突发事件发生后的快速处理能力。

□ 关键术语

布展　　开幕式
撤展　　开幕酒会
展区划分　　展览会证件
展位　　观众登记
公共区域管理　　突发事件

□ 复习思考题

1. 展览会现场管理主要分为哪几个阶段？各阶段的主要工作内容有哪些？
2. 展览会现场应该注意的问题及应对方法有哪些？
3. 展览会结束后，参展商撤展时应注意哪些问题？
4. 展览会突发事件有哪些？如何处理展览会突发事件？

□ 阅读材料

展览会突发事件应急处理预案

为顺利应对突发事件，妥善处理紧急情况，做到遇事不惊、临危不乱，最大限度地减少意外事故造成的损失，保障展览会顺利有效举行，特制定突发事件应急处理预案。

一、突发事件应急处理小组成员（略）

二、突发事件处置

1. 火灾事故应急预案

（1）报警程序。

1）根据火势灵活处理，如火势较大需要报警，则立即就近用电话报告消防中心（电话119），如火势较小，根据现场情况利用现有的消防器材及时进行扑救。

2）迅速向应急事件处理小组成员或组长报告。

（2）组织实施。

1）事故发生后，应立即疏散人群并向上级报告。

2）要迅速组织人员有序逃生，防止发生踩踏等事故，原则是“先救人，后救物”。

3）开通备用安全通道（展览会期间将各楼层有卷帘门的通道设定为备用应急疏散通道，由应急处理小组组长控制），组织现场人员撤至安全地带，调查是否有人被困在火场。

4）消防车到来之前，所有工作人员均有义务参加扑救。消防车到达之后，要听从消防人员的指挥，做好配合工作。

（3）注意事项。

1）火灾事故发生时，应首先保护人员安全，扑救要在确保人员不受伤害的前提下进行。

2）火灾第一发现人应将火灾发生的准确位置和火灾情况告知监控值班室，如是电路问题引起，应立即切断电源，电话为组委会安保组电话。

3）发现火灾后应掌握的原则是边救火，边向上级报告。

4）人员在逃生时应组织有秩序的撤离。

5）应急小组人员应维持现场秩序，防止有人乘机捣乱使展品受到损失。

6）各部门的所有人员都必须支持、配合事故救援工作，并提供一切便利条件。

2. 疾病事故应急预案

根据当时的现场情况灵活处理，及时与现场医务小组取得联系并听从医务人员的安排。如病情严重需立即送往医院，需要做到：

（1）以最快的速度将病人送往医院，情况紧急时经请示拨打120请求救助。

（2）立即组织工作人员组成陪护人员队伍进行陪护，稳定患者的情绪。

（3）应急小组组长就事态发展情况迅速与当事者家属取得联系。

（4）要采取迅速果断的措施，把影响降到最小。

（5）展览会各方面的工作人员应在最短的时间内恢复展览会的正常秩序。

3. 暴力事件应急预案

（1）执勤人员劝解无效后可采取强制手段，将当事人带离现场，移交现场公安执勤点处理。

（2）迅速报告应急小组，保护在场人员及展品安全。

（3）在事情得到解决之前，要将当事者双方稳住在现场，防止其事后逃跑，并保护好现场。

（4）如有人员受伤，需及时送往医务室或医院。

（5）展览会各方面的工作人员应在最短时间内恢复展览的正常秩序。

4. 偷盗等事件的应急预案

（1）第一个接到报警的工作人员及时与安保人员取得联系，由安保人员带领受害者到展览会现场公安执勤点报警备案。

（2）调出闭路电视的图像资料，积极配合警方的案件侦破工作。

（3）如果财产损失严重，应配合警方对出馆人员进行一一核查，争取在最短时间内弥补损失。

资料来源：http：//www.changsha.gov.cn，略有删改。

第 9 章

展览会客户关系管理

本章要点

- 展览会客户关系管理的内涵和重要性
- 展览会客户关系状况的评价指标
- 展览会客户关系管理的方法与策略
- 展览会客户关系管理系统的开发和应用

一个成功的展览会，离不开行业内众多企业的长期支持和合作，因此与客户建立长期良好和稳固的合作关系越来越重要。展览会客户关系管理的实质就是在全面了解客户的基础上，针对不同客户进行分层管理和向不同类别客户提供针对性的服务，从而提高客户的忠诚度，与客户建立互利、互信和双赢的合作关系，促进展览会的长期稳定发展。

第 1 节　展览会客户关系管理概述

一、展览会客户关系管理的内涵

展览会客户关系管理是指展览会组织者利用计算机等现代信息技术搜集和整理客户数据资料，并根据客户数据分析客户的个人信息、行为偏好和购买模式等，以便有针对性地为顾客提供个性化的产品或服务，最终达到提高客户满意度和培养客户忠诚度的目的，在实现顾客价值最大化和企业收益最大化之间取得平衡的一种管理策略和业务运作模式。

理解展览会客户关系管理的内涵，关键要把握如下几点：

（1）展览会客户关系管理是一种“以客户为中心”的管理理念。展览会客户关系管理的核心思想是将组展商的客户作为最重要的企业资源，通过完善的客户服务和深入的客户分析来满足客户的不同需求，实现客户长期价值的最大化。

（2）展览会客户关系管理是一种管理技术。客户关系管理将最佳的企业实践与现代信息技术紧密结合在一起，为企业的产品销售、客户服务和决策制定等领域提供了一个业务自动化的解决方案，从而可以顺利实现从传统企业经营模式到以电子商务为基础的现代企业经营模式的转变。其中，现代信息技术是推动展览会客户关系管理的基石。现代信息技术的发展，极大地加快了信息搜集与处理的速度，使组展商有可能对数量庞大的客户信息及时进行处理和分析，并从中找出不同客户的偏好与行为特征，以区别不同类型的客户，实现个性化的客户管理。

（3）展览会客户关系管理是一种旨在改善组展商与客户之间关系的新型管理机制，是一个基于客户偏好而建立的组展商与现有客户、目标客户、潜在客户和合作伙伴之间的互动系统。组展商通过向企业的策划、营销和客户服务人员提供全面、个性化的客户资料，并强化跟踪服务、信息分析的能力，使他们能够协同建立和维护一系列与客户之间卓有成效的“一对一关系”，让会展企业能够以快捷和周到的优质服务，提高参展商和观众等核心客户的满意度，以吸引和维持更多的客户，增加会展企业的营业额。另一方面，作为一种管理手段，客户关系管理通过信息共享和优化组展商工作流程，可以有效地降低组展企业的经营成本。

（4）展览会客户关系管理的最终目的，一方面是实现组展商收益的最大化，另一方面是实现参展商和观众价值的最大化。在现实中，很多展览会组织者简单地从自己的利益最大化目标出发，只重视参展商的组织工作，对专业买家的邀请力度不够，虽然减少专业买家的邀请有利于降低组展商的成本，但是这种做法必然会损害参展商的利益，无法实现客户价值最大化。

（5）对组展商来说，不同顾客给企业带来的价值是有差异的，因此企业必须将最大的精力放在最有价值的顾客身上。虽然低价值的顾客在数量上占有较大的比例，但对组展企业的销售和利润贡献却很小。当然，加强展览会客户关系管理，并不意味着主张组展商放弃这些价值较低的顾客，而是强调组展商需要仔细甄别不同客户关系的状况，加以区别对待，通过对客户关系的有效识别，发展与特定顾客之间的长期互利合作关系，剔除不具有培养前景的低价值客户。

（6）展览会客户关系管理的分析和运作是一个循环过程。客户通过一定的渠道同组展商进行交易，产生的交易数据记录构成了客户关系管理分析的数据基础，通过获得客户的有关资料等数据和相关的汇总结论可以得到组展商对客户的认知。在实际工作过程中，组展企业总是把客户按照某些标准划分成不同的群体，以群体为对象分析他们的需求特征和行为模式，以便根据不同客户的偏好和消费特征分别开发和提供不同的产品和服务。

二、会展企业加强客户关系管理的重要意义

之所以越来越多的组展商重视客户关系的维护与管理，原因主要有以下五个：

（1）客户不仅是组展企业的“衣食父母”，而且是组展企业的重要资源。在不少人的传统思维中，仅仅把客户视为展览会产品的推销对象，认为只要销售人员最终能够说服目标客户参展或者参观展览会，就是营销工作的胜利。但是，随着展览会市场竞争的加剧，越来越多的人已经认识到，需要重新审视组展企业和参展商以及观众之间的关系，把两者视为一种简单的交易关系已经无法满足竞争的需要。组展商需要把客户不仅视为合作伙伴，而且视为企业的重要资源。组展商通过采取客户交流、建立客户档案以及与客户战略合作等措施，可以从客户那里获得大量针对性强、内容具体、有价值的市场信息，包括展览会设计、销售渠道、需求变动、潜在用户等，组展企业只有把客户的这些知识、经验、愿望和需求视为企业的重要资源，融入展览会产品的设计和改进中，才能更好地满足客户需求，而不能只凭组展商自己的主观想象来设计展览会产品。

（2）加强客户关系管理是组展商应对竞争的需要。随着组展主体的增加，题材类似的展览会越来越多，而且在具体活动的设计中，组展商之间的相互模仿与学习导致单纯的差异化思路已经无法适应现代市场竞争的需要。为了赢得竞争，组展企业的竞争战略会转向对顾客的争夺。当然，当市场信息庞杂、参展商甄别成本高昂的情况下，参展商也渴望与组展企业之间建立一种新的不同于传统销售模式的合作关系。如果组展商提供的产品或服务令参展商感到满意，即使支付的价格较高，他们也愿意维持一种相对稳定的合作关系。这意味着，在高度竞争的市场中，组展企业单纯依靠产品和服务已很难延续持久的竞争优势，能否建立忠诚的顾客关系已成为组展企业能否制胜的核心要素之一。这种相对稳定的客户关系，能够消除环境变化给组展企业带来的冲击，因而组展企业必须抛弃把顾客看作利润创造机器的传统思维，着眼于和每个顾客都保持一种更为亲密的个性化伙伴关系。

（3）加强客户关系管理有利于提高展览会营销的针对性，减少组展企业资源的浪费。对连续举办数届、参展商和观众数量众多的展览会来说，如何准确了解庞大的客户群体的需求，以保持展览会的可持续发展，往往成为组展商最大的挑战。在这种情况下，只有加强客户关系管理，通过长期的跟踪分析，才能在产品、服务、客户、接触渠道以及利润等维度上建立一个合理的分析模型，并据此准确判断不同客户之间的需求差异，采用合适的方式把新的服务或产品的相关信息精确地传递给那些对此感兴趣的客户或人群。而在以往的管理中，很多组展商由于缺乏有效的客户数据资料，在做宣传促销方案时无法进行客户数据分析，这样一来，在向目标参展商发出邀请函时只能简单地联系所有客户，结果造成那些本来对参加本展览会没有兴趣的机构同样得到了信件、传真或宣传手册等，许多资源被无端地浪费，导致开发新客户获取的收益无法补偿所付出的成本。除此之外，组展商如果没有进行客

户数据分析，就无法准确掌握客户的真实需求。单纯依靠内部销售人员不厌其烦地向想象中的目标客户邮寄信函或电话推销，不仅会增加促销费用，而且很有可能造成客户的反感，反而给组展企业带来负面影响。

（4）加强展览会客户关系管理有利于提高客户的满意度和建立忠诚度，激励参展商持续参展以及对专业买家和观众产生持久的吸引力。对于定期举办的展览会来说，客户的连续参加十分重要。首先，参展商是否连续参展，常常是展览会成功与否的重要指标。因为虽然各项展览活动都有成交额的统计，但这一数据通常只能从一个侧面反映展览会的实际效果，而每个参展商、专业观众对展览活动都有自己的评价标准。如果组展企业在展前、展中和展后所提供的各项服务能让他们满意，他们就很可能会连续参展。从这个角度来说，参展商是否连续参展是对上届展览会成效的一种客观反映。这是组展企业进行招展宣传的一个重要资源，对降低招展费用可以起到重要的作用。其次，参展商连续参展所带来的利益，还表现在新老客户开发的成本差异上。相关研究表明，开发一个新客户的成本比保持一个现有客户的成本高出五倍之多，如果企业能有效降低客户流失率，利润将会成倍增长。

但是，从现实来看，很多企业在不断争取新客户的过程中对老客户的流失问题似乎没有引起足够的关注。事实上，很多展览会每届都会有大量的客户流失，由于不重视客户关系管理，很多营销人员往往不知道失去的是哪些客户，这些客户是什么时候转向选择其他展览会的，以及这些客户的流失究竟给组展企业的销售收入和利润造成了多少损失。营销学中常常用一个“漏桶理论”来解释企业客户的流失问题。“漏桶理论”的内容是：许多企业不关心正在流失的客户，只是想方设法赢得新客户。这些企业就像一个底部有洞的桶：企业的客户正在流失，而管理人员不去弥补桶底的漏洞，只是集中精力继续往桶里塞进越来越多的新客户。企业可能在一届展览会中失去 100 个老客户，但同时又得到另外 100 个新客户，表面上看起来销售业绩似乎没有受到影响，但实际上由于企业争取这些新客户的成本要比留住老客户的成本高得多，因此企业利润已经受到了很大的侵蚀。

（5）加强客户关系管理有利于提高展览会客户的综合收益。展览会的效益是综合性的，它包括经济效益和社会效益两方面。客户的参展收益是展览会效益的重要组成部分。参展商收益高，会展企业的效益才会有保障；参展商收益低，即使在其他方面获取了良好的效益，展览会的综合效益也是畸形的，会展企业无法长期维持与客户的关系，会展企业也难以生存。鉴于客户在展览会中的地位及作用，会展企业建立和保持与客户的长期合作关系对自身的生存与发展至关重要。实践证明，仅凭传统的客户管理经验和做法已经很难进一步提高客户对展览会品牌的忠诚度。面对客户关系管理开始成为引领全球经济发展的新趋势，引入新的客户关系管理理念和方法已经成为会展企业的核心工作之一。

知识链接

维护好客户关系有多重要

《哈佛商业评论》的一项研究报告指出：再次光临的客户可带来25%～85%的利润，而吸引他们的主要原因是服务质量，其次是产品，最后才是价格。另一项调查表明：1个满意的客户会给企业带来8个潜在的客户，其中至少有1个客户会购买企业的产品或服务；1个不满意的客户会影响其他25个客户的购买意向；企业争取1位新客户的成本是留住1位老客户所需成本的5倍。竞争的加剧，加大了企业赢得新客户的难度和成本，越来越多的企业把目标转向保留现有老客户。现有老客户对产品和服务的购买量较大，而且他们对价格也不太敏感，他们还会为企业做免费的口碑宣传；而企业可根据老客户以往的购买历史预测他们今后的消费行为，并且为老客户服务的成本也比较低。企业保持住忠诚的客户，不但使得竞争对手无法争夺这部分市场，而且根据服务利润链的观点，忠诚的客户还有助于保证企业员工队伍的稳定性。把营销重点放在获利较为丰厚的客户群上，即使不再有新客户进来，企业也能够实现大部分的盈利目标。因此，客户关系管理的策略主要针对维系现有老客户，而不是一味地争取新客户。

资料来源：韩小芸等．会展客户关系管理．北京：中国商务出版社，2004.

三、展览会的客户构成

展览会是一个产业关联度很高的行业，展览会的举办涉及展览会活动策划及推广、场馆租赁、展台搭建、旅游服务等方方面面，与展览会紧密相关的产业之间的关系不像一条层次分明的“产业链”，而像一张具有平行关系的“产业网”。在这个产业网络中，组展商处于签约中心的地位。一部分参与者（如会展中心、展位搭建商、旅游服务商等）以供应商的身份参与签约，另一部分参与者（如参展商和观众）以消费者的身份参与签约。从这种意义上说，组展商的客户主要包括两大类：作为供应商的上游客户与作为消费者的下游客户。

1. 组展商的上游客户

组展商的上游客户是指同组展商一样为参展商和观众提供服务的展览会产品和服务供应商，这些供应商之所以被称为组展商的客户，是因为他们通过不同方式与组展商建立了商业契约关系。这些上游客户主要包括：

（1）会展中心。组展商与会展中心是一种商业交易关系，组展商根据展览会的预期规模以一定的合同价格从会展中心租赁场地，并按照会展中心的场地使用规则举办展览会。

（2）展位搭建商。一般来说，只提供标准展位的展览会，其展台搭建工作通常由组展商统一负责。在这种情况下，组展商与展位搭建商构成商业交易关系，组展商交给展位搭建商一定的搭建费，展台布置和制作由展位搭建商完成。但是，现在越来越多的展览会中，参展商为了更加个性化地展示自己的产品和形象，都倾向于搭建特装展台。特装展台通常由参展商自己寻找展位搭建商，当然也可以选择组展商推荐的展位搭建商。在搭建特装展台的情况下，组展商与展位搭建商不进行直接的商业交易，二者是一种商业合作关系。

（3）运输代理商。通常情况下，展品的运输由参展商自己负责。当然，不少办展经验丰富的展览会组织者，通常也会选择几家信誉较好的展品运输机构推荐给参展商。

（4）旅游服务商。绝大多数展览会组织者不直接提供旅游服务，但是为了更好地为参展商和观众提供服务，组展商通常与某些旅游产品供应商如酒店、航空公司、旅行社等建立合作关系，为参展人员指定旅游服务商，并要求旅游服务商对组展商的客户给予一定幅度的价格折扣。

（5）媒体合作伙伴。由于展览会的宣传和推广工作是组展过程中的核心业务之一，因而组展商与媒体的合作多种多样。有的采取组展商向媒体投放广告的合作方式，有的采取与媒体以展位换广告的合作方式，等等。

2. 组展商的下游客户

在一般的商业领域，作为消费者的客户需要在向产品的供应商支付费用后才能够获取消费权，但是在展览会这种特殊产品中，情况有所不同。组展商的下游客户主要包括参展商、赞助商、广告客户和观众四个部分，这四种不同的消费者与组展商具有不同的商业关系。

（1）参展商。参展商是组展商最主要的收益来源，参展商通过向组展商支付展位费获得参展权利，并需要按照组委会的统一要求布置展台，展示商品和技术。

（2）赞助商。赞助商是为展览会提供赞助的企业，很多情况下，展览会的赞助商同时也是参展商，赞助费同样是组展商的重要收入来源之一。

（3）广告客户。广告客户是指在组展商提供的宣传媒介上投放广告的企业，广告主要包括会展中心户外广告、会刊广告、展览会网站广告等多种类型。很多情况下，参展商是组展商的重要广告客户，广告费同样是组展商的重要收入来源之一。

（4）观众。展览会的观众有两种类型：一种是贸易观众，一种是普通观众。贸易观众是组展商为参展商邀请的专业买家，是决定展览会成交效果的关键。在绝大多数情况下，贸易观众由组展商负责邀请，而且不少买家的差旅费用由组展商负责提供，当然也有相当一部分贸易观众是由参展商邀请并付费的。普通观众的情况有所不同，大多数情况下，普通观众在完成登记注册手续后可以免费进入现场参观，当然也有一些特殊的展览会，观众需要向组织者付费后才有权进入。如两年一届的北京国际汽车展，向专业观众和普通观众出售的门票也是组织者一笔不菲的收入。

虽然从广义上说，组展商的客户是一个庞大的客户体系，但是在实际工作中，组展商的客户主要是指参展商和专业观众，因而本书下面关于展览会客户关系管理的讲解，主要针对参展商和专业观众。

四、展览会客户关系的特征

展览会是一种有规律、有周期的商务活动，与一般的服务性企业相比，会展企业的客户关系具有如下四个方面的典型特征：

（1）展览会客户关系主要是一种机构与机构之间的商务关系。对组展商来说，不管是作为供应商的上游客户（如会展中心、展位搭建商等），还是作为消费者的下游客户（如参展商、赞助商等），都属于商务机构，因而展览会客户关系管理的重点是研究商务客户的利益关系和交际特点。

（2）组展商在展览会筹备过程中已经掌握了客户较为详细的资料。组展商举办展览会之前，必须就展位、展台搭建及展品运输等方方面面的事情与参展商进行深入的交流和协商，这样一来，组展商在会前就能够熟悉参展商的基本情况，包括参加展览会的目的，企业的规模和经营范围，对展览会项目、服务、价格的意见和要求等。组展商掌握了客户较为详细的资料之后，就可以针对自身的特点和优势以及客户的具体要求和喜好，有效地开展营销工作，同时也为培养满意度和忠诚度高的客户打下了基础。

（3）展览会举办过程中，组展商需要在展前、展中和展后与客户进行全程沟通。如果说组展商与潜在客户的交流属于会前沟通，那么当潜在客户成为现实客户后，在举办展览会的过程中，组展商还需要不遗余力地提供各项服务，以维持和现有客户的良好关系。客户在参展的过程中会遇到很多问题，而且也会临时提出各种不同的要求，如有关展览会餐饮、保洁、工程、物业等方面的问题。组展商需要及时与为展览会提供配套服务的公司进行协调，同时与客户进行有效的沟通，消除客户的担心和疑虑。展览会结束后，组展商和客户的关系并没有因此而终结，相反，展后的沟通恰恰是组展企业维护客户关系的有利时机，是实现会展企业利润可持续增长的关键因素。组展商只有认真细致地做好会后与客户的沟通工作，与客户维持长期的和睦关系，才有可能让客户今后继续选择组展商举办的展览会。

（4）展览会本身的行业特征有助于组展企业与客户建立长期关系。大部分展览会都具有定期化、专业化和规模化的特征。一些专业性的展览会对展馆的结构有很高的要求，例如音响设备展就要求展馆的结构在传声设计上有所侧重，建筑工程设备展则要求会展中心的立体空间足够大。这些特征使得展览业关系网络中的各方具有较高的相互依存性，从而有利于推动各方建立长期的互信合作关系，达到多赢的合作目标。

第 2 节　展览会客户关系的评价指标

会展企业实施客户关系管理过程中最基础的工作，是弄清企业与现有客户之间的关系现状以及存在的问题。只有这样，组展商才能够清楚地了解谁是企业的核心客户、对哪些客户的投入不足、对哪些客户的投入过度，以及应当加强与哪些客户的联系等。那么，组展商如何评价自己与客户之间的关系现状呢？显然，需要一些用以考察关系现状的标准，通过与这些标准的对比，展览会组织者可以清楚地了解不同客户目前在整个客户网络中的具体位置。下面介绍三种关于组展商与展览会客户之间的关系状况的分析指标，供读者参考。

一、根据客户与组展商的利益关系的差异划分

可以将客户划分为关系紧密型客户、关系半紧密型客户和关系疏远型客户。

对组展企业来说，客户是一个非常宽泛的概念，既包括直接给组展商带来利润的客户，也包括需要组展商投资的客户，还包括确保展览会顺利召开需要和组展商建立合作伙伴关系的客户。显然，面对如此庞大的客户群，组展商不可能也不应该采取相同的客户管理策略，组展商需要根据客户对利润的贡献程度，分门别类地采取相应的管理措施。

（1）关系紧密型客户是指能够给组展商带来主要利润的客户，是组展商重点关注的一类客户群体，因为这类群体的不满将直接影响组展商的收益。在组展商的客户体系中，参展商、赞助商和广告客户是组展商的关系紧密型客户。

（2）关系半紧密型客户是指为了展览会的召开需要组展商投入资金的客户，这些客户虽然在财务方面是组展商的支出项目，但是从投入与产出的基本经济理念看，处理好与这些客户之间的关系对于组展商有效地节约成本至关重要。在组展商的客户体系中，会展中心、媒体合作单位和组展商拟邀请的专业观众是组展商的关系半紧密型客户。

（3）关系疏远型客户是指与组展商没有直接的商业交易关系，但是同样通过与组展商的合作服务于展览会的客户。这些客户与组展商虽然没有经济方面的交易关系，但是在展览会举办过程中存在共同利益，这种共同利益是组展商与这类客户的合作基础。由于组展商与这些客户之间既没有收益方面的业务联系，也没有支出方面的业务联系，与这些客户之间的关系自然会相对疏远。不过，为了更好地服务于自己的客户，组展商通常会选择一些信誉较好的服务商向客户推荐。在组展商的客户体系中，展位搭建商、运输代理商和旅游服务代理机构是组展商的关系疏远型客户。

需要特别指出的是，这里把组展商的客户按照对其利润的贡献不同划分为紧密型、半紧密型和疏远型三类，这种划分对组展商准确了解客户的地位无疑是重要的，但是现实中三类客户不能截然分开。一方面，很多组展商与展位搭建商、运输代理商、旅游服务商等合作机构本身也可能存在经济方面的业务联系；另一方面，虽然展览会组织、展位搭建、运输、旅游等各项业务各自在展览会举办过程中扮演着不可替代的互补角色，参展商与观众却是奔着展览会而来的，任何一个环节出了问题，都会影响组展商的信誉。

二、按照组展商与客户合作的深入程度划分

可以将客户划分为基础阶段的客户关系、合作阶段的客户关系和相互依存阶段的客户关系。

组展商与不同客户之间的关系发展需要一个过程，忠实客户群体的形成不是一朝一夕就能完成的，往往需要组展企业经过数届展览会的努力。

（1）基础阶段的客户关系。基础阶段的客户关系是一种强调等价交易的关系。在这一阶段，关系双方不会感到特别局限于客户关系，客户之间相互退出的障碍很低，客户转向其他企业不会是个大问题。在客户关系的基础阶段，价格是进行交易的主要动力。对组展商来说，要特别注意防止营销人员对客户的过度承诺。因为很多会展企业是根据销售团队的短期销售目标来决定销售人员报酬的。这种短期目标可能导致销售团队的短期行为，他们不可能花费大量的时间与客户建立长期关系，而是倾向于向客户做出各种承诺，甚至承诺自己无法做到的事情，以取得订单。这种做法虽然在短期内看不出弊端，但是对组展商与客户之间长期关系的建立与维护有重大危害。

（2）合作阶段的客户关系。超越基础阶段的客户关系后，客户对组展商的防御心理减弱，对展览会组织者更坦诚，双方就此进入了合作阶段的客户关系。但是在这一阶段，参展商并没有真正信任组展商，对组展商还有所保留。参展商除了和本组展企业合作外，还可能选择其他类似的合作伙伴。

（3）相互依存阶段的客户关系。在相互依存阶段，参展商和组展商都认识到了彼此的重要性。组展商已经成为参展商唯一的或至少是首选的供应商，参展商把展览会看作外部的战略资源和竞争优势的组成部分，组展商和参展商会积极地分享敏感信息，致力于解决共同面对的问题。在相互依存的客户关系阶段，参展商会把自己宝贵的建议融入展览会中，成为参展商、赞助商、广告客户甚至组展商的顾问。与此同时，组展商在展台位置、广告配合等方面也会给予参展商更多的优惠，双方之间的关系逐渐趋于成熟，彼此能够更深入地了解对方，从双方稳定的依存关系中获利。

三、按照客户与组展商的关系质量划分

可以将客户划分为对组展商满意的客户、对组展商信任的客户、对组展商依赖的客户以及对组展商忠诚的客户。

关系质量指参展商和组展商双方的满意感、信任感、归属感和忠诚度。提高关系质量，对参展商和组展商双方都有利。对会展企业来说，提高关系质量可以将组展商从一般性客户最终转变为忠诚者。忠诚的客户相信展览会能为他们提供最大的商业价值。他们乐意从众多展览会组织者中选择某组展商的产品和服务，绝不会“移情别恋”。对参展商来说，提高关系质量可以降低参展商的参展风险，节省收集展览会产品和服务信息以及选择和评估这些信息的成本，从而提高参展收益。因此，无论对参展商还是组展商来说，都具有努力改善双方客户关系质量的内在需求。一般来说，在买方市场的情况下，参展商比组展商更可能终止双方的关系。参展商对展览会服务质量以及服务人员是否满意，是决定参展商是否愿意继续与组展商保持关系的关键。因此，研究关系质量应侧重于研究参展商和组展商双方关系的满意程度。具体包括以下内容：

（1）对组展商有满意感的客户。满意感是参展商的需要得到满足之后的一种心理状态，是参展商对自己的需要通过展览会得到满足程度的一种判断。如果参加展览会满足了参展商的需要，参展商就会满意；反之，参展商就会不满意。当然，有时候参展商也会把组展商提供的产品和服务与其他展览会组织者进行比较，从而得出不同的心理感受。通常情况下，满意感是参展商对组展商的某一次展览会的心理感受，满意的客户会大大提高参加该组展商组织的下一届展览会的可能性，但是这种客户与组展商的关系还仅仅局限于一般性的商业交易关系。

（2）对组展商有信任感的客户。信任感指人们对目标对象可信性和善意的看法。其中，可信性指一方认为另一方的承诺是可信的；善意指一方对另一方利益的真诚关心及共同获利的愿望。在会展企业的客户关系中，信任感意味着参展商对组展商组织能力和服务水平的认可，即使在组展商无法实现承诺时，参展商也会以善意和同情的方式来理解组展商。对组展商信任的客户在对待组展商服务中出现的问题时，不可能像一般客户那样以冲动的方式表达自己的不满。

（3）对组展商有归属感的客户。归属感指客户与企业保持长期关系的意愿，包括情感性归属感和持续性归属感。情感性归属感指客户在感情上对企业的依恋；持续性归属感指客户由于“移情别恋”的代价过大而不得不与企业保持长期的关系。在会展企业中，归属感指参展商与组展商保持长期关系的意愿，参展商越愿意与组展商保持长期关系，表明双方关系的质量越高。

（4）对组展商有忠诚感的客户。忠诚的客户指那些反复购买某个品牌的产品，只考虑该品牌的产品而不会寻找其他品牌信息的客户。由此看来，忠诚的参展商群体是会展企业的最大财富，也是组展商进行客户关系管理的重要目标。在现实中，

忠诚客户的价值主要体现在以下五个方面：1）忠诚的参展商不仅会持续参加同一组展商组织的展览会，而且会购买该组展商的其他产品和服务，给组展商带来更多的经济收入。2）忠诚的参展商不仅自己持续参加某个展览会，而且会为组展商做有利的口头宣传，向他人推荐组展商的产品和服务，扩大组展商的客户群。3）忠诚的参展商会积极地向组展商反馈信息，帮助组展商改进产品和服务。忠诚的参展商反馈给组展商的信息可以分为两类：一类是客户投诉，相对于非忠诚参展商，忠诚客户更可能向企业投诉，客户的投诉有助于企业提高服务质量，增强客户满意感和忠诚感；另一类是参展商需求方面的信息，参展商向组展商反馈这类信息，有助于组展商了解市场需求，更好地满足客户需求，降低展览会的风险。4）忠诚的参展商对自己忠诚的展览会参展费用不是很敏感，他们相信该组织者提供的产品或服务的价格是公道的，有时甚至愿意支付较高的价格购买该企业的产品或服务。5）忠诚的参展商往往愿意原谅组展商在服务过程中出现的一些小错误或小失误，愿意在合理的范围内再给组展商一次改正错误的机会。而一般性的客户对组展商工作中的错误或失误通常会非常敏感，一旦出现问题，就会立即转向其他组展商组织的展览会。

当然，客户关系质量的上述四个组成部分并不是相互独立的，它们之间存在一定的影响关系。参展商对某次参展经历感到满意，会逐渐信任该组展商，并与该组展商保持长期关系；而参展商对组展企业的信任感以及参展商与组展企业服务人员之间的商业友谊同样会影响参展商对参加展览会的总体满意度。

第3节　展览会客户关系管理的实施

一、展览会客户关系管理的主要内容

通常情况下，会展企业客户关系管理的内容主要包括以下三个板块。

1. 客户数据采集与分析

对组展商来说，客户管理的基础工作是搜集和整理参展商、赞助商、专业观众的现实数据，以及纳入组展商市场开拓目标范围内的其他客户，其中参展商数据是重中之重。有关参展商的数据内容主要包括参展商的企业性质、规模、历届展览会参加情况以及与组展商的交易额等。组展企业可以根据自己的需要，将这些数据划分为三个层面：

（1）客户原始记录。客户原始记录是关于客户的基础性资料，通常是组展商获得的第一手资料，具体包括以下内容：客户代码、名称、所在国家和地区、具体地址、邮政编码、联系人、电话号码、银行账号等。一般来说，这些资料可以从专业的企业名录提供商处购买，也可以从相关的行业协会获取。

（2）统计分析资料。主要是组展商通过顾客调查分析或者向相关信息咨询企业

购买的二手资料。包括顾客对展览会的态度和评价、客户的合同履行情况与存在的问题、客户与其他竞争者的交易情况、客户的需求特征和发展潜力等。

（3）企业投入记录。是指组展企业与顾客进行联系的时间、地点、方式（如访问、打电话）和费用开支、给予哪些优惠（价格、购物券等）、提供产品和服务的记录、合作与支持行为、为争取和保持每个客户所做的其他努力和支付的费用等。

以上所列三个方面是组展商客户档案的一般性内容。同时应注意到，无论是组展商自己收集资料，还是向信息咨询企业购买资料，都需要支付一定的费用。所以，组展企业的客户档案应该设置哪些内容，不仅取决于客户管理的对象和目的，而且受到企业费用开支和信息收集能力的限制。各企业应根据自身管理决策的需要、收集信息的能力和顾客的需求特点，选择不同的客户档案内容，以保证档案的经济性和实用性。

2. 组展商客户关系的分类管理

实施具体的管理手段和策略来推进客户关系的发展，并与有潜力的客户建立相互信任的合作关系，是组展商进行客户关系管理的根本出发点和最终目标，而客户信息的收集与整理只是这一过程中的基础工作。所以，组展商进行客户关系管理的重要内容是根据客户信息，区分客户类别，针对不同的客户类别，投入不同数量的资源并采取不同的管理措施。

3. 客户信息反馈管理

从本质上说，会展企业客户关系管理过程就是组展商与客户交流信息的过程，实现有效的信息交流是组展商建立和保持企业与客户良好关系的途径。组展商与客户信息沟通的内容主要包含两个方面：一是组展商充分利用现代信息技术手段及时将展览会产品与服务信息提供给参展商以及观众，并为这些客户提供技术支持与良好的售后服务；另一方面，组展商还需要从展览会参加者那里收集到有关客户对展览会评价与建议的重要信息。展览会客户反馈的信息，既是衡量组展企业承诺目标实现程度的重要指标，也是组展商及时发现展览会举办过程中出现的问题的重要途径。一般情况下，投诉是客户反馈信息的重要途径，如何正确处理客户的意见和投诉，对于消除客户的不满，维护客户的利益，赢得客户的信任十分重要。

二、展览会客户关系管理的方法

组展企业进行客户关系管理，实际上就是展览会组织者寻找潜在的目标客户并培育有价值的忠诚客户，最终达到提高企业竞争力和盈利能力的战略管理过程。这一过程通常可以通过四个步骤来推进。

（1）客户细分。客户细分是指组展商把企业的所有客户划分为若干客户群，同属一个细分群的客户具有相同或者类似的特征，隶属于不同细分群的客户具有明显的不同特点。比如，为组展商带来最多利润的客户和带来最少利润的客户应该分属不同的客户群。同一细分群的客户可能在居住地域、收入、行为方式以及与组展商的合作历史等方面相似，也可能在为组展商带来的利润现状和前景等方面相似。客户细分是组展商进行客户关系管理的前提。如果不将客户细分成不同类别，组展企业根本不可能成功有效地处理与不同客户之间的关系。由于不同客户之间存在不同的利益需求，而且不同客户群体对企业的价值有所不同，因此组展商应当根据不同的客户关系类型，有针对性地采取措施，这样既可以最大限度地满足最具价值客户的需求，又有利于企业分清轻重缓急，降低营销成本。

（2）客户关系发展策略的选择。客户关系发展策略的选择是指组展商在客户细分的基础上，为不同类型的客户制定相应的关系发展策略。一般情况下，对于那些能够给组展商带来绝大部分利润的忠诚客户，组展商应该将其列为战略合作伙伴，与其建立长期、密切的战略联盟型伙伴关系，在某一方经营出现困难的时候，对方需要积极的配合与支持，帮助其走出困境；对于那些对组展商具有重要经济价值，但是对组展商的认可度不是很高的客户，组展商应该努力提高为这些客户服务的水平，争取给这些客户留下好的印象，并最终将其培育成忠诚客户；对于那些与组展商有良好的合作关系，但是对组展商利润贡献并不大的参展商，组展商要注重与其建立维持型合作关系，因为这些参展商虽然对利润的贡献不大，但是对提升展览会的人气来说非常重要，所以组展商需要尊重并维护与这些客户的合作关系，但不必投入过多的精力；对于那些在组展商利润方面几乎没有贡献同时又对组展商特别挑剔的客户，组展商最好采取委婉的策略（如提高参展门槛等），终止与他们的合作关系。

（3）组展商营销资源的分配。组展商应为不同关系的客户匹配相应的企业资源。对于那些忠实于组展商，同时对组展商利润贡献较大的客户，组展商应投入足够的资源，致力于长期的密切合作；对于那些对组展商利润贡献大，但是尚未建立相互信任合作关系的客户，组展商也要投入较多的资源，促进与这些潜在战略合作伙伴的客户关系的发展；对于那些忠实于组展商但是对组展商利润贡献不大的客户，组展企业不应投入过多的资源；对于那些对组展商利润贡献不大同时又不忠诚于组展商的客户，组展商的资源应慎重投入。

（4）客户关系的健康发展战略。客户关系的健康发展，一方面要维系现已建立的与战略客户和主要客户之间良好的信息共享、信息交换关系；另一方面要促使客户关系的提升和发展，从而实现企业盈利最大化的目标。

三、不同类型客户的管理策略

1. 新客户开发策略

新客户是展览会发展的后劲，是展览会客户关系管理的重要内容和工作之一。

新客户开发就是通过有效的客户管理办法，在目标市场中寻找和发现潜在客户，并通过有效的传播手段与他们沟通，最终将他们转变成现实的客户。概括而言，展览会新客户开发大致包括这样一个过程：（1）研究目标市场；（2）与潜在客户沟通；（3）促成购买行为。

（1）研究目标市场。组展商需要根据客户分布地区、经营规模等标准，对目标市场进行细分，然后尽可能地搜集客户信息，并将其输入客户数据库。组展商通常可以从行业企业名录、行业协会和商会、政府主管部门、专业报刊、同类展览会、外国驻华机构、专业网站、黄页电话号码簿等多种渠道收集目标客户的具体信息。

（2）与潜在客户沟通。经过精心筛选后的名录仍不能代表展览会的真正客户，因为筛选只是缩小了潜在客户的范围，但对从未参加过某个展览会的企业而言，它们对展览会依然一无所知，这有赖于销售人员与客户的深入沟通。一般来说，与潜在客户沟通的步骤主要包括：

1）分析接触对象。首先要明确将与谁沟通，尽可能掌握潜在参展企业的具体情况，如产品、规模、发展状况等，然后了解负责人的情况，包括姓名、性格特点、偏好等。

2）确定预期沟通目标。在实际接触中往往很难靠一次沟通就达到预期目标。这时就要有计划、一步一步地实现预期的沟通目标。从客户的角度来看，从最初接触展览会信息到最后决定参展一般有五个阶段，即知晓、认识、接受、确信、参展。因而在沟通过程中，首先要让对方知道你是在介绍哪一个展览会，让对方慢慢认识并接受该展览会。这样，通过进一步的努力，对方才会进而对展览会产生信任，并最终决定参展。尽管潜在客户可能不会在初次接触后就决定参展，但只要每次接触都能走过上述五个阶段中的一个，潜在客户就有可能最终变成展览会的现实客户。

3）设计沟通信息。沟通要达到预期的目标，就必须根据展览会的优势和特点，结合客户的需求来精心设计沟通的信息。不同信息对不同的客户所起的作用不尽相同。例如，对于那些理性诉求倾向较强的客户，组展商的信息设计就应从客户的利益出发，着重描述展览会的优势、特点以及能给客户带来什么样的利益；对于那些情感诉求倾向较强的客户，组展商的信息设计就应努力激发客户的某种特殊情感；对于那些道德诉求倾向较强的客户，组展商的信息设计就应利用客户的道德感来强化他们参加本展览会的理由，等等。

4）选择沟通渠道。与潜在客户的沟通很多时候是与展位营销和展览会宣传推广一起进行的，所以展位营销和展览会宣传推广的渠道同样是与客户沟通的重要渠道，如报纸、杂志、电视、互联网、电子邮件、广播、人员推销、公共关系等。通常情况下，组展商要根据潜在客户接收信息的渠道偏好来选择合适的沟通渠道。例如，习惯看杂志的客户往往不注意报纸上的内容，而习惯看电视的客户往往不关注杂志的内容。另外，组展商可以与客户多渠道同步沟通，而对一些重点客户，面对面的沟通非常必要。

5）建立反馈机制。并不是所有的客户经过一次沟通后就能成为真正的客户，即使成了组展商的客户，关系也有可能在接触过程中发生变化，所以及时的反馈就显得尤为重要。为此，组展商需要将展览会的最新信息及时告知客户，当客户对展览会提出意见和投诉时要及时处理。

（3）促成购买行为。组展商与潜在客户进行接触的主要目的就是促成他们参展。因此，将潜在客户转化成现实客户是一项十分艰巨的任务，要求展览会销售人员站在参展商的立场上思考问题，并根据客户的特定需求对产品和服务进行适当调整，以激发他们采取行动的欲望。

2. 培养忠诚客户

维系老客户的成本要比发展新客户的成本低很多，要维系好老客户就必须提高客户的忠诚度。有资料显示，客户忠诚度每增加5%就可以使企业的盈利能力增加1倍，而且忠诚的客户往往实力雄厚，在行业内具有较大的影响力，失去忠诚客户可能会引起其他客户的退出。因此，组展商需采取切实措施，培养客户的忠诚感。为达到这一目标，以下四点非常重要。

（1）实事求是地推广展览会。要想让客户成为忠诚客户，组展商所主办的展览会必须能够很好地满足市场的需求，必须让客户知道继续参展将会给他们带来的好处。因此，当面对现有的参展商时，组展商必须向他们实事求是地介绍下届展览会的独特和创新之处，要让客户知道展览会中每一个有助于他们获取成功的亮点，切忌言过其实。

（2）倾听和采纳客户的建议。让客户继续参展的最佳办法是满足他们的需求，组展商可以通过客户调查、参展商回访等多种途径搜集参展商的需求信息，积极听取参展商的需求、意见和建议，并采取切实措施，有计划地满足他们的需求，解决他们关心的问题，同时把工作过程向客户汇报，重点突出采纳他们的建议后所做出的改进。

（3）使忠诚客户的利益有形化。有说服力的数据和实际的特殊待遇可以促进客户再次参展。组展商可以为忠诚客户提供一个利益组合包，使他们在展前和展中都能感受到参展的利益。例如，在展览会主题网站宣传和现场查询系统中，对忠诚客户可以优先安排。另外，组展商还可以为忠诚客户提供一系列有形的价值，如免费将公司名称列在赞助商名录上，甚至在选择饭店客房方面也给予优先权等。

（4）为忠诚参展商提供特别利益。为吸引忠诚客户持续参展，让他们感到享有某些特权也是重要的诀窍之一。例如，国际媒介集团为忠诚参展商思科公司量身定制了一个超级优惠项目。在整合了相关数据并对潜在买家信息进行识别后，国际媒介集团邀请了思科公司的现有客户和一些潜在买家来参观展览会，并给予他们一系列特殊待遇，如提供主题演讲的前排座位、设置VIP休息室、与特定的产品演示企业预约等。该项目明显提升了思科公司的参展效果，从而使国际媒介集团和思科公司的关系更加密切。

3. 吸引流失的客户

每个展览会都希望通过努力提高客户对展览会的忠诚度，而不希望客户大量流失，但是现实中，展览会客户流失问题十分常见。

展览会流失的客户主要有以下五类：(1) 有意放弃的客户。是指不具备潜在价值或不符合组展商要求而主动放弃的客户。(2) 需求无法满足的客户。虽然组展商试图挽留，但展览会本身的功能无法满足客户的参展需求。(3) 因竞争而流失的客户。流失的原因不是竞争对手的价格更低，而是竞争对手的展览会对该客户价值更大。(4) 低价格寻求型客户。客户因为本展览会的价格太高而转向其他展览会。(5) 服务流失型客户。即因为组展商承诺的服务没有实现，提出的建议没有被采纳，工作人员的态度差等而导致流失的客户。

组展商对低价格寻求型客户基本不抱太大的希望，对有意放弃的客户基本没有吸引的打算，因此，组展商希望吸引的客户，主要是需求无法满足的客户、因竞争而流失的客户和服务流失型客户三种。对于上述三种客户，如果组织者认为值得吸引他们回来，就要注意倾听他们的意见，处理好他们的投诉，针对客户的特定需求制定与客户接触计划，促进流失客户的回归。在与流失客户的沟通中，要特别注意针对导致他们流失的原因作出回应，增强他们对展览会的信心。在具体操作中，吸引流失客户回归的策略主要有三种：

(1) 健全展览会功能，改善展览会服务。展览会独特的贸易功能和良好的服务对参展商最具有吸引力，因而组织者通过健全功能和改善服务能吸引大批流失客户回归。

(2) 寻求与客户建立某种社会联系。组展商使客户将参加展览会视为承担社会责任的行为，在客户与展览会之间建立起一种超出商业关系以外的更为亲近的关系，有利于促使客户将参加展览会视为自己的一种理所当然的行动。

(3) 寻求与客户建立某种合作关系。例如，与客户建立一种合作伙伴关系，或者提高客户退出展览会的转换成本，将客户和展览会的发展紧紧联系在一起，这样一来，客户就不会轻易流失。

除此之外，组展商还可以采用降低价格的办法吸引流失的客户。但是，采用这种办法可能极大地挫伤忠诚客户的积极性，因为一旦降价具有某种可期待性，其他客户就可能期望和等待降价。虽然降价对吸引流失的客户回归能起到一定的作用，但这种手段一定要慎用。

第 4 节　展览会客户关系管理系统

客户关系管理系统（CRM）是利用互联网和电子商务、多媒体技术、数据仓库和数据挖掘、专家系统和人工智能、呼叫中心等现代信息技术将最新的客户管理理念转化为企业管理工具的应用软件。CRM 作为一个应用软件系统，凝聚了市场营销等管理科学的管理理念。市场营销、销售管理、客户关怀、服务和支持等构成了 CRM 软件的模块基石。为了让读者更好地了解 CRM 及其在会展企业的应用，本节将从 CRM 概念、功能模块构成以及 CRM 的实施三个方面简单加以介绍。

一、客户关系管理系统的概念

CRM 既是一门学科和一种理念，也是一种软件和技术，它侧重于对销售以及客户服务等方面的工作进行业务流程优化，其中最重要的两个因素是管理和技术。如果把客户关系管理比作一把双刃剑，那么这把剑的一面是管理的改造，另一面是企业 IT 系统的建设，这两面紧密结合在一起，不可分割。从管理的角度来说，客户关系管理是指企业围绕客户忠诚度的建设，针对不同客户实施以客户满意为目标的营销策略，通过企业内部各部门的协作，有效地发现、保持并留住客户，最终实现利润最大化的目标。从技术的角度来说，CRM 是一个管理信息系统，支持企业实现以客户为中心的管理模式。会展企业要顺利实施客户关系管理，必须注意以下两点：

（1）客户关系管理从本质上讲是一种全新的商业战略，而不是单一的技术解决方案。它要求企业全面看待客户，不仅要向客户提供个性化的产品和服务，而且要根据客户的特定要求，设计企业的分销、物流模式，以期方便客户，提高客户满意度。

（2）CRM 软件一定要具备处理企业事务的能力。只有 CRM 系统能够提高业务处理的效率，节省人力投入，实现信息的充分共享，企业才可能接受 CRM 系统。各个行业的 CRM 系统是有区别的，如对网上零售行业来说，销售自动化是优先考虑的；对家电行业来说，服务的自动化尤其重要。事实上，展览行业的 CRM 与其他行业也有所区别。

二、客户关系管理系统的功能模块

根据展览行业的需要，我们认为会展企业的客户关系管理系统通常应包括以下四个重要的功能模块：

（1）数据集成与数据挖掘功能模块。收集客户的信息可以说是客户关系管理的第一步。零乱或不完整的客户数据是没有用的，数据只有转化为完整、准确、持续的客户信息才有使用价值。为此，首先必须建立起完善和高效率的客户信息采集系统，搭建能够与客户畅通沟通的平台，以解决大量客户信息资料分散于不同员工的私人邮件、传真件以及工作簿中的问题，然后通过科学的手段对客户信息进行去伪存真，剔除没有价值的信息，在此基础上组展商才能够对展览会业务进行分析和预测，对原有和潜在顾客的消费行为进行分析。

（2）客户价值评估功能模块。客户价值的评估是筛选客户的基础。客户价值评估主要是针对客户贡献度和客户忠诚度的评估，客户价值的判别标准主要是客户给企业带来的长期利益，而不是简单的短期交易。会展企业 CRM 系统需要从客户贡献度和客户忠诚度两个维度，对会展客户进行评估，并在此基础上进行分类和组合，以帮助组展商针对不同客户采取不同的管理措施。

（3）客户分类管理功能模块。客户的分类管理是实现优质服务的前提。客户分类管理主要包括以下内容：一是确定细分展览会客户群的标准，包括参展商的个性化资料、参展费用及频率、参展方式、地理区位、客户的关系网等；二是对展览会客户群信息进行进一步分析，以便识别不同价值的客户或客户群；三是确定不同客户群对企业的价值、重要程度，并针对不同客户群的消费行为、期望值等制定不同的销售服务策略。

（4）客户与市场信息互动处理功能模块。客户与市场信息的互动处理是维持良好客户关系的根本保障。随着互联网以及移动通信网络的发展，越来越多的展览会客户习惯于通过 Web、E-mail、WAP、手机等方式与会展企业进行交流和沟通，电子商务和呼叫中心的建立及不断完善大大提高了企业客户信息处理效率，尤其是将 CTI（Computer Telephone Integration）、IVR（Interactive Voice Response）等技术应用于呼叫中心后，系统能够自动为客户提供信息查询、交易查询等服务，还可为客户提供个性化的服务，最大限度地发挥信息对营销和竞争的作用。

三、客户关系管理系统的实施

会展企业在导入 CRM 系统时，大多需要委托 CRM 提供商或者在 CRM 提供商的帮助下进行系统的开发和维护。由此看来，客户关系管理既是一种新型的管理理念，也是基于现代信息技术发展起来的一种管理技术。为了更好地发挥客户关系管理在整个会展企业管理过程中的作用，展览会组织者需要注意以下六个问题：

（1）组展企业在引入客户关系管理系统时，需要首先明确组展商导入客户关系管理系统的目标以及预期收益。客户关系管理系统是一种商业软件，虽然其中包含了丰富的现代客户关系管理理念，但是对组展商来说并不是个性化的。因而，组展企业在引进 CRM 时，务必从本企业的实际情况出发，制定合理的商业目标，不要过分听信 CRM 提供商的承诺，盲目追求大而全的系统。

（2）处理好展览会业务和 IT 技术的关系。尽管客户关系管理系统是以 IT 技术为基础的，但它本身不属于技术范畴，而是一种新型企业经营理念的技术性表达。组展商引进客户关系管理系统，根本目的在于依靠系统更好地优化商业流程，提高客户满意度，以便最大限度地挖掘客户价值。在组展企业内部，系统由营销部门和客户服务部门应用，IT 技术人员只是辅助和维护系统的正常运转。

（3）组展企业一旦决定导入客户关系管理系统，必须在部门架构、人员岗位等方面进行相应的配套变革，这些变革往往关系到整个企业的工作流程，因而组展商在引进 CRM 时，首先必须取得高层领导的支持，而且在企业内部要形成比较一致的认同。

（4）要选择对本行业有成熟案例的 CRM 提供商。在很多情况下，会展企业在导入 CRM 系统时，需要 CRM 提供商根据展览会的业务特点和客户类别等信息进行量身定制式的系统开发。如果 CRM 提供商的开发人员并不十分了解展览会业务，将增大最终开发的系统不适合组展商需要的可能性。因而，组展商最好选择在同行业中已经具有一定经验的 CRM 提供商，这样能够大大降低系统开发和应用中的风险。

（5）构建企业内部 CRM 系统的应用和维护团队。虽然大多数企业的 CRM 系统是由外部的 CRM 提供商负责开发的，但实际的应用、维护和改进还需要组展商内部的营销人员和客户服务人员来完成。如前所述，客户关系管理从根本上说是一种管理理念，IT 系统仅仅是一种技术表现。对于系统应该增加或者减少哪些功能以及系统应该如何改进等问题，组展商内部的工作人员显然比 CRM 提供商更有发言权。所以，会展企业构建自己的客户关系管理团队，对确保系统的正常运转以便最大限度地挖掘 CRM 系统的潜力意义重大。

（6）定期测评客户关系管理系统的成效，并据此采取相应的处理措施。会展企业是一种经济实体，一切工作都要以能够增加企业的收益为出发点。CRM 系统对组展商来说，绝对不是“花瓶”，而是一种提高客户管理水平、增强企业竞争力并最终提高企业效益的手段。为此，会展企业需要对 CRM 系统的使用效果进行定期测评，根据测评结果及时发现问题并采取相应的措施。

□ 本章小结

在展览行业中，参展商以及专业观众对于组展商来说是最为重要的资源，因而加强客户关系管理、培养客户的忠诚度，是展览会健康发展的基础。

根据参展商以及专业观众对组织者重要程度以及忠诚度的差异，展览会的客户通常被划分为多种不同的类型，组展商应该根据企业发展的需要，对不同类型的客户采取不同的管理措施。其中，最关键的是抓住少数重点客户，充分发挥他们在确保组织者经济效益以及扩大展览会影响力等方面的作用。

基于客户关系管理理念和现代信息技术开发出来的客户关系管理系统（CRM），在帮助组展商加强客户关系管理方面，具有非常重要的价值。不过，CRM 是一个通用软件，组展商在导入 CRM 时需要根据展览会的行业特点，有针对性地加以开发和利用。

□ 关键术语

展览会客户关系
上游客户
下游客户
客户价值
客户忠诚度
客户关系管理系统

□ 复习思考题

1. 如何理解展览会客户关系管理的内涵？
2. 对组展商来说客户通常包括哪些？
3. 组展商与客户关系状况的评判标准有哪些？
4. 会展企业如何实施客户关系管理？
5. 会展企业在导入 CRM 系统时应该注意哪些问题？

□ 阅读材料

新特展览客户关系系统

一、系统概述

新特软件在积累多年的行业经验基础上，专为展览公司定制开发了一套展览会客户关系管理系统。系统可以实现基于客户资料的多级查询、数据导入、数据导出、打印输出、参展信息管理、网络共享、权限控制等功能，在客户、联系人、展览会、项目组、业务角色等实体间的数据关联、业务流程、人员分工、权限控制、数据安全、个性化客户信息、人机辅助界面等方面都有非常周到的考虑。系统充分发挥了网络数据库软件在信息记录、管理控制等方面的优势，在辅助展览业务运作方面起到了很好的作用。

二、系统功能结构图

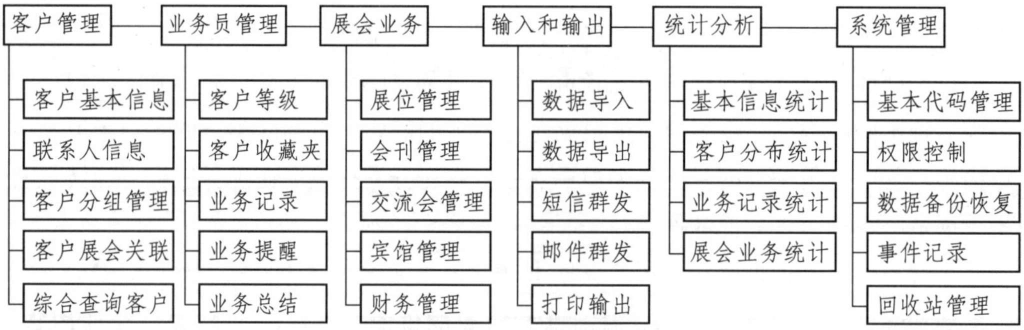

展览会客户关系管理系统结构

三、系统针对展览行业的功能特色

系统以新特通用版的客户关系管理系统为基础，提供强大的查询、关联信息记录、业务分析、个性化服务等功能。该系统针对展览公司的行业特点，重点突出的功能如下：

(1) 客户管理。由于展览会行业客户资料数量庞大，难免有重复或者同名的客户资料，编辑客户资料时，系统提供关键字查重功能，如果业务员录入了重复的客户名称，系统会自动提醒，并显示已有的客户资料。系统将国内客户和国外客户进行独立的管理，并提供中英文双套界面，打印输出也有中英文两套格式。系统将公司所有客户群按不同项目组划分，每个项目提供了独立的行业分类树形，属于某一项目组的业务员只能看到该项目组的客户，这样不同项目组的工作不会相互干扰。给客户分组分级，并对客户级别变动过程进行控制，根据客户等级开展业务。客户资料可按行业大类、小类、展览会、区域、等级、业务员等信息进行树形快速查询。特别是每个客户都与某届展览会相关联，这样只要选择某届展览会，就能自动将参加那届展览会的客户归类汇总。

(2) 业务员管理。针对业务员，新特展览会管理系统提供了独具特色的权限管理。一般情况下，每个业务员只能看到自己的客户资料和业务联系记录，但如果给某个业务员赋予相应的权限，他也可以看到其他业务员的客户资料，但不可编辑更改别人的客户资料。这样既可以做到业务员之间的资料保密和交流，又可以让公司领导全面了解每个业务员的业务情况。

为了方便业务员及时地跟进自己的业务，系统提供了强大的事务提醒功能，设置提醒时间后，到时系统就会自动提醒业务员该办什么事情。提供每个业务员自己的客户收藏夹功能，可以非常方便地辅助业务员的客户管理和业务管理工作，并且管理员还可以为下级业务员管理收藏夹，这样可以方便公司领导或者部门经理统一规划管理。系统有严格的权限分工和控制管理，可以按不同角色显示不同的界面，调用不同功能，并且可以防止未经授权的操作员导出客户资料，对于客户资料的新增、修改、删除操作都有后台事务日志备查，可以恢复或彻底删除被业务员删除的客户资料。

(3) 展览会业务。举办每次展览会时，客户与展览会相关联的事务繁多，怎么样对这些事务做到条理化的管理呢？系统提供了相关的展位管理、会刊管理、研讨会管理、展具管理、宾馆管理、财务管理。除此之外，系统还提供按项目、展览会、年份、客户的多级关联管理，同一项目组可以有多个展览会项目，同一展览会项目又按年份分多个展览会代号；可以按项目、展览会、展览会代号逐级查询相关参展客户、参观客户；每个客户都可以查到其历史参展与参观情况。

(4) 输入/输出。展览公司的潜在客户量非常大，客户资料来源多，所以系统除手工逐条快速录入客户资料外，还提供 Excel，Dbf 等格式的自动导入功能。针对展览会公司业务特点，系统还提供 E-mail 群发接口、短信群发接口，可以打印信封标签、套打信封、套打传真资料等，并且所有标签和套打内容都可以自定义格式。

(5) 系统分析。系统提供了业务分析和总结上报功能，每个业务员或项目组可以定期整理分析业务记录，写一份总结报告提交给业务主管或经理，以便公司领导总结分析某个时期内总的业务状况。

系统的展览会分析汇总功能，可以统计查看每个客户参加某次展览会的相关情况，可以对单个项目的参展参观客户进行多方面的分析，也可以按年份进行同项目多年纵向对比分析，还可以对不同项目进行横向对比分析，分析内容有：参展数量、参观数量、区域分布情况、行业分布情况、职位分布情况等。

系统提供决策支持的功能，可以分类统计客户个性和共性，给出各类报表，可作为公司经营决策的依据，还可以对业务员进行绩效考核。操作事务统计功能可以对业务员操作该系统的效率进行跟踪追查。

资料来源：www. xts. com. cn，略有删改。

第 10 章

展览会的评估和后续服务

本章要点

- 展览会评估的类型、意义和原则
- 展览会评估的三个层次
- 展览会核心要素、形式要素和附加要素的评估
- 展览会评估报告的结构和内容
- 展览会后续服务的内容

展览会的成功举办是一项繁杂的工程，从项目启动直到成功举办，展览会工作可分为前期、中期和后期。在前期，组展商要着手展览会的策划与论证、产品和服务设计；在中期，组展商要进行配套服务商选择、招展招商、宣传推广、现场组织和管理；在后期，组展商要完成展览会评估和后续服务。遗憾的是，目前我国的许多展览会组展商往往只关注展览会的前期和中期工作，忽略了展览会评估和后续服务的重要性。对于一个成功的展览会而言，展览会的后期工作具有承前启后的作用，对促进展览会的健康、可持续发展具有重要意义。组展商应该清楚地认识到，展览会的举办是一个不断循环的过程，上一届展览会工作的结束是下一届展览会工作的开始。因此，为成功举办展览会，组展商往往非常重视展览会的评估和后续服务，并从中发现展览会组织和运营工作中存在的问题，不断完善自我，提升服务质量。

第 1 节　展览会评估概述

一、展览会评估的类型

展览会评估是指根据一定的目的和标准，运用科学的方法对展览会中的各项要

素及其社会经济效应等方面进行质和量的评估。展览会评估可按不同的标准进行分类，本书主要从评估执行主体和评估对象范围两个角度进行介绍。

（1）从评估执行主体的角度来看，展览会评估可以分为组展商自评和第三方评估。组展商自评是指由组展商自己对展览会各项工作实施评估，第三方评估则是由组展商邀请其他专业机构对展览会的各项工作实施评估，两者的区别主要在于评估工作的执行主体不同。从目前行业的实践情况来看，组展商自评和第三方评估并不能相互取代，两者各有优缺点（如表 10－1 所示）。

表 10－1　两种评估方式的优缺点比较

组展商自评		第三方评估	
优点	缺点	优点	缺点
沟通便利 灵活性大 费用低	增加工作负担 客观性差 专业性不足	专业性强 公信力强 减轻工作负担	沟通难 费用高 程序多

展览会应该使用哪一种评估方式，主要取决于组展商对评估工作的要求、自身财力和人员等实际情况。一般来说，处于起步阶段的展览会规模较小，工作简单，财力有限，组展商实施评估的内容较为简单，要求不高，可以考虑使用组展商自评。而对于大型的国际展览会而言，展览会规模大，工作繁杂，人力资源稀缺，展览会评估涉及的内容多，要求高，专业性强，比较适合使用第三方评估。需要说明的是，第三方评估是目前国际上比较认可的评估方式，许多国际知名的展览会均会委托权威机构对自身进行评估，以提高评估结果的公信力。如 FKM 等专业的展览会评估机构已经获得了行业的高度认可，为越来越多的展览会服务。但是，我国目前仍没有专业的展览会评估机构，展览会组展商主要委托高等院校、行业协会以及咨询公司进行第三方评估。

（2）从评估对象范围的角度来看，展览会评估可以分为总体评估和专项评估。总体评估是指对展览会进行综合性的评估，评估对象范围涉及展览会的各项工作；专项评估是指对展览会进行有针对性的评估，评估对象范围为某项特定的工作。通常情况下，组展商都会对展览会进行总体评估，总结展览会组织和运营工作的基本情况，从中发现展览会工作的不足之处并加以改进。而当组展商发现展览会某方面的工作出现较大问题，或者希望某方面的工作能够取得突破时，则会对这方面的工作进行专项评估。例如，一些展览会的其他各项工作均较为出色，但专业观众的邀请工作一直得不到参展商的认可，此时可以邀请专业机构开展有针对性的评估，以识别此项工作中存在的问题，并制定解决方案。一些展览会在经过多年稳定发展后，邀请专业机构对展览会的品牌进行专项评估，以决定是否继续扩大规模或开办新的展览项目。可以说，总体评估是展览会评估的基础，它可以让组展商发现展览会组织和运营过程中的优势和劣势，从中找到决定展览会成败和可持续发展的关键点。

在总体评估的基础上，组展商为识别某些特定问题，可以开展针对某项工作的专项评估。

二、展览会评估的作用

展览会评估属于展览会的后期工作，一些组展商往往对此不够重视，实际上展览会评估是展览会管理的重要内容，也是展览会持续、健康发展不可或缺的环节。具体而言，展览会评估的作用表现在以下几个方面：

（1）展览会评估有利于展览会的正确定位。展览会评估可以给组展商提供有关展览会的各种数据和资料。通过对多年数据和资料的比较分析，组展商可以全面了解展览会的发展状况，判断展览会所处的发展阶段以及在同类展览会中的地位，制定下一步的发展规划。同时，通过数据比较和分析，组展商可以发现展览会发展和变化的趋势，如参展商层次和类型的变化、观众来源和职位变化等，从而更好地调整展览会的定位以适应发展的需要，促进展览会健康持续地发展。

（2）展览会评估有助于改善展览会的组织和运营工作。展览会的组织和运营是一个错综复杂的过程，在实际的执行中，计划往往与目标有所偏差。展览会评估通过对展览会组织和运营全过程进行回顾，对展览会总体、各项具体工作以及社会经济效益等方面进行检查和评价，能够发现展览会的优点和存在的问题。组展商可以对优点进行总结，在未来的工作中继续发扬。展览会评估也有助于找出展览会存在的问题，并且对此提出有针对性的建议和对策。通过展览会评估，组展商可以扬长避短，更好地促进展览会的组织和运营工作。

（3）展览会评估可以为参展商和观众决策提供参考依据。每一届展览会结束后，组展商都会对外发布展后总结报告。展后总结报告一般在展览会评估的基础上，选择外部利益相关者比较关注的内容撰写而成。展后总结报告一般都会对展览会基本概况进行综合性的描述，发布参展商及观众数量、来源、满意度等关键信息，既可以让现有的参展商和观众更加了解展览会，也是潜在的参展商和观众获取展览会信息、评价展览会的重要途径。从这个角度看，展览会评估报告能够为参展商和观众决定是否参加下一届展览会提供参考依据。

三、展览会评估的原则

1. 客观性原则

客观性原则是展览会评估的基本原则。展览会评估的根本目的是提高展览会的办展水平和可持续发展能力，这就要求展览会评估能够客观、真实地反映展览会的实际状况，并通过评估肯定成绩、发现问题，进而改善展览会的管理工作。坚持客观性原则必须做到：

（1）材料和数据客观真实、准确可靠。展览会评估的原始数据部分是通过评估人员向参会参展的对象收集得来的，也有部分来自组展商。在收集和提供材料数据时，一定要客观、真实、全面地反映展览会实际情况，任何弄虚作假、瞒报漏报的做法都会影响评估结果的客观性。

（2）评估机构和评估人员要有实事求是的科学态度。在展览会评估的过程中，如果被委托的评估机构或者组展商自身缺乏实事求是的态度，即使原始材料和数据都真实无误，也未必能够保证评估结果的客观性和公正性。因此，评估机构和评估人员要正确认识展览会评估的根本目的，进行准确、客观的评估，不可被报喜不报忧的功利思想所影响。

2. 一致性原则

一致性原则强调对展览会的评估要有一致性，即坚持使用同一种评估方式、评估体系、评估标准和评估程序。只有这样，评估的结果才会客观、公正、合理，并且保证多次评估之间具有可比性，以便组展商发现问题、改善管理。

3. 连续性原则

展览会项目往往具有连续性，越是品牌展览会，其生命力越强。但是，由于每一次展览会所处的社会经济环境存在一定的差异，有时还会受到不可抗力因素或突发公共事件的影响，因此展览会的各项指标出现起伏难以避免。如 2003 年我国出现“非典”危机，导致当年春季的展览会几乎全部遇到困难，但在危机过后展览会又重新回到正常轨道。因此，仅仅以一次展览会作为评估依据，就可能以偏概全。展览会评估要想做到科学、全面，就必须坚持连续性原则，对展览会进行不间断的评估。从国内外的实践来看，展览会评估一般至少以连续三年的数据作为依据，通过比较可以分析展览会发展状况是否良好。

4. 可行性原则

可行性原则是指展览会评估的方案以及指标体系要切实可行、易于操作，具体包括两方面的要求：一是提高展览会评估的效度。展览会评估的指标、权重和标准必须切合实际，使评估的结果与展览会的实际状况相一致。二是展览会评估要易于操作。展览会的材料和数据需要耗费一定的人力、物力和财力，如果评估的指标过于繁杂，将大大增加数据收集的难度。因此要在保证科学性的前提下，尽可能减少评估指标的数量。此外，还应当从实际出发，尽量简化评估的方法和程序，这样才能确保展览会评估的效率。

5. 定性和定量相结合原则

定性评估采用非数量化的评估方法，其目的是对展览会项目的过程和结果进行性质描述、分析和评价，做出定性的评估结论，常用的定性评估方法有等级法和评定法。等级法是将展览会评估的各项指标根据需要分成若干等级，如优秀、良好、中等、较差、差等。评定法是将各项评估的指标用简明的评语来表达，较多使用文字描述。展览会定量评估是一种数量化的评估方法，其目的是对展览会的过程和结果进行数量描述、分析和评价，做出定量的评估结论。定性评估具有形象、深入的特点，通过对定性资料的推理和分析，能够反映数据所不能体现的问题。定量评估的特点是数据客观、可靠、精确，能够进行数量运算和比较分析，避免评估过程中的主观随意性。因此在展览会评估中，定性评估和定量评估应当相互结合，相互补充。

第 2 节　展览会评估的内容

在展览会评估的过程中，确定评估内容是非常关键的步骤。前面论述过，展览会评估可以分为总体评估和专项评估，两者的评估内容范围有明显的差异。从某种程度上说，总体评估的内容包括了专项评估的内容，专项评估是总体评估中某些内容的延伸和深化。因此，本书将以总体评估为例，来说明展览会评估的内容。

展览会是一种贸易服务，是由一系列要素构成的综合性的“服务包”，这些要素包括核心要素、形式要素和附加要素三个层次（见图 10－1）。其中，核心要素是实现展览会核心功能的关键因素，主要包括展台和展品、参展商以及观众；形式要素是完善展览会功能的因素，主要包括开幕式、研讨会、会刊、广告以及特殊活动；附加要素则是提升展览会服务和满意度的因素，主要包括代理服务、现场服务、网上展示以及展览会后期跟踪服务。组织一个成功的展览会，组展商要处理好核心要素、形式要素和附加要素的关系，在工作力度和资源分配上做到主次分明、轻重适宜。展览会评估要对展览会的各项要素进行评估，因此展览会评估也可以分为对核心要素、形式要素和附加要素的评估。

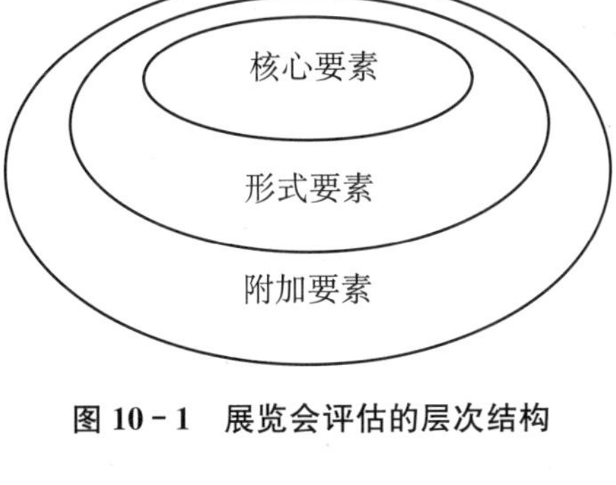

图 10－1　展览会评估的层次结构

一、展览会核心要素的评估

展览会的核心功能是为参展商和观众提供有价值的宣传和交易平台，核心功能是否实现是决定展览会成败以及能否可持续发展的关键。一般来说，展览会核心要素的评估包括三个方面，分别是对展台和展品、参展商以及专业观众的评估（如图 10－2 所示）。

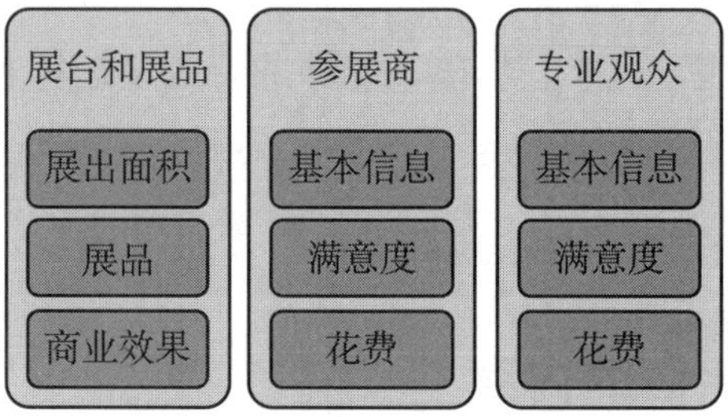

图 10－2　展览会核心要素评估内容

1. 展台和展品

展览会的核心功能是为参展商和专业观众提供有价值的宣传和交易平台，展台和展品是承载宣传和交易信息的载体，它们将参展商和专业观众连接起来。在对展台和展品进行评估时，既要对展台和展品的数量和质量进行评估，也要对展台和展品所达到的商业效果进行评估。

（1）展览会的展出面积。展出面积是判断展览会规模和档次的基本指标，也是展览会市场影响力的外在表现。一般来说，对展出面积可以从以下四个方面进行评估：

1）展出总面积；

2）特装和标准展位的展出面积；

3）国内和海外参展商的展出面积；

4）各题材或国家（地区）展区的展出面积。

（2）展览会的展品。展品是决定展览会质量的根本因素，一场高质量的展览会所展出的产品和服务往往凝结了大量前沿的行业信息。对展品可以从以下两个方面进行评估：

1）展览会展品所包括的类别和档次；

2）展览会所发布新产品的数量和档次。

（3）展览会的商业效果。企业参加展览会的主要目的在于获得经济上的收益，具体包括签订合同、获取订单等直接收益，也包括结识客户、宣传产品、获取信息等潜在收益，能否获得满意的商业效果是影响企业是否继续参展的重要因素。商业效果可以从以下三个方面进行评估：

1）展览会的成交金额或意向合同金额；

2）参展商获取订单的数量和金额；

3）参展商结识客户的数量和范围。

2. 参展商

参展商租赁展位以及投放广告的费用是展览会最重要的收入来源，做好对参展商的服务是展览会最重要的工作。因此，在展览会评估中参展商要素是必不可少的内容。一般来说，组展商可以从参展商的基本信息、满意度和花费三个方面对参展商进行评估。

（1）参展商的基本信息。对于展览会组展商而言，调查参展商基本信息的目的是获得参展商的企业属性和特征，更有针对性地开展招展工作。主要包括以下六个方面：

1）地区来源；

2）所属行业；

3）企业规模；

4）产权属性；

5）参展人员的最高职位；

6）获取展览会的信息渠道。

（2）参展商的满意度。展览会评估的一个重要作用是找出展览会组织和运营工作的不足，从而帮助展览会组展商更有针对性地改善服务。对于参展商满意度的调查可以分为总体满意度、组织工作满意度、配套服务工作满意度和其他工作满意度四个部分，每一部分包括若干细分指标。

1）参展商对展览会的总体满意度。

- 对展览会的总体满意度；
- 对达到预期参展目标的满意度；
- 对下一届展览会的参展意愿。

2）参展商对展览会组织工作的满意度。

- 对展览会组织工作的满意度；
- 对专业观众数量和质量的满意度；
- 对展览会现场管理与服务工作的满意度。

3）参展商对展览会配套服务的满意度。

- 对展台搭建工作的满意度；
- 对展品运输工作的满意度。

4）参展商对展览会其他工作的满意度。

- 对展馆软硬件设施的满意度；
- 对举办城市办展环境的满意度。

（3）参展商的花费。除了基本信息和满意度之外，组展商还可以对参展商的花费情况进行评估。评估参展商的花费有两个方面的原因，一方面，组展商可以了解参展商的参展预算和各项费用，更有针对性地开展招展工作，同时可以根据参展商的需求提供附加服务以增加收入；另一方面，组展商可以由此计算展览会对举办地的社会经济效应。对参展商花费的评估主要包括以下七个方面：

1）参展的全部费用；

2）租赁展位的费用；

3）搭建、装饰、布置展位的费用；

4）参展服务、通信、宣传的费用；

5）参展运输、理货及垃圾处理的费用；

6）参展人员差旅费用；

7）参展的其他费用。

3. 专业观众

专业观众是吸引企业参展的根本原因，它和参展商都是构成展览会的核心要素。许多展览会往往忽略了专业观众的重要性，导致展览会难以持续发展。一般来说，组展商可以从专业观众的基本信息、满意度和花费三个方面对专业观众进行评估。

（1）专业观众的基本信息。调查专业观众的基本信息是为了更有针对性地开展专业观众的邀请工作，提升专业观众的数量和质量。与调查参展商的基本信息相比，专业观众的基本信息更加丰富，主要包括以下八个方面：

1）地区来源；

2）所属行业；

3）企业规模；

4）决策权状况；

5）职位状况；

6）工作性质；

7）在展览会举办地逗留的时间；

8）获取展览会信息的渠道。

（2）专业观众的满意度。专业观众对展览会各项工作的满意度是影响其是否继续参观展览会的重要因素，因此，展览会评估也应该调查专业观众的满意度。与对参展商的满意度调查相似，专业观众的满意度调查可以分为总体、组织工作和其他工作三个部分。

1）专业观众对展览会的总体满意度。

- 对展览会的总体满意度；
- 对达到预期参观目标的满意度；
- 对下一届展览会的参观意愿。

2）专业观众对展览会组织工作的满意度。

- 对展览会组织工作的满意度；
- 对参展商数量和质量的满意度；
- 对展览会现场管理与服务工作的满意度。

3）专业观众对展览会其他工作的满意度。

- 对展馆软硬件设施的满意度；
- 对举办城市办展环境的满意度。

（3）专业观众的花费。专业观众参观展览会属于商务旅游的范畴，他们在参观展览会举办期间进行各种旅行活动可以为举办地带来很大的经济收益。评估专业观众花费可以了解展览会给举办地带来的社会经济效益，有利于展览会争取举办地政府的支持。对专业观众花费情况的调查主要包括以下三个方面。

1）参观展览会的全部费用；

2）参观展览会的消费项目；

3）在展览会举办地的消费占全部费用的比例。

二、展览会形式要素的评估

除参展商、专业观众之外，展览会核心功能的实现还需要借助其他具体表现形式。虽然这些活动和事物不能直接实现交易功能，但它们也是组成展览会的一般元素，有助于提升展览会档次和吸引力。一般来说，形式要素的评估主要包括五个方面（见图 10－3）：

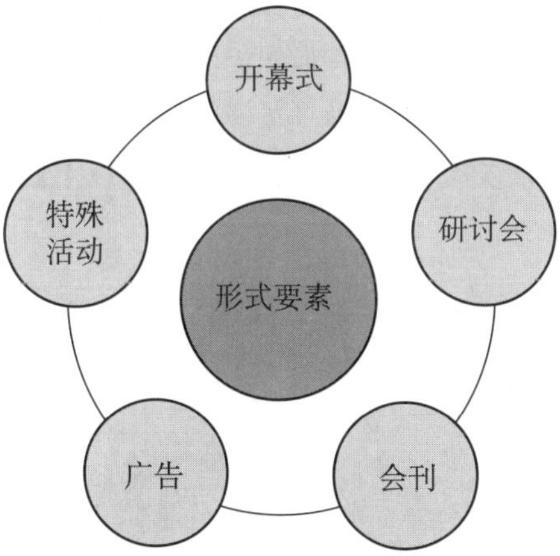

图 10－3　展览会形式要素评估内容

（1）开幕式。展览会开幕式是扩大展览会影响、积聚人气、制造氛围的重要手段，是展览会必不可少的活动。对开幕式的评估主要从两个方面进行：一是政府、协会以及企业的出席情况；二是电视、报纸以及杂志的报道情况。

（2）研讨会。展览会举办期间，为给参展商和专业观众提供更多服务，组展商会邀请业界专家就参展商和专业观众共同关心的行业话题展开讨论。随着展览会的竞争日益激烈，研讨会的重要性也越来越突出。组展商可以从三个方面对研讨会进行评估：一是研讨会的主题是否属于行业前沿话题；二是参展商和专业观众是否积极参与；三是参展商和专业观众对研讨会的评价。

（3）会刊。会刊是组织者印制的用以刊登展览会基本情况的印刷媒体，既是参展商和观众参加展览会的指南，也是组织者提供增值服务和获取更多商业利益的载体。对展览会会刊的评估可以从三个方面进行：一是会刊的销售情况；二是会刊的广告收益；三是参展商和专业观众对会刊内容的评价。

（4）广告。展览会的广告是参展商利用展览会举办期间的宣传平台发布的商业广告，如空中气球广告、会展中心墙体广告、会刊广告、电梯广告等。广告费用是组展商最主要的收入来源之一。因此，对展览会广告的评估可以从两个方面进行：一是展览会拥有哪些广告形式；二是不同广告形式的使用率和收益情况。

（5）特殊活动。随着展览会的内涵越来越丰富，特殊活动已经成为展览会的重要组成部分，新闻发布会、现场演示、小型演唱会、欢迎晚宴等活动纷纷被列入展览会日程。对展览会特殊活动的评估可以从三个方面进行：一是展览会举办了哪些形式的特殊活动；二是参展商和专业观众是否积极参与；三是参展商和专业观众对特殊活动的评价。

三、展览会附加要素的评估

展览会的附加要素是指组展商为了给参展商和专业观众提供更好的服务而提供的附加服务，这些要素能够丰富展览会的服务层次，提升参展商和专业观众对展览会的满意度。因此，组展商在能力允许的情况下也应该对展览会的附加要素进行评估。一般来说，对展览会附加要素的评估包括以下四个方面（见图 10－4）：

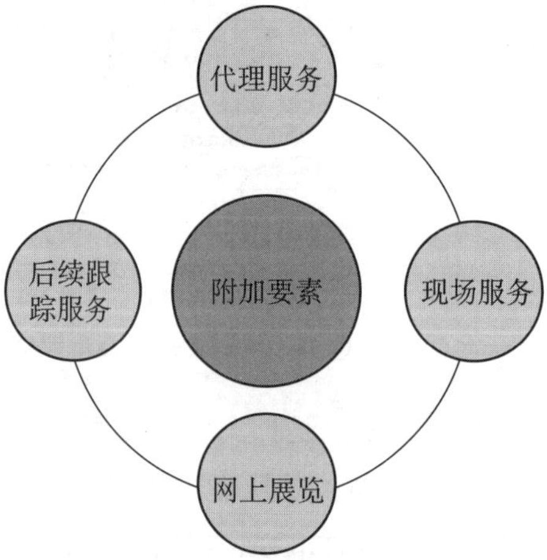

图 10－4　展览会附加要素评估内容

（1）展览会的代理服务。随着展览会分工不断细化，组展商不可能自己完成所有的服务环节，而是将一些服务工作外包给其他专业机构代理。由于参展商和专业观众会将这些代理服务看作展览会服务的一部分，因此组展商应该对代理服务进行评估，以便更好地进行管理。展览会的代理服务主要包括搭建服务、运输服务和旅游服务，组展商可以从服务范围、服务价格和服务质量三个方面进行评估。

（2）展览会的现场服务。在展览会提供的所有服务中，参展商和专业观众对现场服务的感受最直接、最深刻，此项工作的质量对参展商和专业观众满意度的影响较大。现场服务涉及的服务类型多、服务对象数量大、管理难度大，因此对其进行评估具有一定的必要性。现场服务主要包括三类：一是商务中心、礼仪接待、陪同翻译等商务服务；二是交通、餐饮等配套服务；三是安保、清洁服务等公共服务，三者的评估重点各有不同。商务服务的评估重点是服务质量，配套服务的评估重点是服务的便利性和价格，公共服务的评估重点是服务的可靠性和稳定性。

（3）网上展览。随着信息技术的快速发展，实体展览会开始向线上延伸，更多的展览会在举办实体展览会之外，也给参展商提供网上展示的平台。对网上展示的评估可以从以下三个方面进行：一是网上展览的内容和形式；二是网上展览的浏览量；三是参展商和专业观众对网上展示的评价。

（4）展览会的后续跟踪服务。展览会结束后，组展商还应当为参展商和专业观众提供相应的后续跟踪服务，如邮寄展览会的日常资料、总结报告等服务。评估展览会的后续跟踪服务可以从以下三个方面进行考察：一是展览会邮寄日常资料的类型和频率；二是展览会是否邮寄展后总结报告；三是展览会提供哪些其他跟踪服务。

需要说明的是，对核心要素、形式要素和附加要素的评估是展览会评估的一般框架，重点在于构建评估内容的体系和层次，使得组展商在评估展览会时能够认识到不同要素的重要性差异。在实际操作中，组展商并不一定完全按照此框架开展评估工作。在涉及某一个层次要素时，可以只选择其中的一些指标进行评估，也可以根据实际需要加入其他指标进行评估。展览会评估内容主要由组展商根据自身需要以及资源情况确定，有能力的组展商可以对展览会进行全面的评估，资源较为紧张的组展商则可以选择关键要素进行评估。当组展商希望进行专项评估时，可以在此框架内将专项评估的要素进一步细化成多个指标进行更深入的评估。

第 3 节　展览会评估的实施

一、展览会评估的程序

展览会评估是一项时间性强、涉及面广、内容繁杂的工作。因此，在开展评估工作时，一定要合理地组织和有计划地进行。展览会评估一般可分为评估前准备、制定评估计划、实施评估计划、进行分析评估和撰写分析报告五个阶段。

（1）评估前准备。展览会评估工作应当在展览会开幕前就开始筹备，展览会组展商确定由自己负责，或者委托第三方机构评估之后，开始进入评估前的准备阶段。

此阶段的主要工作是熟悉展览会项目情况，确定评估的目标和标准，分清评估的重点和难点，指定项目负责人和联络人等。

（2）制定评估计划。评估计划的内容包括：1）评估内容。按照展览项目的特点、性质，提出需要解决的问题，明确评估目标和主要内容，并且依据评估目标的主次，列出优先评估或重点评估的内容。2）评估标准。根据评估的目标和内容，设置明确、客观、具体的标准，并且对其进行量化，使之具有可操作性。3）进度安排。根据评估内容的主次和时间先后，确定各阶段具体的评估内容和评估方案，其中包括各评估项目的时间安排、人员配置和经费预算等。

（3）实施评估计划。根据评估计划和人员分工情况，分别对评估所需资料和信息进行调查、收集。在实施评估计划时可以通过收集数据、问卷调查、现场观察、个别访谈、新闻报告等方式收集各种信息。在调查和收集资料的过程中，应注意数据资料的可靠性、准确性和完整性。

（4）进行分析评估。在对所获取资料进行加工整理的基础上，对展览会进行全面分析和评估，主要包括对展览会核心要素、形式要素和附加要素三个方面的评估。

（5）撰写评估报告。在完成综合性的评估过程后，负责评估的部门需要撰写评估报告。报告内容一般包括评估背景和目的、评估过程与方法、评估结果、评估结论和建议等。

二、展览会评估调研的方式

展览会评估调研的方式主要有以下几种。

（1）数据收集。一般来说，展览会评估需要收集的资料有参展商及专业观众资料、展览会配套服务商资料、展览会相关活动资料、展览会宣传推广资料等，这些资料大部分可以直接从组展商方面获取，一般不需要经过第三方，是展览会评估最基本的资料来源途径。

（2）问卷调查。展览会评估既需要定量数据，也需要定性资料，只有两者结合才能全面地评价展览会。展览会统计数据只能反映如参展商及观众数量等情况，不能反映他们对展览会的主观评价，这就需要通过问卷调查的方法来收集这方面的资料。问卷调查主要是在展览会举办期间对参展商和专业观众进行满意度调查，以及询问参展商和专业观众关于展览会的改进意见和建议。因此，问卷既需要包含调查态度的封闭性问题，也要设置开放性问题，以获取更全面的信息。

（3）现场观察。评估人员可以通过现场观察的方式获取最直观的第一手资料。与其他方式相比，现场观察具有可控、深入的特点，评估人员可以控制观察行动的时间、地点，能够更加深入、细致地记录和观察所要评估的内容，可以发现一些数据资料不能反映，或者不易被觉察的细节问题。

（4）个别访谈。个别访谈的对象包括专家、参展商、观众、主管机构等与展览会有密切关系的人员。一个展览会的举办是否成功、存在哪些问题，主要受其利益相关者的影响，因此展览会评估必须考虑利益相关者的意见和看法。评估人员通过对以上对象进行深入访谈，可以从多个角度来审视展览会，更加综合全面地考察展览会的成功与缺陷，从而对展览会作出客观的评价。

（5）媒体报道。除以上方式之外，媒体报道也是展览会评估可以参考的依据之一。媒体的客观报道往往能够代表社会公众和政府部门对于展览会的态度和评价。对于一些大型展览会而言，媒体不仅会报道展览会概况，还会深入报道展览会的各个方面和细节，因此媒体报告可以作为展览会评估资料的补充来源。但是，评估人员必须注意，不能仅选择展览会合作媒体的新闻作为参考依据，因为它们往往只报道展览会取得的成绩而忽略存在的问题，不能客观地反映展览会的真实情况。

三、展览会评估报告的撰写

展览会评估报告可能因评估的具体内容和重点要求不同而有所差异，但一般来说，其内容主要包括以下四个方面。

（1）评估背景和目的。通常情况下，评估背景和目的是评估报告的第一部分，主要内容为依据相关的背景资料，对评估或受委托进行该项评估的具体背景和原因加以说明。

（2）评估方法。报告中必须详细说明评估方法，其中包括评估对象、样本容量、样本结构、评估的指标体系、资料来源和收集方法、资料处理方法和工具等。其中，评估对象主要说明从哪些对象中抽取样本进行评估；样本结构需要说明使用哪种抽样方法，以及抽取样本的结构情况；评估的指标体系需要说明使用哪些指标进行测量；资料处理方法和工具应该说明用什么工具、什么方法对资料进行统计处理。

（3）评估结果。评估结果是将评估所得资料整理出来，除了用若干统计图表来呈现之外，报告中还必须对图表中的数据资料隐含的趋势、关系和规律加以客观描述，即对评估结果加以说明和讨论。评估结果所包含的内容应当反映评估目的，并根据评估目的的主次突出所要反映的重点内容。

（4）结论和建议。展览会评估的根本目的是促进展览会的可持续发展，因此，结论和建议是展览会评估报告中最重要的一部分。首先，展览会评估报告要用简洁明晰的语言给出结论。例如，阐述评估结果说明了什么问题，有什么实际意义，必要时可引用相关背景资料加以解释、论证。其次，评估报告最后要针对评估结论提出可以采取的改进建议，或者如何处理已存在的问题，最好能提供有针对性的行动方案及建议。

第 4 节 展览会的后续服务

展览会顺利闭幕之后，并不意味一切工作就此结束，组展商一般还应该提供展览会结束之后需要继续跟进的一些后续服务。展览会的后续服务既是本届展览会的收尾工作，也是承接下一届展览会的开始工作，所以展览会结束后的后续服务是不能忽略的。

一、展览会应提供的后续服务

展览会的后续服务是相邻两届展览会之间承前启后的工作，其主要作用在于处理本届展览会的遗留工作，并为下一届展览会的举办做好准备。展览会的后续服务主要包括以下六个方面：

（1）向客户邮寄展后总结报告并致谢。展览会闭幕之后，组展商要及时给所有参加展览会的参展商和部分重要观众邮寄展后总结报告，并对他们参加本届展览会表示真诚的感谢。展后总结报告不仅要邮寄给展览会现有的参展商和部分重要观众，而且应该邮寄给潜在的目标参展商和受邀观众，这样可以帮助开展下一届展览会的参展商和观众邀请工作。通常情况下，组展商将致谢函邮寄给参展商和观众，但是对于一些重要的客户和机构，组展商最好派人登门致谢。

（2）更新展览会客户数据库。每一届展览会闭幕后，展览会的客户数据库都可能会发生变化，既有新客户加入，也有老客户流失，一些客户的信息也会发生变更。组展商要根据本届展览会客户的实际情况，及时准确地更新客户数据库，并根据客户信息的变化，及时调整客户工作的方式和方向。成功的展览会往往是那些重视客户管理工作，能够及时根据变化做出改进的展览会。更新展览会客户数据库的工作既包括对参展商数据的更新，也包括对观众数据的更新，还包括对各种展览会配套服务商资料的更新。

（3）对展览会进行总结性宣传。展览会闭幕以后，组展商可以根据展览会的总体情况准备一份总结性的新闻稿，提供给各新闻媒体进行报道，使得展览会的宣传工作既有开始也有结束。实际上，展后总结性宣传不仅是将本届展览会的举办成果对社会和客户做交代，更是为下一届展览会做舆论准备和铺垫。尤其在展览会刚结束的时候，进行展后总结性宣传往往会收到比较好的效果。

（4）发展和巩固客户关系。展览会举办期间，尽管组展商有机会和客户进行面对面的交流，但由于组展商和客户都忙于各自的工作，双方很难有时间和机会进行很好的沟通和交流。展览会闭幕之后，组展商要继续保持与客户的联系，继续加强与客户的交流和沟通，发展和巩固客户关系。其中，组展商可以重点进行客户对于展览会的意见和建议的收集工作，这样既有利于改进展览会的组织和运营工作，也显示出组织者对客户意见的重视。对于一些重要的客户和机构，组展商最好亲自登门拜访。

（5）处理展览会可能存在的遗留问题。展览会举办期间，由于时间有限，工作繁多，展览会可能会存在一些遗留问题有待解决，如有些客户的款项还没有完全结清，有些客户的展品还没有处理完毕，有些客户还需要安排展后商务考察等。展览会闭幕之后，组展商要及时处理展后遗留问题，不要将问题拖到下一届展览会，更不能让这些问题影响到下一届展览会的筹备工作。

（6）准备下一届展览会。展览会闭幕之后，组展商要开始着手进行下一届展览会的各项筹备工作。例如，组展商要开始准备下一届展览会的策划方案；制定下一届展览会的参展商和观众邀请办法、宣传推广方案；编印下一届展览会的招展资料等。展览会的组织和运营工作是一个循环的过程，本届展览会工作的结束意味着下一届展览会工作的开始。

二、展后总结报告

展后总结报告是组展商对外发布的展览会总结性报告，主要目的是将展览会的概况、成果和评价提供给利益相关者作为参考，也是展览会进行后期宣传推广的方式之一。随着展览会管理工作的逐渐成熟，在展览会结束后对外发布展后总结报告已经成为业界的惯例，其重要性也不言而喻。一份完整的展后总结报告应该包括以下五个方面的内容：

（1）展览会概况，主要包括展览会时间、地点、规模、媒体支持等基本信息。

（2）参展商基本情况，主要包括海内外参展商数量、地区来源、展出面积、企业知名度、企业规模、参展目的等信息。

（3）专业观众基本情况，主要包括展览会参观人次、海内外专业观众数量、地区来源、参观目的、工作性质等信息。

（4）展览会抽样调查，主要参展商和专业观众对展览会的总体和各项具体工作的评价。

（5）总结与展望，主要对本届展览会的特点和成果进行简要总结，并对下一届展览会的工作进行说明和展望。

□ 本章小结

展览会的组织与运营是一个周而复始的循环过程，上一届展览会的结束同时意味着下一届展览会的开始。为了确保这种循环不是一种简单的重复，确保每一届展览会都能够在上一届展览会的基础上有所提升，做好展览会评估和后续服务工作至关重要。

展览会的评估主体主要有两种，一是组展商自评；二是邀请第三方进行评估。两种评估方式各有优缺点，从行业发展趋势看，第三方评估已经成为主流。展览会评估的内容主要包括核心要素、形式要素和附加要素三个层次，在具体评估时，需要根据这三个层次进一步细化，并构建综合性的评估指标体系。常用的评估方法主要包括数据收集、问卷调查、现场观察、个别访谈等。

展览会的后续服务包括邮寄总结报告、更新客户数据库、展后总结性宣传、巩固客户关系以及处理善后问题等，这些工作虽然是在展览会闭幕以后开展的，但这是一场完整的展览活动不可或缺的环节。这些工作是否到位，将直接影响到下一届展览会的组织与运营。

□ 关键术语

展览会评估
核心要素
形式要素
附加要素
满意度
评估报告
展后工作

□ 复习思考题

1. 自我评估和第三方评估各自有哪些优缺点，组展商应该如何选择？
2. 作为组展商，应该如何认识展览会评估的作用？
3. 展览会评估包括哪三个层次，这三个层次是根据什么进行划分的？
4. 展览会核心要素、形式要素、附加要素的评估分别包括哪些内容？
5. 展览会的后续服务重要吗？主要有哪些内容？
6. 展后总结报告主要有哪些内容，它与评估报告有什么联系和区别？

□ 阅读材料

第七届中国国际高新技术成果交易会第三方调研报告

第七届中国国际高新技术成果交易会（以下简称高交会）共有来自 23 个国家及地区的 3 464 家参展商，1 896 家投资商参加了展示、交易和洽谈。其中知名跨国公司 65 家，国际组织代表团 104 个。专业展海外展区面积比例达 38%，共接待 55 万名海内外观众。

第七届中国高交会电子展（ELEXCON 2005）历时 6 天，汇聚 14 个国家和地区的 266 家参展商，展览总面积 15 000 平方米，其中光地面积占电子展总展览面积的 80%以上。

海外参展商113家，展览面积占总展览面积的58.6%；知名跨国企业16家，展出面积占总展览面积的11.8%。

本届电子展吸引了NEC、ALPS、泰科电子、京瓷、EPCOS、太阳诱电、美国国家仪器、信利半导体、福禄克、西门子、松下、环球仪器、安必昂、得州仪器、飞思卡尔半导体、杰尔系统、美国国家半导体、富晶半导体、特瑞仕、iSuppli、矽玛特半导体、汉高乐泰、3M、索尼、IEI等国际企业以及珠海炬力、中国电子器材深圳有限公司、劲拓、日东等中国本土知名电子企业参加展览及技术发布，展品包括半导体、被动元件、测试测量仪器、生产设备及无铅制造技术等内容，具有行业代表性，为业界所瞩目，被誉为“覆盖整个产业链的综合性电子展”。

本届高交会电子展展期6天，共接待海内外专业观众逾10万名，专业观众人数、专业观众人气指数均创历史新高。ELEXCON 2005的成功举办，无论对电子信息制造产业的发展还是对展览会本身都起到了巨大的促进作用。

深圳市中电创意会展有限公司在展览期间对参展商和观众采取了随机抽样问卷调查、电话访问等方式，对本届高交会电子展参展参观人员的基本构成情况，以及两者对高交会电子展的评价及明年参展意愿等情况进行了统计分析。

一、参展商基本情况

这是一次高层次、国际化、明星企业云集的年度电子盛会，参展商以新产品展示为主。73.8%的参展商是为了利用展览会机会进行市场推广，寻找新的合作伙伴，显示了展商参展目的的务实趋势。参展商的主要特点是：

(1) 外商比例较高。海外参展商113家，参展面积占总展览面积的58.6%，其中跨国知名企业16家，参展面积占总展览面积的11.8%。海外参展企业主要来自美国、英国、日本、韩国、瑞士、新加坡、德国等国家及我国港台地区。

(2) 参展商素质高。NEC、京瓷、泰科电子、ALPS、3M、索尼化学、EPCOS、美国国家仪器、太阳诱电、安凯、特瑞仕、信利半导体、富晶、韩国世宗、福禄克、AGC、IEI、BRADY、INTERTEK、STAUBLI、伯东等著名企业均参与了本次展览会。

二、参展商反馈

(1) 专业性定位获参展商认同。电子技术是高新科技的重要组成部分，电子技术及电子生产技术的发展及应用对于推动高新科技产业的发展有着重要的意义及作用。电子展的设立，重点展示集成电路、被动元件、无铅制造技术、测试测量等主题，展出国际电子及生产领域的前沿技术，并配合专题研讨会，为广大参展商提供了一个展示企业核心竞争实力、技术交流、合作洽谈的平台。

(2) 参展商参展目的注重实效。高交会电子展参展商的第一参展目的是推广市场及产品，而提高企业知名度成为第二目的。这表明本届高交会参展商的参会目的更加务实，更注重展览会的实效。

(3) 技术发布及研讨会受欢迎。调查显示，技术研讨会与产品发布深受参展商欢迎。

本届电子展期间的技术研讨会吸引了众多业界领袖企业积极参加，在行业中影响广泛，几个研讨会均座无虚席，吸引了业界的关注。

（4）专业观众的数量和质量获得好评。细致、一流的观众组织服务获得参展商一致认可。组展商展前借助行业网站、专业买家数据库、各专业合作媒体宣传以及印制大量的展览会前瞻、观众指南等推广资料，包含所有同期研讨会及部分展商信息，于展前发送给潜在的业内观众，确保了电子展专业观众的数量及质量。

本届高交会电子展的观众来源包括：特别邀请的VIP买家，通过专业买家数据库邀请的客户，高交会原有观众群，网站及传真反馈的专业观众，各支持专业媒体、行业协会协助邀请的客户，参展商邀请的客户等。参展商对于专业观众的数量和质量评价颇高，尤其是数量方面，获得一致好评。对于专业观众的质量，83%以上的参展商感到满意或基本满意，同时希望专业观众的素质能进一步提高。

（5）下届高交会电子展参加意向。在针对所有参展商的调查中，96%的参展商有意向明年继续参展，同时有32%的参展商表示下届展览会将扩大展览面积，另有多家企业在参观展览会现场后对未能及时报名参展表示遗憾。至大会闭幕时止，在本届电子展现场，ELEXCON 2006已有逾40%的展位被本届参展商续订。针对本届未参展的客户，组展商也得到了积极的反馈，现场及会后的电话调查中有60%以上的客户表示将考虑参加下一届高交会电子展。

三、参展商抽样调查

调查情况汇总如下图所示。

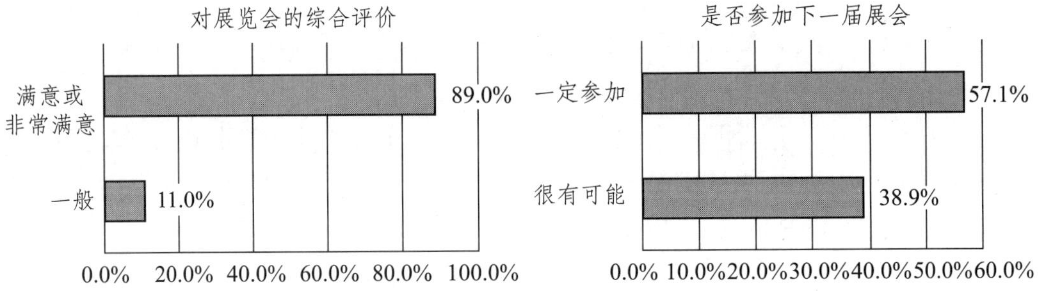

ELEXCON 2005参展商满意度调查

（1）是否有兴趣参加2006年第八届高交会电子展？

是，57.1%；考虑，38.9%；否，4%。

（2）对大会的总体评价。

非常满意，19.5%；满意并超出预期，69.5%；一般，11%；不满意，0。

（3）对买家及观众的评价。

非常满意，20%；基本满意，63%；一般，15%；不满意，2%。

四、观众基本情况

观众基本情况汇总如下图所示。

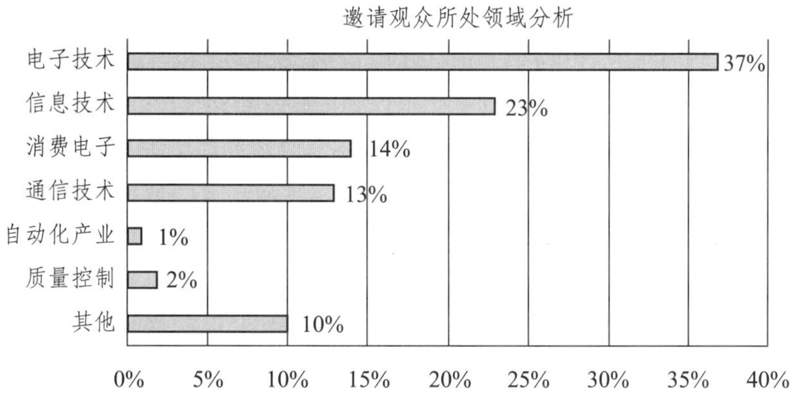

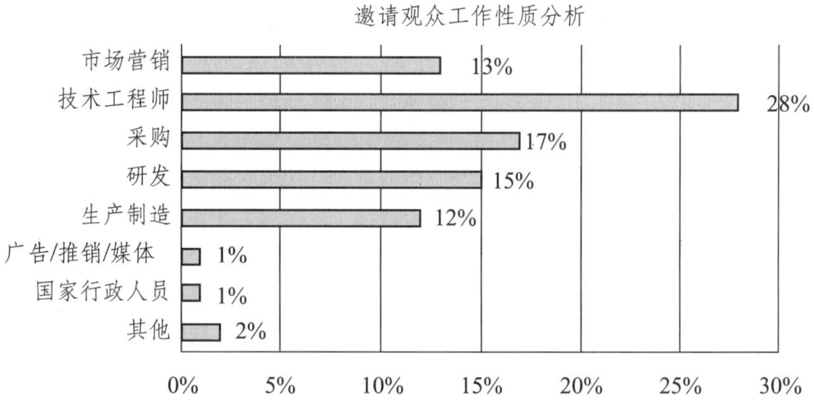

ELEXCON 2005 邀请观众构成

（1）专业观众比例。本届高交会电子展以全球前沿的电子技术及电子生产技术为主题，邀请了大批国内外电子制造商的决策人员、研发技术人员、采购经理参观，6天接待专业观众累计超过10万人。专业观众的参观目的主要是寻找合作伙伴、发掘业界新的技术及产品、寻找新的供应商，也有的是来收集相关的市场资料。参展商对今年的观众数量都表示满意，大量专业观众为参展商创造和提供了显著的市场机会。

（2）参会观众所处行业以电子和通信制造业最为突出。电子展通过专业支持媒体、行业协会以及买家数据库广泛邀请国内外电子信息制造企业的高层、专业技术人员、买家、零部件及设备供应商参观。其中专业买家主要来自消费类电子制造及通信制造领域，在所有观众中所占比例高达53%。在观众结构上，电子展吸引了众多企业的中高层管理人员、技术和采购人员，这类观众占据的比例最高。

五、观众分析

（1）电子展参观观众。调查数据显示，此次高交会电子展的专业观众数量得以保证，表明电子展在组织参展商和参观观众方面具备成熟有效的经验，确保了参展商在电子展上宣传推广产品取得良好的效果。

（2）专业观众群体开始形成，下一届参观意愿较高。本届高交会电子展的观众中，

71.9%是参观过上一届高交会电子展的观众。而今年入场参观超过两次的观众达到37%，反映出绝大多数的观众是受专业馆的吸引而到场参观的，这为专业馆未来的发展奠定了必要的观众基础，也证明高交会向专业化发展是必然趋势。90.1%以上的观众表示将参展或参观下一届高交会电子展，其中超过34.9%的观众明确表示将会考虑报名参加下一届高交会电子展，7.8%的观众表示有兴趣明年将在会上采购，而明确表示不会参加的观众仅占2.1%。

六、观众抽样调查

(1) 对本届大会的总体评价如何？

非常满意，29.2%；基本满意，61.6%；一般，8.8%；不满意，0.4%。

(2) 对本届高交会举办电子展的参展商素质评价？

非常满意，27.2%；基本满意，63.8%；一般，9%；不满意，0。

(3) 第八届中国高交会电子展贵公司是否有兴趣参展、参观、采购？

有兴趣参展，34.9%；有兴趣参观，55.2%；有兴趣采购，7.8%；否，2.1%。

七、展望ELEXCON 2006

第七届高交会电子展及其系列专业技术研讨会与各专业媒体、协会组织积极合作，吸引了超过10万名观众，众多海内外电子制造及通信制造企业的高层、技术工程师及买家前来参观，不仅为广大参展商提供了一个展示企业核心竞争实力、拓展新兴市场的机会，同时也为参展商与到访观众建立联系，寻求合作商机提供了平台。本届高交会电子展是一场技术交流、专业进取的行业盛会！

第八届高交会电子展（ELEXCON 2006）将于2006年10月12日至17日举行。2006年大会的目标是加大国际化力度，深化展览会主题，提升电子展的综合水平。我们热切地期待在ELEXCON 2006召开的时候在深圳与您再次相逢！

资料来源：http：//www.elexcon.com，略有修改。

第11章 展览英语

第1节 实用表达

1. We have reviewed Gulf Consumer Electronics Exhibition online and we'd like to get more details about it.

2. I cc him in this message.（注：cc 是电子邮件用语，意为“抄送”）

3. How should I register as an official exhibitor?

4. Would you please inform me of the cost of attending the show?

5. What is the price for a standard booth?

6. What is the configuration of a standard booth?（注：configuration 意为“展位的规格”，通常包括 inline（单面开，排状展位），corner（双面开，角位），peninsular（三面开半岛型），island（四面开，岛状））

7. The price varies according to booth location.

8. I wonder if you can please send us some information regarding the exhibitors cost and how to apply.

9. We kindly request you to assist us with the needful.

10. Application forms will be available on our website in about 1 month.

11. A 50% deposit is required with the application.（注：deposit 意为“定金”）

12. The minimum size of an island booth is 36 sqm.

13. Can you give me a special price?

14. Could you come up with a better discount?

15. I'm sorry that's the lowest I can go.

16. Ms. Smith will reply to you via e-mail.

17. Your early reply is highly appreciated.

18. Our products fall into the category of consumer electronics. （注：fall into the category 意为“属于××类别”）

19. Please feel free to contact me should you have any questions.

20. Please refer to the attachment in this e-mail for detailed information. （注：refer to the attachment in this e-mail 意为“参见电子邮件附件”）

21. Regarding the booth configuration，what types are still available?（注：regarding 意为“关于……的问题”）

22. Are there any corner booths available?

23. What is the deadline for the applying for a booth?（注：deadline 意为“截止日期”）

24. You must submit your application form via fax/mail/courier before this Friday. （注：submit application 意为“提交申请”）

25. A Space Application/Contract with further details is attached in this e-mail. （注：is attached in this e-mail 意为“随附件发送”）

26. The threshold of booking raw space is 36 sqm.

27. When you receive the fax，please countersign and fax back the contract. （注：countersign contract 意为“会签合同”）

28. The exhibitor prospectus is in the final stages of printing. （注：exhibitor prospectus 意为“招展计划书”，即招展函）

29. If you are assigned a corner booth in Hall A，there will be a \$100.00 premium charge. （注：premium charge 意为“额外费用”）

30. How will you allot the entrance badges?（注：entrance badges 意为“展商进展馆证”）

31. I am sending you the exhibitor prospectus of International Home & Housewares Show today via courier. （注：courier 意为“快递服务商”，如 DHL，UPS，Fedex）

32. The exhibition will be held in conjunction with technical seminars. （注：held in conjunction with 意为“同期举办”）

33. We will be opening booth sales for next CES exhibition in December 2012.

34. The official website also lists the current exhibitors.

35. The demand exceeds the amount of space we have available. （参展申请过多，我们已无展位可分。）

36. To offer space is possible as a result of the overall fluctuation of existing

stand space.（只有现有申请面积有调整变化才能提供展位。）

37. We thank you for your understanding and your cooperation and please stay in touch.

38. China Oil Corp represents our interests in China and is authorized to negotiate on behalf of Rexxon Company.

39. As a company registered in China，you may apply under the China mainland pavilion.（注：China mainland pavilion 意为"中国大陆展区（展馆）"，通常一个 pavilion 由统一外观装修的许多小展位组成，一般由行业协会或大型组展公司组织）

40. China mainland pavilion may be fully booked by now，I have nothing to do but keep your company on our waiting list.

41. The booth allotment is based on seniority then first-come，first-served.（注：seniority 指优先顺序，影响因素包括：报名先后、付款效率、参加次数等；first-come，first-served 意为"先到先得"）

42. You may obtain an attendee invitation letter once you have registered to attend the show.

43. You need to finish it ASAP.（注：ASAP＝as soon as possible，意为"尽快"）

44. Regarding the 36 sqm threshold，I have taken the problem to my general manager.

45. I'll be happy if the price is negotiable.

46. We offer two types of discount：early bird discount and bulk discount（注：early bird discount 意为"早到（提前预订）折扣"，bulk discount 意为"大量订购（大展位）折扣"）

47. This is our bottom line.

48. Take advantage of this exhibition to explore the huge potential of the local market.

49. 5% discount is acceptable.

50. Please check the invoice along with countersigned application form as formal acknowledgement of participation in attachment files.（注：invoice 意为"发票"，这里有"付款通知书"的意思）

51. Call my cell-phone in case of any emergency.（注：emergency 意为"急事，紧急情况"）

52. It is confirmed that my company has successfully applied 36 sqm in raw space.（注：raw space 意为"光地，无搭建"）

53. Please note that we book a full page color advertisements in the exhibition

catalogue.

54. Please inform me of the deadline for submitting the ads artwork.（注：artwork 指广告美术作品（创意））

55. Please take all factors into account when you cooperate with us.

56. I would appreciate it if our company data and my personal data（specially e-mail）are not given to third parties for advertising，marketing or any other business related purposes.

57. The catalogue size，210×285 mm is bleeding size，according to the answer from my designer.（注：bleeding size 指的是一本印刷品在印制过程中有一些满版底网或满版图片的页面，为了避免裁切时的误差造成白边效果而多加的尺寸）

58. What time do you suggest I should call him?

59. I'm wondering when you'll assign the booth to us.（注：assign 意为“分配展位”）

60. I'm sorry for keeping you waiting for so long.

61. Are there any vacant booths left on Hall A?（注：vacant booths 意为“空展位”）

62. I can't guarantee a corner booth for you.

63. Hosted buyers are organized to attend the show in delegations.（注：Hosted buyers 指特邀买家，通常由主办方组织前来参观、洽谈，特邀买家数量能够体现展览会的质量）

64. Please check the floorplan before choosing a booth.（注：floorplan 意为“展位图”）

65. I suggest you run ads in our exhibitor catalogue.（注：run ads 意为“登广告”）

66. This service is complimentary.（注：complimentary 意为“免费”，例如，complimentary tickets）

67. The layout can be in either vertical or horizontal.（注：layout 意为“版面样式”，vertical 意为“竖版”，horizontal 意为“横版”）

68. Please note the attached proof is for viewing purposes only and as such this resolution is not used in the final print reproduction.（注：resolution 意为“清晰度，分辨率”）

69. All badges will have a bar code.（注：bar code 指条形码）

70. You may log onto our website to check room availability.（请登录我们的官方网站查询是否还有房间）

71. There will be a free shuttle available from each contracted hotel to the venue.（注：shuttle 意为“穿梭往返大巴”）

第 2 节 展览咨询

一、E-mail 举例一

Dear Mr. Swift,

I am a sales representative for China National Import & Export Corporation (CNIXC). CNIXC has included the International Home & Housewares Show 2006 into our schedule for 2006. Would you please kindly e-mail me detailed information about this exhibition and the cost of attending the event?

I'm looking forward to your early reply.

Regards,

Sincerely,

Jacky Chang

China National Import & Export Corporation (CNIXC)

Dear Mr. Chang,

The exhibitor prospectus is in the final stage of printing. I will forward an electronic copy to you as soon as I receive the final copy. I have attached a copy of the Exhibit Space Application & Contract. We are holding prices for booths at the same level as 2005. The price of standard booth varies according to which hall it is in. A standard booth cost in Hall A on the ground floor costs $2 100. It is 10% cheaper on the upper floor. For raw space, we offer a unified price standing at $200 per sqm.

If you have any questions or need any further information, please do not hesitate to call me.

Thank you again!

Kind regards,

Harry Swift

Sales Department of International Home & Housewares Show

Hi Harry,

Thanks for your prompt reply. I'will complete the contract and send it back to you in time. With regard to price, could you be a little more specific? If I want to book a corner booth in Hall A, is there any additional fee? In addition, we will probably send five sales men to attend the show. How will you allocate the entry badges?

Sincerely,

Jacky Chang

China National Import & Export Corporation (CNIXC)

Hi Jacky,

If you are assigned a corner booth in Hall A, there will be a $100.00 premium charge. Each 9′×9′ space includes a total of five complimentary badges for exhibition staff. This includes one Full Congress badge and four Expo Only badges. If additional badges are needed, there would be an additional cost. However, most exhibiting companies do not need more than five staff for the size of booth. To obtain the badges, please access use the online badge allocation site. You may alter attendees' names up until the time badges are mailed. All badges will have a bar code, when scanned will supply exhibitors with attendees information.

Please let me know if I can be of any further assistance.

Sincerely,

Harry Swift

Sales Department of International Home & Housewares Show

Dear Mr. Chang,

I'am mailing you the materials of International Home & Housewares Show today via the courier, "Fedex". We also enclosed details of an Electronics Components Exhibition which is a part of huge event— 'Pittsburgh Industrial Week'. Please find our exhibition plan attached and feel free to contact me should you have any further questions.

Kind regards,

Harry Swift

Sales Department of International Home & Housewares Show

二、E-mail 举例二

Dear Ms. Lee,

I am working for GS Semiconductor Co. Ltd in the Netherlands. We want to participate in the next year's show to exhibit our products. Your official site is in Chinese, so it is difficult for us to complete registration procedures and the English link is not working. Could you assist us on this matter? If you could send us the forms and relevant information, we can make an early start on the registration process and make necessary payments.

It would be helpful if you could also send the information to my sales representative—Mr. Huang in China. I have copied him into this message and invite you to do the same when you reply.

Regards,

Jason Forshaw
Regional Manager
GS Semiconductor Co. Ltd
175A Benolen Street
Amsterdam
Netherlands 199650

Dear Mr. Forshaw,

I will have the Exhibitor package available in a few weeks. For next year's exhibition, we normally do not publish advance attendee information until after this year's show. Please let me know what information you do need and I will try to help as much as possible.

Here is some general information:

Dates: December 3—10, 2006 (including conference)

Expo Dates: December 6—8, 2006

Location: New International Expo Center, Shanghai, China

Regards,

Kathy Lee
Sales Manager
Congress & Expo

三、E-mail 举例三

Dear Mrs. Lyashenko,

I'am writing to enquire about this year's Safety Exhibition. The Safety Exhibition tops our agenda for 2006, but in the materials you forwarded to me, I find only the logo of your exhibition, and no full title. Would you please clarify the full name of the Safety Exhibition? Could you also tell me if the exhibition will be held on the same dates next year?

I'am looking forward to your reply!

Best regards,

Larry Tulloch

Altera International Limited

Dear Mr. Tulloch,

To clarify, the full name of the show is the "Annual Global Expo of Safety in the Workplace" . If you would like additional information about attending or exhibiting this year's event, I would be happy to send you information. The XVIII World Congress on Safety & Health at Work will be held in conjunction with our event on December 22nd, 2007.

Thank you for your interest.

Sincerely,

Helena Lyashenko

National Safety Council

Dear Mr. Tulloch,

Tomorrow will be a national holiday, so our offices will be closed for one day. I will forward to you this year number of exhibiting companies from your country when I return to the office on Wednesday.

We will be opening booth sales for the Annual Global Expo 2006 in December. After this year's show (which is in a couple weeks), we will be able to send out the 2006 exhibitor prospectus packet. You have already been added to our mailing list.

The booth space cost will remain the same for 2006. Booth space cost is $17.50 per square foot ($1 750.00 per 10′×10′ booth minimum).

As soon as the Annual Global Expo of Safety at Workplace information is available, I will send it to you.

You can still view the Annual Global Expo 2005 exhibitor prospectus on our website. This site also lists the current exhibitors.

Sincerely,

Helena Lyashenko

National Safety Council

四、E-mail 举例四

Dear Mr. Powell,

Learning about the South Africa International Fair 2006 from a local client, we are quite interested in taking part in it. As a leading confectioner and baker in China, Shandong Rongda Food Processing Co. , Ltd has exported food products to the African market since 2005. With our ambitions to tap into the South African market, we place great importance upon participation in the South Africa International Fair 2006.

I would like to know how I should go about registering as an official exhibitor. Should I apply online or download a form to fill it out?

Regards,

Li Guoliang

Shandong Rongda Food Processing Co. Ltd

Dear Mr. Guoliang,

We refer to your wish to exhibit in the Food & Beverage section of our South Africa International Fair 2006.

As you may know, demand exceeds the amount of space that we have available. To offer space is therefore only possible as a result of the overall fluctuation of existing stand space.

Please complete the enclosed information sheet with all relevant details for our information. Please add some pictures of the products that you wish to exhibit.

We thank you for your understanding and your cooperation and will stay in touch.

Yours sincerely,

James Powell

South Africa International Fair

五、E-mai 举例五

Dear Exhibitor,

Stone Auto-part Co. Ltd has applied as a "Hong Kong exhibitor" to participate in the Hong Kong Auto-Part Show. However, we have discovered that yours is an offshore company without a registered office in Hong Kong. As a consequence, we have rejected your application to participate as a Hong Kong exhibitor. As a company registered on the China Mainland，you can only apply under the China mainland pavilion.

Unfortunately，the China mainland pavilion is already fully booked，I will place your company on the waiting list. In the event of cancellations，place will be offered on the basis of seniority.

Best regards，

Vivian Chow

Exhibition Coordinator

Hong Kong Trade Promotion Agency

六、E-mail 举例六

Dear Mr. Hu，

Thank you very much for your enquiry. Further to our telephone conversation，I am now sending you the materials for this year's Hamburg Autumn Fair for your consideration. Once again，I need to remind you that it is a “retailing fair” instead of a “trade fair” . Enclosed is also a 2006 calendar of the trade fairs we represent in Hamburg，Leipzig and Stuttgart.

Please contact me if you have any questions.

Yours Sincerely，

Simon Parsons

Manager，Exhibition Service

第 3 节　展位预定

一、E-mail 举例一

Dear Axcy，

My company，CraneTek Inc. is a key player in the worldwide consumer electronics market. We are the leading manufacturer of high-quality chips which are the main components for consumer electronics designs and applications. Please visit www. CraneTek. com for detailed product and company information.

We are interested in attending the 5th Gulf Consumer Electronics Exhibition. I wonder if you can please send us some information regarding the exhibitors，cost and application procedures.

As you may know，it will take about 40 days for us to complete visa applications. To assist us in this area, would you please kindly issue the invitation letter and mail it through courier as soon as possible?

I am looking forward to your reply.

Yours Sincerely,

Jenny Liang

Sales Manager

CraneTek Inc.

Dear Ms. Jenny Liang,

Thank you for your message. I have asked James Prey on our tradeshow sales team to advise you of details relevant to beginning the process of exhibiting at the 2006 Show. James Prey will reply to you via e-mail.

With regards to obtaining invitation letters for attendees, you may obtain a letter after you have registered to attend the show. This service will be available on our website in about a month's time. At this time, please complete all necessary details for each person who will be attending. We would then be happy to forward invitation letters to assist with your visa application process.

Please let me know if you have further questions.

Best regards,

Lori Axcy

Manager, International Services

Orlando, FL 60018 USA

Dear Ms. Jenny Liang,

Ms. Lori Axcy has forwarded your message to me. My name is James Prey and I manage the World Pavilion Expo for the Gulf Consumer Electronics Exhibition.

Please let me know what information would be helpful for you in attending the show and I will assist you to the best of my ability.

If you are interested in exhibiting, please complete the attached Corporate Profile form and return it with some photos of your exhibits and of your participation in other Trade Shows. We would like to see into which category your exhibits fall.

Please feel free to contact me if you have any further questions.

Have a wonderful day and I look forward to working with you.

James M. Prey

Sales Manager

Gulf Consumer Electronics Exhibition Organizing Committee
Orlando, FL 60018 USA

Dear James,

No problem with the photos. I attach some of our exhibition photos of our latest products. The exhibitions in electronics we have taken part in include Hong Kong Electronics Fair, CES in US and Berlin IFA exhibition. The majority of our products are build-in chips that automatically control home appliances.

Regarding the booth configuration, what types are one of these available? We'd like to book an island booth in 27 sqm. Is this still available?

As my boss is out of office on a journey abroad, I'm not able to submit a signed application form this week. What is the deadline for the booth application?

Yours Sincerely,

Jenny Liang
Sales Manager
CraneTek Inc.

Dear Ms. Liang,

Thank you for your interest in the upcoming Show. We have received and reviewed the information that you submitted and I am pleased to confirm that your company has been approved to attend the upcoming Show.

Please note that 100% of the booth space must contain products intended for consumer use and must be approved by Gulf Consumer Electronics Exhibition Organizing Committee.

Approval does not automatically guarantee booth space at the show. Space can not be confirmed unless full payment is made. A Space Application/Contract with further details is attached.

Regarding the booth configuration, we offer four types:

1. Inline (linear): One or more standard (3m×3m) booth units in a straight line.

2. Corner: Two sides open.

3. Peninsula (minimum of 3 booths): A peninsula has 3 sides open to the aisle.

4. Island (minimum of 4 booths): A minimum configuration of 4m×9m with 4 sides open to the aisles.

The minimum booking for an island booth is 36 sqm priced at $370 per sqm. So

I'm afraid we cannot allot you 27 sqm unless you expand it to 36 sqm. I apologise for this. Please reconsider the size you wish to book.

The deadline for submitting an application form is July 31st. There are about two weeks left. Don't miss the deadline.

Please contact me with any questions that you may have.

James Prey

Sales Manager

Gulf Consumer Electronics Exhibition Organizing Committee

Manager, International Services

Orlando, FL 60018 USA

Dear James,

Thanks for your prompt reply. Regarding the 36 sqm threshold, I'have taken the problem to my general manager, who consented with expansion of our booth to 36 sqm. As you may know booking 36 sqm large booth is a considerable amount for our newly-established business, so we're expecting a special discount. Our products, build-in chips are developed with cutting-edge technology, representing China's latest development in the chip industry. I believe the high-tech flavor of our exhibits just match the theme of the show. Fabulous exhibits will make the show shine. So I hope the price is negotiable.

I am looking forward to your reply.

Yours Sincerely,

Jenny Liang

Sales Manager

CraneTek Inc.

Dear Ms. Liang,

I am happy that you and your boss decided to expand the space. The Price can be negotiated, but do not expect it to go too low. Normally, we offer two types of discount:

No. 1, early bird discount. If an exhibitor submits the application form along with 50% down payment one year before the exhibition opens, they will enjoy 5% discount.

No. 2, bulk discount. If one exhibitor apply exceeds 54 sqm space, they will enjoy 10% discount.

According to the rules, it seems that your company is not eligible for either of the two clauses. However, we'll grant your company a 5% discount. Your products, to some extent, has climbed up the value-chain to the top, which, if I may say, would make a better exhibit than the ordinary razor, vacuum and coffee makers that most Chinese exhibitors show. Professional buyers will love your products. So we would like to give you 5% discount. I hope you will take advantage of it to explore the huge potential of the local market.

Regards,

James Prey

Sales Manager

Gulf Consumer Electronics Exhibition Organizing Committee

Manager, International Services

Orlando, FL 60018 USA

Dear James,

Thanks for the discount you offered to my company. 5% discount is acceptable. I'll fax you the signed application form today. Please countersign and fax it back.

Best regards,

Jenny Liang

Sales Manager

CraneTek Inc.

Dear Jenny,

Yes, I did receive your faxed application-forms. Please check the attached invoice along with countersigned appli-form as formal acknowledgement of participation. I would like to remind you to name your exhibits, because all the exhibits will be introduced to hosted buyers in advance. I'm doing the documentation work now.

I'will be out of office from Dec. 20 to Jan. 4. Please contact me through my at-home e-mail VVT@hotmail. com if you have any emergency.

Regards,

James Prey

Sales Manager

Gulf Consumer Electronics Exhibition Organizing Committee

Manager, International Services

Orlando, FL 60018 USA

Dear James,

Thank you very much for your letter confirming that CraneTek Inc. has successfully applied 36 sqm in raw space. We will make arrangements for payment once you are back from your holidays. In the meantime, I wish you a very Happy, Healthy and Prosperous Christmas and New Year. It has been a pleasure working with you.

With warm regards,

Jenny Liang

Sales Manager

CraneTek Inc.

二、E-mail 举例二

Dear Mr. Wang,

We plan to participate in China Electronics Engineering Expo 2006. I guess Mr. Hong, from Beijing New Times Electronics Import & Export Co., Ltd has called you to checked a few details for us in advance. In case of further cooperation we want to inform you that he represents our interests in the People's Republic of China and is authorized to negotiate on behalf of Electriclabor company.

As suggested online, I have completed the application form and submitted it to you via e-mail. I picked No. 2C07 for my company which was shown as vacant booth online. We would like to book a full page color ad (s) in the exhibition directory. Please inform me of the deadline for submitting the ads artwork. Is it acceptable to use our own fascia?

I'would like to know if the space near the organizer office could be expanded to a 12 sqm booth, as we have a 10 meters gadget. In addition, is there any discount available?

I'am looking forward to your reply.

Yours faithfully,

Danny Wolfgang

Electriclabor AG

Zurich, Switzerland

Dear Danny,

Thanks for your interest in China Electronics Engineering Expo (CEEX) 2006. I received your form this morning. I can assure you at moment of the availability of ads in exhibition directory: Full Page Four Color ＄ 580.

The booth you picked is 2C07, is a corner booth consisting of two walls, two open sides. Hanging up a company designed fascia is acceptable as long as it is not too heavy for a wall to sustain. I want to remind you that applying the fascia to the wall using chemical substance is strictly prohibited.

You may refer to the official assembly contractor for designing a special image that works for you.

I will give you the final confirmation regarding the following questions tomorrow:

1. 9 sqm booth expanded to 12 sqm booth 95%. (but I need go to the venue for sure.)

2. The discount offered.

Stay in touch.

Thank you.

Best regards,

Wang Zhiming

Project Manager

China Electronics Engineering Expo

Dear Danny Wolfgang,

Regarding the price, normally we offer early bird discount and bulk discount. However, after viewing your products, my boss and I think that they are quite unique and may grasp the niche market in China. Therefore, 5% space discount will be granted to your company. I'm looking forward to your consideration.

Secondly, as the constructor has informed me, the 9 sqm booth can be expanded to 12 sqm. I confirm it.

I will be in the office tomorrow. I look forward to your reply.

Have a good weekend.

Best regards,

Wang Zhiming

Project Manager

China Electronics Engineering Expo

Dear Mr. Wang,

Thank you very much for your e-mail and the space discount of 5%.

We are willing to enter into Chinese market and this exhibition is a test for us. In case business develops positively we will be a good customer for you in the future. We have to state that the CEEX prices in general are very high compared with international exhibitions of the same kind. The basic booth layout price does not contain a lot and we will assess value for the money we paid after the exhibition.

Other companies from Switzerland may be interested in exhibiting in the future, and we would like you to take this aspect into consideration. I am personally representing Electriclabor AG in Swiss Electronics Manufacturer Association. Please take all this into account when you communicate with us. Thanks in advance.

The application form is ready for signing and faxing to you. Before I do this I would like to discuss the following topics with you:

1. Please provide new binding deadlines for all the forms because in the exhibitor manual more or less everything has expired on May 15th. This because I need to plan the information flow and I do not want to be surprised with an additional late order surcharge of any kind for any material or service.

2. Since we do not want to have the information counter which is standard in the booth package we would like to have it exchanged with a lockable cupboard. Please confirm.

3. To plan the booth properly and define exactly what additional furniture we want to order, it is important for us to have exact dimensions and pictures of lockable cupboard, round table, white folding chair and low glass showcase.

Even better would be details of all furniture—a catalog with all details and pictures would be best.

4. Due to the fact that we do not need 3 wall panels on the open right side—some exchange with furniture may be possible (single wall panel is listed with USD 15).

5. Are 100W long arm spotlights (we need four of them) fed from the power socket (fused 5 A) which is standard in the booth or are they fed separately? Otherwise additional utilities may have to be ordered. Please suggest a solution in detail.

We are looking forward to receiving your positive reply.

Thank you very much for your cooperation.

Kind regards,

Danny Wolfgang

Electriclabor AG

Zurich, Switzerland

Dear Danny,

I hope you are all well. I have taken your concerns to my constructor. Regarding your questions, please refer to the following:

After discussion with my colleagues regarding the deadline, could you please provide the artwork of ads no later than the renewed deadline Mar 31?

I am sorry that standard furnishing can not be exchanged with additional furniture. If you need a lockable cupboard, you have to book it at full price. Please see to the attachment for pics of the furniture.

For a 12 sqm booth, 100W long arm spotlights will be provided as standard equipment. The spotlights will be fed separately, not from the power socket.

I hope my answers will better help you prepare for the show.

Do feel free to contact me should you have any problems.

Best regards,

Wang Zhiming

Project Manager

China Electronics Engineering Expo

Dear Mr. Wang,

Please find enclosed a scan of the signed application form which was faxed to your office.

We are working on the other details that you will have all the data before the new deadline of 31st, March 2006.

Three questions in advance:

1. Exhibition directory—The size is given in the exhibitor manual with 210 mm × 285 mm. Is this bleeding size or non-bleeding size?

2. Exhibition directory advertising—The data we can provide for printing is huge. We will make it available on an FTP server, so that it can be downloaded from your printing partner. Is that OK?

3. Is it necessary to send the signed original application form to you for countersigning by you?

Additionally I would appreciate it if our company data and my personal data (especially e-mail) are not given to third parties for advertising, marketing or any other business related purposes.

I hope this exhibition will be a success for both of us. Let'us look forward into a bright business future for all of us. I am really looking forward to meeting you at our booth.

Kind regards,

Danny Wolfgang

Electriclabor AG

Zurich，Switzerland

Dear Danny,

Thanks for your form which I received this morning.

Regarding the three questions:

1. The catalogue size，210 mm×285 mm is non-bleeding size，according to my designer.

2. I have contacted Mr. Hong，he will advise me how to do it.

3. The signed application forms will be faxed back to you after countersigning by my general manager who will be back to office next Monday.

I understand perfectly your concern about company and personal data. As a rule, major and unique exhibitors are mentioned in the exhibition publicity. Is this acceptable for your company? Of course，I will not hand over Electriclabor AG and your personal data to any third party. Your personal date will be kept confidentially. Also, please confirm the invoice attached. After your acknowledgement，I'll fax the invoice with my boss's signature.

According to your wish regarding the exhibition，I do hope this show will be a success and I have faith in it. China's rapid development in the past two decades is really dazzling and exciting. Its market potential is best not ignored. Good luck to you.

I'm looking forward to meeting you at your stand.

Best regards,

Wang Zhiming

Project Manager

China Electronics Engineering Expo

三、E-mail 举例三

Dear Mr. Carpenter (Project Manager of GOP，the official service contractor),

As mentioned to you over the phone yesterday，we are going to attend this year's International Trade Fair for Building Materials—ITBM. As on-previous old exhibitor we need the same booth image as last year with some slight changes in furnishings. GOP, the official service contractor, did a good job last year, so we will be happy to appoint GOP to do it again this year. I am hoping to bring our collaboration a step forward.

I would like to propose the following requirements for our 36 sqm island booth:

- 36 sqm walk-on booth with two 2m by 1m lockable cupboards with two folding lockable doors
- Fascia board with company name and booth number
- Needle punch carpeting (Grey)
- 3×bar table (black), 6×bar stools
- ADSL line for internet connectivity
- 2×17 inches LCD (flat screen monitor)
- 1×small refrigerator
- 3×constructed book shelf (please refer to diagram)

I am looking forward to signing the contract with GOP ASAP.

Thanks and regards,

Rebecca Zhou

Trade Manager

Golden Star Cement Co. Ltd

Dear Ms. Zhou

Thanks for your trust in choosing GOP again as the service provider.

Most of the furnishings you request are acceptable, except for the ADSL line for internet connectivity. It is up to exhibition center operator rather than GOP to offer internet connectivity. The director of exhibition center informed me that the cables and tubes at the venue are being revamped, and it is uncertain when the internet access will be restored. I will try to give you a reply next week, but there is possibility that the problem will last longer than I originally expected. I will try my best to do it.

Regards,

Eric Carpenter

Project Manager of GOP

Dear Ms. Zhou,

I am afraid we may not be able to complete the contract this week because the exhibition center has not revealed when they will finish the work. We are still pressuring the relevant staff.

There is no major amendment compared with last year's contract. Once we get a positive reply from exhibition center, I will contact you immediately. Hopefully, I will have your understanding!

I'm looking forward to hearing from you.

Best regards,

Bill Wu

第4节 展位分配

一、电话交流

Jacky Chang: Good morning. May I speak to Mr. Harry Swift?

Staff: I'm sorry, but he is not in at present.

Jacky Chang: What time do you suggest I should call him?

Staff: Try to call him in half hour.

Jack Chang: That's fine. Thanks.

Staff: You'are welcome.

Harry Swift: Good morning, Harry Swift sales department.

Jacky Chang: Hello, Harry! This is Jacky with CNIXC, the exhibitor.

Harry Swift: Hi Jacky, glad to hear from you.

Jacky Chang: Me too. Well, Harry, you know, our company has registered as official exhibitor for almost a month. I'm wondering when you'll assign the booth to us.

Harry Swift: I'm sorry for keeping you waiting for so long. Actually, I have been working on it since Monday. You know our principle is based on "first-come, first-served". Approximately 80 exhibitors applied earlier than you, so I figure it'will take about two weeks for your turn. Do not worry about it.

Jacky Chang: I see your point, but by that time, will there be any vacant booths left on Hall A? As I made request when I submitted the application, Hall A is what we really want to get for this show.

Harry Swift: No worries. I have calculated that there will be dozens of 9 sqm booths left. There will be no problem with a corner booth for you.

Jacky Chang: Well, I am relieved. Apart from our budget, the location of booth is what concern utmost. Please do your utmost to assign us a good location.

Harry Swift：Don't worry. We adhere to "fair play" .

Jacky Chang：Thanks Harry. I'will be waiting for your reply.

二、E-mail 举例

Dear Exhibitor，

Please check the booth floorplan. Booths along the main aisle have been already assigned for France Pavilion. Except for two major multinationals with No. 2E01， No. 2F01， the rest of booths are free.

The booth I strongly recommend is 2D02 or 2J02； the two are quite near to the main entrance of Hall 2. They are in a good location. Of course， you reserve the right to choose other ones. But frankly no booths are better than the ones I suggest.

Once your confirm the booth number， I will mail you the invoice for participation charges together with， or subsequent to， the confirmation of admission and the allocation of space. If the exhibitor does not pay by the date specified， the show organizer will reallocate booth to another space to another exhibitor.

Best regards，

Show Organizer

第 5 节　发票样本

Exhibitor Booth Space Invoice

Date： July 27， 2005　　**Invoice ＃：** 05252078

Account ＃： QT07-81101-0043

Bill to Information

Mr. Danny Wolfgang

Electriclabor AG

Zurich， Switzerland

Event：China Electronics Engineering Expo 2006

Expo Dates：November 16-18， 2006

Location：New Century Expo Center， Shanghai， PR. China

Booth Space Cost：

36 square meter of exhibit space ＝$ 13 320. 00 USD

Island Booth Premium Charge ＝$ 400. 00 USD

Wire Transfer Fee	= $ 15.00 USD
Total	= $ 13 735.00 USD
Discount 5%	= $ 13 048.00 USD
Total Due	**= $ 13 048.00 USD**

Based on the terms of our contract agreement, full payment is now due in order to reserve your booth space.

NOTE: Bank info attached as following

Thank you for your business!

CEEX Expo Team

Electronic Fund Transfer

(EFT-Wire Transfer)

SERVICE FEE: $ 25.00 per wire transfer

Please include this amount in your overall payment

Bank's Name: The Industrial & Commercial Bank of China

Swift Code: ICBKCNBJSHI

Bank Account # 3702298811

Company Address:

Organizing Committee of China Electronics Engineering Expo

111#

Zhangyang Road

Pudong,

Shanghai, PR. China

Bank Mailing Address:

135#

Century Avenue

Pudong,

Shanghai, PR. China

Bank Representative: Deng Xin

Phone Number: +86 (0) 2179324459

Payment information should be listed on Wire Transfer or should be faxed to Mr. Wang Zhiming at: +86 (0) 2186456725

Phone: +86 (0) 2186456735

E-mail: wzm@ceex.org

第6节　广告与赞助

下面给出一些 E-mail 的例子。

Dear Mr. Scott，

I hope your weekend went well! Our sales team is discussing how to take advantage of this Bicycle Fair attract new customers at the venue. We Would like to know more about the marketing opportunities that you could offer.

I'm looking forward to your reply.

Regards，

Teresa Gonzalez

Funie Bicycle Company

Dear Teresa，

To better showcase your products as well as promote your company image，we offer a package of marketing opportunities for your consideration.

I would suggest that you first run ads in our exhibitor catalogue. During the three-day exhibition，more than 15 000 catalogues will be distributed to buyer and related professionals，and this provides widespread readership for your ads.

To extend your reach beyond your booth，we recommend that you invest in sponsoring the registration bag. This is available on such items as the registration bag and water bottles. By investing ＄12 000，you could put your company's products and logo into the manuals of qualified buyers from the start. Bottled water，carrying your company logo will be available on the expo floor for attendees to carry with them all day，and is priced as ＄8 000.

Exhibitors also have the opportunity to submit media kits，press releases and media announcements for the displays in the Press Room. Press conferences will be booked on a first-come，first-served basis. Space is provided free of charge. However，exhibitors are responsible for all costs incurred for audio-visual requests and any food & beverage charges. Show organizers reserve the right to reschedule press conferences. Finally，one month before the exhibition opens，we will be mailing the show stickers. Please simply fill out the order form in the exhibitor manual and fax it back to us on 060017788.

To invite your customers and prospective customers to visit you at show，put the show stickers on all your outgoing mailings. This service is complimentary.

I hope the above mentioned package will help you make better arrangements for the exhibition.

Should you have any further question, please feel free to contact me.

Regards,

Justin Scott

Marketing Executive

Bicycle Fair Organizing Committee

Dear Justin,

Thanks for your recommendation regarding marketing. I would like to book one full-page colored ads for our new products. Please inform me of the deadline for providing the ads artwork.

Best regards,

Teresa Gonzalez

Funie Bicycle Company

Dear Teresa,

I would like to inform you that I have already made the necessary ads bookings per your e-mail. However, I will need you to advise me regarding the format or your ad; for example, will it be vertical or horizontal? Please advise me on this matter as soon as possible.

The deadline for submitting artwork is one month before the exhibition opens. You may send the ads copy to my e-mail address. If the file is too big to e-mail, please mail me the film via courier.

I look forward to your reply.

Best regards,

Justin Scott

Marketing Executive

Bicycle Fair Organizing Committee

(特雷莎按要求提交了广告作品，随后她收到了来自贾斯廷的邮件。)

Dear Teresa,

Please find attached PDF proof of your ad.

THIS PROOF IS FOR INFORMATION PURPOSES ONLY and is not subject to amendments or alterations unless there is a significant deviation from the original copy supplied. Please note the attached proof is for viewing purposes only and, as such, this resolution is not used in the final print reproduction.

If, for any reason, changes are needed to this proof please contact one of the team immediately to discuss the details.

Kindest regards,

Justin Scott

Marketing Executive

Bicycle Fair Organizing Committee

第 7 节　展品运输

一、电话交流

Teresa Gonzalez： Hello, Justin. Are you in charge of delivering the items on display?

Justin Scott： Sorry, we normally don't handle it ourselves. You may contact our forwarding agent DHL who are responsible for exhibit delivery. You can check our official website for forwarder's details.

Teresa Gonzalez： Thanks.

二、E-mail 举例

Dear Ms. Teresa Gonzalez

DHL is the official freight forwarding and handling contractors for the Bicycle Fair. You are advised that DHL has sole rights to on-site handling, regardless of the exhibitor's own transport agent.

Please contact the DHL office nearest to you for further details about their tariffs, shipping deadlines and customs regulations. If your country is not listed, please contact the DHL head office.

Exhibition Department

DHL

第 8 节　差旅安排

下面给出一些 E-mail 的例子。

Dear Exhibitors,

Thanks for registering as exhibitor for our show. For your better participation, the organizing committee of the show has contracted 23 hotels for accommodation. You may log onto our website to check room availability.

For traveling inside the city, your exhibitor badge serves as a ticket for all the public transportation during the exhibition, and includes city bus, subway and ferry to City-Resort Island. There will be free shuttle buses available from each contracted hotel to the venue. No shuttle service will be offered from a hotel within walking distance of the exhibition.

Hertz Company has been appointed the official car rental company for the occasion and offers a discount rate. You are advised to call Hertz sales desk to arrange your car hire.

Wishing you a successful participation on this year's show.

Best regards,

Organizing Committee

(雇主针对使馆签证环节开具的证明)

For the Attention of

Visa Section

The US EmbassyAug. 19th, 2006

Dear Sir or Madam,

We confirm that the following employees of the Institute of North China Mechanical Engineering organized by CCPIT will attend the upcoming West Mechanical Expo in Las Vegas, USA (November 6-8, 2006). Their stay will be from November 5th to November 10th. They will return to China before the expiry date.

In connection with this, we hereby guarantee;

Institute of North China Mechanical Engineering will pay their expenses to and from US, including air fare, hotel accommodation and meals.

Visiting staff will be accompanied during their visit to the US.

It would be appreciated if you could grant a single-entry visa for them.

Thank you for your prompt attention on this matter.

Sincerely yours,

Institute of North China Mechanical Engineering

参考文献

1. 刘大可，陈刚，王起静．会展经济理论与实务．北京：首都经济贸易大学出版社，2006.
2. 马勇，肖轶楠．会展概论．北京：中国商务出版社，2004.
3. 刘大可，王起静．会展活动概论．北京：清华大学出版社，2004.
4. 王春雷，陈震．展览会策划与管理．北京：中国旅游出版社，2006.
5. 施谊，张义，王真．展览管理实务．北京：化学工业出版社，2008.
6. 卢晓，傅国林．会展基础知识．北京：旅游教育出版社，2008.
7. 刘勇．会展服务与管理．北京：化学工业出版社，2008.
8. 王书翠．会展业概览．上海：立信会计出版社，2004.
9. 胡平．会展管理概论．上海：华东师范大学出版社，2007.
10. 张晓娟．会展概论．大连：东北财经大学出版社，2008.
11. 赵春霞．会展概论．北京：对外经济贸易大学出版社，2007.
12. 张文建，金辉．中外会展述论．上海：上海人民出版社，2006.
13. 华谦生．会展策划与营销．广东：广东经济出版社，2004.
14. 龚维刚，陈建国．会展实务．上海：华东师范大学出版社，2007.
15. 丁霞，张晓娟．会展策划与管理．北京：高等教育出版社，2006.
16. 程爱学，徐文锋．会展全程策划宝典．北京：北京大学出版社，2008.
17. 王保伦．会展经营与管理．北京：北京大学出版社，2006.
18. 刘松萍．会展营销与策划．北京：首都经济贸易大学出版社，2006.
19. 刘大可．会展营销教程．北京：高等教育出版社，2006.
20. 华谦生．会展管理．广州：广东经济出版社，2008.
21. 毛金凤，韩福文．会展营销．北京：机械工业出版社，2006.
22. 张艳玲．会展管理．北京：清华大学出版社、北京交通大学出版社，2009.
23. 王云玺，吴杨．会展管理．上海：上海交通大学出版社，2004.
24. 胡平．会展营销．上海：复旦大学出版社，2005.

25. 江鸿．会展广告策划与制作．北京：对外经济贸易大学出版社，2007.

26. 郑建瑜．会展经营策划师．北京：中国劳动社会保障出版社，2006.

27. 潘文波．展览业国际合作的综合效应．北京：中央编译出版社，2008.

28. 阿博特，德弗兰克，王向宁．会展管理．北京：清华大学出版社，2004.

29. 周洁如，庄晖．现代客户关系管理．上海：上海交通大学出版社，2008.

30. 韩小芸，梁培当，杨莹．会展客户关系管理．中国商务出版社，2004.

31. 郑军健，刘大可．循规与创新：展览业与中国—东盟博览会发展研究．北京：中国民主法制出版社，2011.

32. 刘大可．中国展览业发展态势分析．北京：经济科学出版社，2012.

中国人民大学出版社　管理分社

教师教学服务说明

中国人民大学出版社管理分社以出版工商管理和公共管理类精品图书为宗旨。为更好地服务一线教师，我们着力建设了一批数字化、立体化的网络教学资源。教师可以通过以下方式获得免费下载教学资源的权限：

★ 在中国人民大学出版社网站 www.crup.com.cn 进行注册，注册后进入“会员中心”，在左侧点击“我的教师认证”，填写相关信息，提交后等待审核。我们将在一个工作日内为您开通相关资源的下载权限。

★ 如您急需教学资源或需要其他帮助，请加入教师 QQ 群或在工作时间与我们联络。

中国人民大学出版社　管理分社

教师 QQ 群： 648333426（工商管理）　114970332（财会）　648117133（公共管理）
教师群仅限教师加入，入群请备注（学校＋姓名）

联系电话： 010-62515782，82501868，82501048，62514760

电子邮箱： glcbfs@crup.com.cn

通讯地址： 北京市海淀区中关村大街甲 59 号文化大厦 1501 室（100872）

管理书社　　人大社财会　　公共管理与政治学悦读坊